经济法文库(第二辑)

Economic Law Library

政府经济职能的法治化研究

Research on the Legalization of Government Economic Functions

◎ 刘厚金 著

北京大学出版社
PEKING UNIVERSITY PRESS

图书在版编目(CIP)数据

政府经济职能的法治化研究/刘厚金著. —北京：北京大学出版社，2021.5
（经济法文库. 第二辑）
ISBN 978-7-301-32256-7

Ⅰ. ①政… Ⅱ. ①刘… Ⅲ. ①政府职能—经济职能—法规—研究—中国 Ⅳ. ①D922.291.4

中国版本图书馆 CIP 数据核字(2021)第 113012 号

书　　　名	政府经济职能的法治化研究
	ZHENGFU JINGJI ZHINENG DE FAZHIHUA YANJIU
著作责任者	刘厚金　著
责 任 编 辑	尹　璐
标 准 书 号	ISBN 978-7-301-32256-7
出 版 发 行	北京大学出版社
地　　　址	北京市海淀区成府路 205 号　100871
网　　　址	http://www.pup.cn　新浪微博：@北京大学出版社
电 子 信 箱	sdyy_2005@126.com
电　　　话	邮购部 010-62752015　发行部 010-62750672　编辑部 021-62071998
印 刷 者	北京圣夫亚美印刷有限公司
经 销 者	新华书店
	730 毫米×980 毫米　16 开本　14.25 印张　264 千字
	2021 年 5 月第 1 版　2021 年 5 月第 1 次印刷
定　　　价	58.00 元

未经许可，不得以任何方式复制或抄袭本书之部分或全部内容。
版权所有，侵权必究
举报电话：010-62752024　电子信箱：fd@pup.pku.edu.cn
图书如有印装质量问题，请与出版部联系，电话：010-62756370

CONTENTS 目 录

第一章　绪论	1
第一节　研究目的与意义	2
第二节　相关研究文献综述	4
第三节　研究方法与基本框架	12
第二章　政府经济职能法治化的理论阐释	19
第一节　政府职能的理论界定	19
第二节　政府经济职能的理论考察	25
第三节　政府经济职能法治化的理论内涵	39
第三章　西方政府经济职能法治化的实践与启示	50
第一节　西方政府经济职能的实践经验	50
第二节　西方政府经济职能的评价与借鉴	57
第三节　西方政府经济职能法治化的启示	60
第四章　中国政府经济职能的演进与法治化问题	76
第一节　政府经济职能的演进逻辑	76
第二节　政府经济职能的市场定位与困境	84
第三节　政府经济职能法治化的问题分析	93
第五章　宏观调控的法治化分析	101
第一节　宏观调控法治化的价值规范	101
第二节　宏观调控法治化的实践进程	112
第三节　宏观调控法治化的问题分析	126

第六章　市场监管的法治化分析　　135
第一节　市场监管法治化的价值规范　　135
第二节　市场监管法治化的实践进程　　147
第三节　市场监管法治化的问题分析　　171

第七章　中国政府经济职能法治化的完善策略　　185
第一节　政府经济职能完善的制度环境　　185
第二节　政府经济职能法治化的完善路径　　196

结语　　209

参考文献　　211

后记　　222

第一章 绪 论

改革开放以来,我国政府职能的转变是以市场化改革为价值导向的,以适应市场经济的发展与完善为根本目标。2004年,我国政府提出"要切实全面履行职能,在继续做好宏观调控、市场监管职责的同时,更加注重社会管理与公共服务职能的履行,努力建设服务型政府"[①]。2007年,党和政府进一步提出,"构建和谐社会,维护社会公平正义,让全体人民共享改革发展成果"[②],"建设一个行为规范、公正透明、勤政高效、清正廉洁、人民群众满意的政府"[③]。党和政府的这些纲领性文件强调,要加快社会主义法治国家建设,从制度上更好地发挥市场的决定性作用,主要运用经济与法律手段管理经济活动,规范政府行政行为,减少政府对微观经济运行的干预。

2012年党的十八大提出,"要按照建立中国特色社会主义行政体制目标,深入推进政企分开、政资分开、政事分开、政社分开,建设职能科学、结构优化、廉洁高效、人民满意的服务型政府"[④]。2017年党的十九大进一步提出,"转变政府职能,深化简政放权,创新监管方式,增强政府公信力和执行力,建设人民满意的服务型政府"[⑤]。在我国经济社会全面深度转型的背景下,这些执政方略的提出和实施,表明我国各级政府已经把建设以社会公平为导向的人民满意的服务型政

---

① 《2004年国务院政府工作报告》,http://www.gov.cn/test/2006-02/16/content_201193.htm,2019年11月1日访问。
② 《中共中央关于构建社会主义和谐社会若干重大问题的决定》,载《人民日报》2006年10月19日第1版。
③ 《2007年国务院政府工作报告》,http://www.gov.cn/test/2009-03/16/content_1260188.htm,2019年11月1日访问。
④ 胡锦涛:《坚定不移沿着中国特色社会主义道路前进 为全面建成小康社会而奋斗——在中国共产党第十八次全国代表大会上的报告》,载《人民日报》2012年11月18日第1版。
⑤ 习近平:《决胜全面建成小康社会 夺取新时代中国特色社会主义伟大胜利——在中国共产党第十九次全国代表大会上的报告》,载《人民日报》2017年10月28日第1版。

府作为施政的最高目标。特别是在国际经济形势动荡的背景下,政府经济职能成为国际社会普遍关心的问题。可以说,国情与世情的双重叠加,都迫切要求政府经济职能的进一步发展与完善,政府经济职能的法治化必然是题中应有之义。在这种背景下,着眼于政府经济职能的视域,立足市场经济体制的完善,对我国政府经济职能的法治化进行理论梳理与实证经验研究,显然具有重要学术价值与政策意义。

第一节 研究目的与意义

一、研究目的

本书以我国政府经济职能的法治化为研究对象,作为一项理论应用性研究,其现实性和实践性相当明显。质言之,本书的研究是以市场经济完善过程中政府经济职能的法治化为主题,深入研究如何借鉴国外政府经济职能转变及其法治化的有益经验,对我国政府经济职能法治化的现状及其存在的问题进行理性分析,并在此基础上提出适合我国实际的完善政府经济职能法治化的路径与对策。具体而言,本书的研究目的如下:首先,对政府职能特别是经济职能的跨学科研究成果及其理论发展进程进行了梳理,阐明了政府经济职能法治化的历史必然性、基本原则以及范围界定等理论问题。其次,以比较借鉴的视角,研究了西方国家政府经济职能转变的时代背景、演进逻辑以及目标路径,分析了西方国家政府经济职能法治化的有益经验及其启示意义。再次,本书研究了我国政府职能转变的历史进程,阐明了市场经济条件下共性的政府经济职能的基本内容,分析了我国公共服务型政府经济职能的特殊内涵,深入阐释了我国政府职能转变的困境及其法治化存在的问题。又次,跨学科比较分析了宏观调控和市场监管两大政府经济职能,从理论和实践上阐述了二者法治化的现实问题。最后,在对政府经济职能法治化进行理性分析的基础上,提出从公共服务型财政体制、公共服务的市场机制以及社会和谐与公平正义等方面来改善政府经济职能的制度环境,通过法制建设、程序的法治化以及法律体系的运行等方面来提升政府经济职能的法治化水平。

二、理论意义

当前,深入研究政府经济职能法治化的问题并提出相应的对策,对于加快完善市场经济体制无疑具有重要的理论意义。我国政府经济职能研究理论价值的体现是，对于西方的政府经济职能理论进行分析扬弃、吸收和借鉴，激发本土内源性的经验发现，探索和创新适合中国特色的市场经济完善之道的政府经济职能运行模式。西方国家的政府经济职能是建立在长期发展的高度发达的市场经济基础之上的，既符合了市场经济发展的普适性要求，又体现了不同国家的个性。因而，完善我国市场经济中的政府经济职能，既要大胆借鉴西方的优秀经验，又要结合国情，积极创新，持续提升政府经济职能法治化运行的水平和质量。任何理论的先进性及其对现实的指导意义，都必须以紧密结合中国实践的发展创新为前提。为此，本书提出政府经济职能法治化是指通过建立健全规范政府经济职能的法律法规，完善以政府经济职能为核心的经济法律体系，以监督行政的有效性和责任制为保障，从而实现政府经济职能法治化的发展目标。值得强调的是，在比较借鉴的基础上，本书通过跨学科的理论研究与梳理，深入研究了政府经济职能法治化的理论与实践问题，把政治、法律与经济等多重理论和政策相结合来解决社会现实问题，研究和分析政府经济职能法治化的问题并提出完善策略。

三、实践意义

政府经济职能法治化研究的实践意义是通过其促进政府经济职能的完善来体现的，这也是本书研究实践价值的落脚点。经过深入研究，本书提出了一系列实现政府经济职能法治化的宏观策略和具体对策，冀望于此研究能够为市场经济完善进程中政府经济职能的演进提供政策性建议。在经济社会全面转型的历史机遇期，政府经济职能的完善又成为提高市场化程度的关键环节，可谓"时间紧、任务重"。市场经济条件下，政府的经济职能应局限在市场失灵的领域，在国有参与、宏观调控、市场监管、公共服务、社会分配、持续发展等领域，都要适应经济社会发展需要，进行法律规范的有效约束。当前，我国公共服务型政府的经济职能还要适应社会主义经济体制的特殊要求，进一步规范政府的经济行为，使其从微观经济领域退出，扶持和维护市场机制配置资源的决定性作用。政府经济职能的转变呼唤法治化，以确认和巩固政府经济职能的发展成果；同时，政府经济职能的法治化又需要以政府经济职能转变为前提和基础，随着经济职能的不断完善而持续发展。我国应在完善市场经济宏观制度环境的基础上，通过法律手段完善政府经济职能，从健全立法、规范程序以及法律体系的运行等方面入手，提升政府经济职能的法治化水平。这无疑是新时代加快完善市场经济体制，建设公共服务型政府的必由之路。

第二节 相关研究文献综述

一、国外文献综述

对于政府经济职能的研究,国外主要体现在西方经济学各个流派的理论与政策之中,这是根植在西方国家长期发展演变的市场经济之中的。这些理论和对策对于政府的经济行为及其职能,在学理上作出了非常有启发的解释和总结,成为世界各国经济发展的理论依据和政策指南。当前,世界经济持续震荡,各国政府纷纷出台刺激措施,为维护经济持续健康发展,可谓各显其能。但是,各国民众基于公共利益与社会公平的考量,对政府经济干预的争议与批评从未停息,这引发了人们对政府经济职能的内涵边界与实现路径的深入反思。目前,国外对于政府经济职能研究的基本理论主要有三种:第一种是干预最小化理论,包括斯密的经济自由理论、萨伊的政府职能理论、马歇尔对经济自由主义的发展以及新经济自由主义的观点等;第二种是积极干预经济理论,包括李斯特的国家干预理论、凯恩斯的政府干预经济理论等;第三种是自由放任与政府干预相结合理论,包括新古典综合学派的混合经济论、新制度经济学的相关理论等。上述理论,在政府干预经济的客观必要及其积极作用方面的认识是高度一致的,只不过在政府经济职能的范围、力度、方式上存在政策建议上的差别。随着经济社会生活的全球化、复杂化,政府干预经济的作用不是减弱了而是不断加强,对于政府经济职能的广度和深度及其实现方式的争议仍将长期持续。因此,对于西方政府经济职能演进及其法治化的经验教训,我国学术界和实务界应持审慎的理性态度,进行理论扬弃和实践甄别,科学合理地界定有利于完善市场经济体制的政府经济职能,逐步推进其法治化的进程。

二、国内研究状况

国内对于政府经济职能的研究是在比较与借鉴西方先进经验的基础上,基于发展与完善市场经济体制的需要,对我国政府经济职能的现状与问题进行理性分析,对于完善政府经济职能的理论与对策进行了指向中国实际的研究。我国学者对于政府经济职能进行了深入研究,在借鉴西方有益的理论和经验的基础上,产生了相当丰富的成果,对政府经济职能的完善起到了重要的推动作用。笔者通过中国知网检索统计发现,以"政府经济职能"为篇名的检索结果有836篇,其中期刊文章672篇、博士论文11篇、硕士论文93篇、会议论文19篇、报纸论文3篇、学术辑刊2篇、特色期刊36篇;在国家图书馆的馆藏资源中检索以

"政府经济职能"为篇名的专著,也只有 27 部。① 而且,这些大都是近二十年来发表的研究成果,很多研究夹杂在经济法制类的研究成果中。

通过对文献的梳理,笔者发现对于"政府职能、政府经济职能、经济法治、市场经济法治",再具体到"政府法制、政府法治、法治政府",进而明确具体到"政府职能法制化、政府职能法治化、政府经济职能法治化"等专题领域的研究成果,肇始于改革开放初期。政府经济职能研究的兴趣和热潮也是与我国党和政府推动市场化改革的进程息息相关的,其显著特色是政界与学术界的互动影响,党和政府为学术界的研究指明方向,向学术界传递研究信息的同时寻求智力支持,学术界也学以致用,积极投身于改革的研究,建言献策。

对于政府职能的研究,第一次高潮集中在 1992 年前后,以邓小平同志南方谈话为标志,重要成果是在党的十四大上正式明确"发挥市场经济配置资源的基础作用,建立社会主义市场经济制度"。这一时期的研究,主要集中在社会主义市场经济中政府经济职能的具体内容以及实现方式等领域,初步探讨了法制在政府经济职能履行中的理论与实践意义。第二次高潮出现在 2002 年前后,以加入世界贸易组织为标志。为进一步改革政府职能适应市场经济,党的十六大提出了"完善社会主义市场经济""依法治国"的基本目标。这一时期的研究,主要集中在政府经济职能如何更好地服务于市场经济的要求,政府要退出微观经济领域,为市场经济的运行提供制度环境等方面,尤其是着重研究了政府如何为市场提供有序的法治环境,在宏观调控、市场监管、社会保障、收入分配等具体政府经济职能的领域也开始了有价值的研究。第三次高潮出现在 2012 年,至今仍在向纵深掘进。完善社会主义市场经济过程中所产生的问题引发了关于改革的大讨论,以解决改革中出现的问题和回应社会思潮的分歧为标志,党的十八大明确提出"更大程度更广范围发挥市场在资源配置中的基础性作用",此后在 2013 年十八届三中全会上对于市场的作用作出了突破性的表述,提出"经济体制改革是全面深化改革的重点,核心问题是处理好政府和市场的关系,使市场在资源配置中起决定性作用和更好发挥政府作用"②。为此,党中央还指出必须切实转变政府职能,深化行政体制改革,建设法治政府和服务型政府,实现科学的宏观调控和有效的政府治理。此后的研究主要集中于市场决定条件下,如何通过政府经济职能的全面履行,进一步完善市场经济,解决发展中存在的深层次经济社会问题,着重研究了政府具体经济职能的法治化问题以及实现方式,尤其是政府宏观

---

① 文献统计结果来自笔者 2020 年 10 月 10 日对于中国知网(https://kns.cnki.net/kns8/defaultresult/index)和国家图书馆(http://www.nl http://opac.nlc.cn/)馆藏文献电子检索的数据。
② 《中共中央关于全面深化改革若干重大问题的决定》,载《人民日报》2013 年 11 月 16 日第 1 版。

调控的责任以及可诉性、市场监管体制改革及其法律机制等。

改革开放的时代需求推动了我国学术界对政府职能的研究,经过40多年的探索与借鉴,随着市场经济的建立与完善,政府经济职能的轮廓已经显现。这是政府经济职能及其法治化研究的时代背景,纵观上述研究成果,理论创见主要集中在三个领域:一是经济学界在借鉴国外理论的基础上,逐步定位政府经济职能为经济调节和市场监管,得到了中央权威的确认,基本解决了政府经济职能"做什么"的问题。对此,经济学界高度一致,但是对于政府经济职能"如何做"的问题存在较大分歧,甚至在全国政、商、学等各界多次掀起了关于改革道路的大讨论。二是政治学与行政学界以马克思主义政府经济职能的经典理论为指导,结合我国市场化改革的实践,对行政体制改革以及政府职能转变进行了深入的研究,厘清了市场经济条件下政府经济职能的内涵、原则、途径等问题。三是公共管理学界运用政治学、管理学、经济学等多学科研究方法,对政府经济职能与政治经济体制、宏观调控、微观监管、产权制度、企业改革等方面进行了比较全面的论述和深入的探索。四是法学界特别是经济法学与行政法学界从法治的视角展开了对政府经济职能的研究,主要是依据政府经济职能的市场化定位,围绕政府通过经济管理实施经济职能的具体行为,提出政府经济职能的法定化问题。

在对于文献的宏观分析之后,笔者重点梳理与"政府经济职能法治化"直接相关的文献,以期为后续的研究带来更加明确具体的指导和借鉴。从研究对象的集中度和相关性角度来看,对于政府经济职能法治化的研究,主要集中在以下四个方面:

第一,关于法治经济与政府经济职能相互关系的研究。这些研究在集中阐述市场经济就是法治经济的基础上,认为政府要适应市场经济发展的要求,就必须依法行政、依法履行职能,以比较借鉴国外成熟市场经济法治的视角,强调了民商法、经济法与行政法对于政府经济职能法治化的重要作用。姚建宗教授等对于法治经济进行了学理解析,认为市场经济应该是以民商法为核心,以经济法为依托的法治经济。强调"经济法既然是国家从社会整体利益出发对社会经济关系进行适度间接调控,那么,其首要功能就是在强化国家(政府)权威的同时又严格地限定政府权力"[1],经济法是市场主体"有效地抵制政府非法干预的根据和手段",还是"对其自利行为进行法律控制的准则"[2]。何鹰探讨了政府经济职能与经济法研究的关系问题,认为明确国家的经济职能对恰当界定经济法的调整对象具有重要意义,通过对国家经济职能的分析,认为我国经济法主要调整

---

[1] 姚建宗、吴涛:《"法治经济"解析》,载《社会科学研究》1995年第2期。
[2] 同上。

"宏观调控关系、市场管理关系、企业外部组织管理关系、社会保障关系"①等社会经济关系。立足于比较研究的视角,李乐平分析了德国法治经济的发展历程以及对我国完善市场经济法律体系的启示,提出"制定反垄断法和完善反不正当竞争法,构建公平竞争的法律体系;制定宏观调控法律,促进产业结构调整和地区均衡发展;制定社会保障法律构建社会公平和安全网"②。中国经济体制改革研究会副秘书长马克研究员认为,在政府与市场的博弈过程中,"市场化的核心在于政府与市场功能的合理划分""市场化的成熟与完善在于法治"③,强调完善市场经济的关键是政府转型,也就是说在充分发挥市场作用的基础上调整政府职能,以完善和补强市场为导向的政府公共职责,"通过法治的完善,确立政府与市场的边界,限制政府权力直接介入市场,使政府对经济活动的管理、监管建立在法治基础之上"④。

上述研究体现了实务界与学术界的主流观点,某种程度上达成了共识,在理论上认为市场经济就是法治经济,市场经济的确立与完善必须依法规范政府的经济职能。这些研究主要集中在理论与观念的层面,在实务操作的领域尚有欠缺,还需要继续多学科研究的结合与方法上的更新。但是,他们开创了政府经济职能法治化研究的良好基础,随着社会经济的发展与市场化改革的逐步深入,研究的成果也逐步增多,日益深化和细化,在密切结合改革实践的基础上,强化了政府职能和经济法治进程的影响力。

第二,关于政府经济行为与行政管理活动的法治化问题。这些研究主要关注在逐步完善市场经济的背景下,作为市场行为主体与监管主体的政府,其经济行为与行政管理活动如何实现法治化的问题;结合法治政府建设,如何更进一步地在立法、执法、守法等方面有序规范政府的经济职能。在政府具体经济行为的依法有序方面,王全兴等探讨了市场化政府经济行为的法律规则,认为"协调该行为中市场行为与政府行为、政府公共性与自利性、政府主体利益目标与参与主体目标等诸多冲突,需要由多个法律部门对该行为作综合调整,并就其适用范围、主题、审查、合同、标准化、价格、竞争、税收、法律责任、争议处理等制度要素作出立法设计"⑤。立足于政府必须依法进行行政管理活动,张越认为行政管理

---

① 何鹰:《国家经济职能与经济法的调整对象》,载《南京农业大学学报(社会科学版)》2005年第2期。
② 李乐平:《从德国法治经济看我国社会主义市场经济法律体系的完善》,载《集团经济研究》2006年第14期。
③ 马克:《"看不见的手"与"看得见的手"之博弈——市场经济体制的市场化与法治化思辨》,载《人民论坛》2010年第17期。
④ 同上。
⑤ 王全兴、管斌:《市场化政府经济行为的法律规制》,载《中国法学》2004年第1期。

法治化是依法行政、依法治国的必由之路,提出"实现行政管理职权的法治化,应当从立法、执法及监督三个方面进行系统的规范"①。就政府经济调节的职能而言,孙晋教授认为我国"政府的经济权力过大和权力边界不清晰以及越权迄今依然存在",从而抑制了市场经济完善的进程,因此"政府的经济调节权力运行必须遵循维护市场竞争(竞争性)、合法性、适度性、中立性、公共性等基本原则"。依法贯彻这些原则,规范和转变政府经济职能,就"必须对政府干预市场行为进行公共利益衡量与维护,利害关系主体参与相关法律和政策制定,对政府经济权力进行实体法约束和程序法审查、矫正与救济"②。在依法行政、建设法治政府方面,杨小军教授以法治政府建设为背景,提出政府行政与法律的关系主要包括执行法律与非执行法律两类,认为"行政在执行法律方面,应当而且必须有法律根据和法律授权,不能违背法律的规定,否则,必须受到法律的严格约束","即便不是执行法律的事项,也同样有是否违法和是否侵权的问题发生"③。

这些研究体现了经济管理、行政法与经济法等跨学科研究的特色,在民商经济法上,对于政府经济行为的法治化有了深入的探讨;在经济管理方面,对于政府管理及其具体经济职能的履行提出了法治化的改进思路。对于政府职能法治化过程中存在的问题进行了探讨,运用现代社会科学研究的方法进行了初步的学理分析和解释,对于后续的深入研究具有重要的意义。需要说明的是,这些研究在跨学科的融合以及方法的适切性上还有很大提高的空间,这也是提高社会科学研究对于现实指导意义的关键所在。

第三,关于政府经济职能法治化的宏观论述。这些研究集中论述了市场经济条件下政府的一般职能以及我国政府的特殊职能,在此基础上探讨了政府经济职能法治化的理论价值,分析了政府经济职能的法学定位、必要性原则以及战略选择等问题。其中,王克稳探讨了市场经济体制下政府经济职能及其法治化问题,认为实现政府经济职能的法治化"必须要有健全完备的规范政府经济职能的法律制度,包括政府宏观调控、市场管理、基础设施建设、社会服务与社会保障、涉外经济管理等职能的法律规范"④。丁茂清进一步认为,中国政府经济职能法定化是当前中国法治化的重点,"只有在遵循结合性、渐进性、明确性、统一性与整体性原则的基础上,其法定化进程才能推进"⑤。他还研究了西方国家政

---

① 张越:《行政管理法治化:意识、组织、职权、程序》,载《中国行政管理》1999年第3期。
② 孙晋:《经济法视角下政府经济权力边界的审读——以政府职能转变为考察中心》,载《武汉大学学报(哲学社会科学版)》2014年第2期。
③ 杨小军:《从法律与行政关系论政府职能法治化》,载《国家行政学院学报》2013年第3期。
④ 王克稳:《市场经济体制下政府的经济职能及其法制化探讨》,载《法商研究》1994年第4期。
⑤ 丁茂清:《论中国政府经济职能法定化的基本原则》,载《益阳师专学报》2002年第4期。

府经济职能法定化的经验与意义,认为需要借鉴国外有益的经验,"把促进经济职能法定化的经济法规和行政法规作为保证政府经济职能有效运行的制度条件"①。立足于经济全球化的国际视野,李嘉娜等探讨了经济全球化时代政府职能的法学定位问题,认为"政府职能的时代定位必然被纳入法治的框架内"②,应该坚持职能法定的原则,"确定行政权力运行的边界,规范行政行为的运作机制"③,"建设一个'有限且有为'的法治政府"④。结合深入推进法治政府建设的背景,牛广轩等认为政府职能的依法构建是法治政府建设的核心,在理论上从"法治的视角对政府职能进行了理论探讨,主要探究了政府职能法治化定位,法学理论对政府职能的影响以及法的社会需求在政府职能中的体现"⑤。

上述研究在理论上,主要采用逻辑思辨的方法,梳理与廓清了政府经济职能法治化的时代必要性、理论品格、基本原则、主要方略等,为深化研究和具体对策的提出奠定了基础,指明了努力的方向。当然,当研究的价值与志趣明确以后,深化细化研究的期望也就更加强烈,迫切需要产生能够有力地解释现实,指导改革实际的研究成果。

第四,关于具体政府经济职能法治化的研究。这些研究在进一步细化政府经济职能分类的基础上,对于宏观调控、税收调节、公共财政、财权事权、发展规划等政府经济职能的立法、执法、守法等法治领域的问题进行了深入研究,提出了极具价值的政策建议。在国家干预方面,由著名法学家种明钊教授领衔,卢代富、应飞虎等学者对于国家干预法治化在理论、主体、程序及其完善对策方面作出了系统全面的研究,强调国家干预法治化"要求执法机关在法定的干预权限内,严格高效执法,降低干预成本,以使干预净产出最大化"⑥。在宏观调控方面,颜运秋等分析了宏观调控程序的法治化问题,认为"宏观调控应该在决策、执行、监督、后果处理等程序环节上实现法治化运行"⑦。在司法救济上,黄挽澜对于宏观调控行为的含义、性质及其法治化进行了理论反思,提出需要重构宏观调控的司法救济制度。⑧ 结合社会现实,胡光志等分析了金融危机中政府救市行

---

① 丁茂清:《西方国家政府经济职能法定化的历史特点及借鉴意义》,载《求索》2003 年第 6 期。
② 李嘉娜、谭琪:《经济全球化时代政府职能的法学审视与定位》,载《中国行政管理》2005 年第 10 期。
③ 同上。
④ 同上。
⑤ 牛广轩、张含:《法治视野下的政府职能考量》,载《云南行政学院学报》2008 年第 1 期。
⑥ 种明钊主编:《国家干预法治化研究》,法律出版社 2009 年版,第 28 页。
⑦ 颜运秋、贺运生:《宏观调控程序法治化分析》,载《求索》2005 年第 8 期。
⑧ 参见黄挽澜:《宏观调控行为法治化的反思与重构》,载《山西师大学报(社会科学版)》2010 年第 S1 期。

为的法律问题,探讨了宏观调控法治化的原则,提出"宏观调控决策集权、宏观调控权力制衡、维护受控者权利、保障宏观调控理性化运行、宏观调控手段法治化当是宏观调控法治化过程中应坚持的基本原则"①。在房地产税收调节方面,姚海放探讨了房产税的法治化与宏观调控问题,认为"房产税改革应当向地方税收立法、税收法治、公共财政的方向设计与发展,并借此促进我国财税体制的完善"②。

在公共财政方面,丛中笑认为中国财政制度要进行法治化的创新,应该"遵循公共性、公开性、公平性、公益性和法治性五项原则"③,在财政立法、财政执法、财政监督、财政责任等方面进行法治创新。张馨则强调了"财政法治化是政府行为法治化的着力点,而政府预算法治化则是实现财政法治化的基本途径和手段"④。在财政分配领域,连家明等认为分配秩序混乱的重要根源就是财政法治化的缺失,"要化解当前存在的种种矛盾,加快中国民主化与法治化进程,必须积极打造法治财政,严格依法理财,深化财政分配领域的各项改革"⑤。在政府间财权事权关系方面,朱丘祥探讨了财权、财力与政府间财政转移支付的法治化问题,提出"在加强对转移支付资金的管理和监督的基础上,通过修订和制定相关财税基本法律、配套法规,实现转移支付的法治化"⑥。他还提出了地方政府土地财政困局的法治化出路,主张通过"修改和完善土地征收和房屋拆迁的法律、法规,给地方土地财政釜底抽薪",同时"深化和完善财税体制改革,以财权、财力与事权相匹配为原则重塑地方财政的主体性,从体制上消除地方政府'卖地'筹资的冲动"⑦。此外,刘春雨结合政府经济规划的具体实践,深入思考了促进我国经济发展规划工作法制化的问题,提出要依法实施经济社会发展规划,"理顺国家规划体系,完善规划编制程序,明确实施分工责任,建立监测评估制度,合理设定法律责任"⑧。

上述研究逐步把政府经济职能法治化的研究推向深入和细化,分析和解释了政府各项经济职能的法治化状况及其背后的政治、经济、社会、法制等原因,探

---

① 胡光志、田杨:《宏观调控法基本原则新探——从金融危机中"救市"需要法治化谈起》,载《重庆大学学报(社会科学版)》2011年第1期。
② 姚海放:《宏观调控抑或税收法治:论房产税改革的目标》,载《法学家》2011年第3期。
③ 丛中笑:《论中国财政制度法治化的创新》,载《暨南学报(哲学社会科学版)》2006年第5期。
④ 张馨:《法治化:政府行为·财政行为·预算行为》,载《厦门大学学报(哲学社会科学版)》2001年第4期。
⑤ 连家明、王丹:《基于法治化视角的财政分配问题研究》,载《财经问题研究》2008年第5期。
⑥ 朱丘祥:《财权、财力与政府间财政转移支付的法治化》,载《广东商学院学报》2008年第4期。
⑦ 朱丘祥:《地方土地财政困局的体制成因及其法治出路》,载《经济体制改革》2011年第3期。
⑧ 刘春雨:《促进我国规划工作法制化的思考》,载《宏观经济管理》2012年第9期。

索了政府经济职能法治化的进程对于经济社会发展的关系及其影响，积极回应了我国改革中产生的深层次问题，对于市场经济的完善和法治国家的建设产生了重要作用。我国在改革中长期积累的深层次经济社会问题，短期内难以彻底解决，在市场决定资源分配的前提下政府经济职能的完善也难以一步到位。因此，对于政府经济职能法治化的研究也需要在当前良好的基础上，继续深入细化，集中关注经济社会发展的重大问题，提出不断适应经济社会发展需求的政策建议。

  概括而言，我国政府经济职能的法治化走过了四十多年的历程，取得了丰硕的成果。当前，世界经济形势处于动荡之中，对于我国如何实现高质量经济发展而言，推进政府经济职能的法治化是最大限度地弥合政府干预、公共利益与社会公正之裂痕的最优路径。这些研究对于政府经济职能的实现方式多有涉猎，成果繁杂。学术界一致认为市场经济必然是法治经济，政府应该依法履行经济调节和市场监管的经济职能，逐步退出微观经济领域。对此，法学界在理论上与实践上都作出了创新性的探索，特别是经济法在政府宏观经济调控、国有经济管理、市场秩序规制、市场运行监管以及涉外经济管制等方面都取得了丰富的成果。但是，相对于完善市场经济的迫切性来说，政府经济职能法治化的研究还比较滞后，现行的经济法治运行架构难以适应经济的持续发展。当前，我国政府经济职能的法治化程度不高，主要表现在利益选择性执法、法治信仰与社会诚信失陷、部门利益与公共利益边界混同、行政权力滥用与司法腐败阻碍社会公平等问题，这些都关系到完善市场经济的速度和绩效，影响到社会经济的科学发展。

  综述学者们对政府经济职能及其法治化的研究成果，学者们在透彻理解国内外政府经济职能的基础上，深入分析和解释了我国政府经济职能的发展现状和体制性问题，并且提出了大量建设性的策略，为我国市场经济的完善和政府职能的法治化建设提供了重要的政策指导。特别值得强调的是，这些研究成果大多是对宏观调控、市场监管、社会分配以及持续发展等政府经济职能进行分类研究，在其立法、司法等方面取得了丰硕的成果。本书的选题和研究的展开也是建立在这些前辈的研究和引领的基础上的，在写作和研究的过程中，笔者以尊崇感恩的态度认真学习，吸收借鉴了上述已有的研究成果。本书试图通过规范与实证的研究，立足我国完善市场经济的时代背景，深入探讨我国政府经济职能法治化的理论借鉴与问题分析，提出破解体制机制的障碍与化解现存问题的对策，寻求完善经济职能法治化的中国路径。基于此，本书的研究对于完善市场经济条件下政府经济职能的法治化具有重要的理论意义和现实意义。

三、基本研究视角

本书对国内外相关研究文献进行了梳理和分类整理,发现目前关于政府经济职能法治化的研究相当分散,存在着碎片化现象,其中不乏富有智慧和创见的观点。但是,这些研究成果的系统性、整体性以及跨学科的研究略显不足,在政府经济职能的完善与法治化的契合上重视不够。因此,本书立足于多学科交叉的应用研究,涉及政治学、行政学、经济学、法学等学科,其研究过程力求以经济学—政治学与行政学—法学的逻辑思路和框架予以展开,理性分析我国与西方政府经济职能及其法治化的现状与问题,以理论梳理以及移植适用性探讨作为研究的基本思路,探索市场经济条件下政府经济职能法治化的完善路径。对此,本书立足于政府职能与经济职能的关系,梳理相关学科的理论与策略,辨析和界定了政府经济职能、政府干预以及政府管制的内涵及其区别。在此基础上,本书阐释了政府经济职能法治化的理论内涵、历史必然性、基本原则以及范围的界定等问题。通过比较与借鉴,在理性分析和研究我国与西方政府经济职能的理论与实践的基础上,提出大胆吸收国外先进经验,结合我国实际进行制度创新的思路。本书针对我国政府经济职能转变的困境及其法治化存在法制不健全、程序法治化不足以及法律体系运行等方面的问题,深入分析了宏观调控、市场监管两大政府经济职能法治化的现状与问题,试图创新性地提出从财政体制、公共服务市场化以及社会公平正义等方面完善政府经济职能的宏观制度环境,进而完善政府经济职能的法制建设,提升政府经济职能程序的法治化,改进政府经济职能法律体系的运行,逐步完善政府经济职能的法治化进程。在此基础上,加速完善市场经济体制的进程,最终实现经济社会长期持续均衡的发展。

第三节 研究方法与基本框架

一、研究方法

研究方法体现了研究思路的实现方式,无论理论梳理、事实分析还是对策探求,都引导着研究的整个过程,从而也对研究的质量起到了保障作用。一般来说,研究方法决定于选题研究的对象、研究目的以及研究所要解决的问题意识。正如前所述,本书是以完善市场经济体制背景下的政府经济职能法治化为研究对象,探讨如何借鉴西方政府经济职能及其法治化的有益经验,并对我国政府经济职能及其法治化的现状与问题进行理性分析,立基于此为加快完善我国市场经济体制而提出政府经济职能法治化的推进路径与对策。因此,本书在坚持以马克思主义哲学认识论为指导的基础上,吸收和借鉴中外社会科学的优秀成果,将规范研究与实证研究相结合,同时进行比较研究和文献数据研究,深入研究和探讨了政府经济职能及其法治化的现状与问题,在理论与实际相结合的基础上,提出富有创见的完善策略和路径。为此,本书主要运用了以下具体的研究方法:

(1)规范研究的方法。就本书而言,政府经济职能的内涵、范围及其运行方式的理想状态,这是"应然"问题,属于规范研究的视阈。首先,本书开篇就是从学理上对政府职能进行概念分析,梳理了政府经济职能演进的逻辑路径,明确政府经济职能应坚持市场配置资源的决定性作用,把政府干预限定在市场失灵的领域。其次,对于我国与西方政府经济职能的历史演进与市场化定位进行了理论考察,提出在借鉴西方先进经验的基础上,科学合理地定位公共服务型政府的经济职能。再次,对于政府经济职能法治化的理论内涵、基本原则以及范围界定进行了规范研究和理论探讨。最后,在上述规范性研究的基础上,针对我国政府经济职能及其法治化现状和问题进行了深入的研究,从而提出了完善政府经济职能及其法治化的策略与路径。

(2)实证研究的方法。相对于规范研究,从社会现实中考察和分析政府经济职能及其法治化的现状和存在的问题,就是实证研究所要解决的"实然"问题。本书首先对西方国家的政府经济职能进行了实证研究,以比较与借鉴的视角,探讨了西方国家高度发达的市场经济中的政府经济职能法治化的经验教训及其对我国的启示意义。其次,运用实证研究的方法阐明了我国政府经济职能及其法治化的现状及其存在的问题,对比规范的视角分析了法治化的体制性障碍。最后,依据我国现实提出了具有实践可行性的完善政府经济职能及其法治化的策略对策,提出我国应该在构建有利于完善政府经济职能的宏观制度环境基础上,通过健全政府经济职能的立法,提升政府经济职能程序的法治化,改进政府经济职能法律体系的运行绩效,逐步提升政府经济职能法治化的水平。

(3)比较研究的方法。比较研究包括时间上纵向的历史比较和空间上横向的国别比较。本书从历史到现实、国内到国外的比较视域研究和分析政府经济职能及其法治化的现状与存在的问题,探索适合我国国情和现实需要的完善政府经济职能及其法治化的措施和发展路径。本书首先对政府经济职能进行了纵向历史的比较研究,阐明政府经济职能转变的历史与逻辑,对比了西方不同国家政府经济职能的个性化特点,揭示了市场经济条件下政府经济职能的普遍共性的规律特征。其次,尝试性地比较了我国与西方政府经济职能法治化的历史演进、现状及存在的问题,阐明了我国政府经济职能及其法治化的成就,分析了政府经济职能法治化对于完善市场经济体制的重要意义。最后,通过上述国内外政府经济职能及其法治化的比较研究,提出完善我国政府经济职能及其法治化的策略选择。

（4）文献数据研究的方法。相对于上述研究方法而言,文献数据研究的辅助和支撑作用与其相互渗透。本书通过梳理文献和分析数据,综合运用规范、实证和比较的方法来研究我国政府经济职能及其法治化的现实问题,并且提出相应的完善对策。本书通过文献数据研究,梳理了国内外关于政府经济职能及其法治化的研究成果,概括了市场经济条件下共性的政府经济职能以及我国建设公共服务型政府的特殊要求,探讨了西方国家政府经济职能及其法治化对我国的借鉴意义,阐明了我国政府经济职能及其法治化的成就与基本现状,分析了我国政府经济职能及其法治化存在的问题与体制机制原因,提出了完善我国政府经济职能及其法治化的策略对策。

二、基本框架

在完善市场经济体制的进程中,政府经济职能的转变至关重要,这既是深化行政管理体制改革的核心问题,也关系到市场化改革的绩效和成败。同时,政府经济职能法治化又是政府经济职能转变的主要手段和基本保障,对于完善市场经济体制,实现经济社会长期持续的发展具有重要意义。所以,研究我国政府经济职能的法治化应该着眼于市场经济体制完善过程中公共服务型政府建设的宏观制度环境,立足于政府经济职能的发展与完善,理性分析政府经济职能法治化的现存问题,在此基础上,提出其加速推进的建设性策略和思路。本书的框架由以下五个部分构成：第一部分,绪论（第一章）；第二部分,政府经济职能法治化的理论阐释（第二章）；第三部分,西方政府经济职能法治化的实践与启示（第三章）；第四部分,中国政府经济职能的演进与法治化问题（第四章）；第五部分,宏观调控与市场监管的法治化分析（第五、六章）；第六部分,中国政府经济职能法治化的完善策略（第七章）。

本书各部分的内容简述如下：

第一部分,绪论（第一章）。

绪论对本书作了概括性的介绍,引出了研究的对象和目的。首先,开门见山说明了研究目的是在完善市场经济、全面建设小康社会以及建设人民满意的服务型政府的时代背景下,探讨如何借鉴国外政府经济职能及其法治化的成功经验,理性分析我国政府经济职能及其法治化的现状及其存在的问题,进而提出完善我国政府经济职能及其法治化的路径与对策。重点说明了本书的研究在理论和实践上的重要意义。其次,在收集整理研究资料的基础上,对国内外的相关研究成果进行了系统的综述和评价,说明了本书的研究思路和研究视角。再次,阐述了本书的研究方法是在马克思主义哲学认识论上，综合运用规范与实证相结合，辅之以比较和文献数据的研究方法。又次，简单介绍了本书基本框架的六个组成部分。最后，简述了本书关于政府经济职能法治化的创新性观点。

第二部分，政府经济职能法治化的理论阐释（第二章）。

政府职能是政府与市场关系的核心命题，也是行政管理体制改革的中心问题。政府经济职能作为政府职能结构的核心内容，主要体现了公权力的主体——政府在管理社会经济活动中的职责和任务。政治学、行政学、经济学和法学等学科对政府职能特别是经济职能的研究，在理论框架和政策实践上都产生了丰硕的成果。值得强调的是，在经济思想史上，政府经济职能的理论演进为我国在完善市场经济体制的过程中科学定位政府经济职能提供了富有价值的理论指导。为此，政府经济职能的研究有必要以政府职能或国家职能为起点，以跨学科和比较的视角，在理论和实践上进行研究和借鉴。政府经济职能转变需要法治化的支持和保障，同时也推动了法治化进程的科学与规范。政府经济职能法治化，是指通过建立健全规范政府经济职能的法律法规，完善以政府经济职能为核心的经济法律体系，以监督行政的有效性和责任制为保障，从而实现政府经济职能法治化的发展目标。在现阶段，政府经济职能法治化应具有权威性、规范性、稳定性等特征，坚持法制基础上的法治，形成以法制引领法治、法治推进法制的良性循环。为此，深入探讨政府经济职能法治化的历史必然性、基本原则及其范围界定，具有重要的理论意义和现实意义。

第三部分，西方政府经济职能法治化的实践与启示（第三章）。

西方国家市场经济体制高度发达，政府经济职能在理论上和实践中都相当成熟和完善，值得我们学习和借鉴。资本主义在其发展的各个历史时期，政府经济职能的理论和实践也在不断地发展变化，逐步调整和适应经济社会发展的需要。在资本主义原始积累阶段，资本短缺导致了重商主义的崛起，各国政府为了给市场经济的发展提供制度保障和物质资源，对内强制立法，对外武力掠夺，二者相互支持和加强。在自由竞争资本主义阶段，古典自由主义思想居主导，政府经济职能被局限在非常小的范围内，经济运行主要依靠微观市场经济主体的自主经济行为。资本主义进入垄断阶段以后，在凯恩斯国家干预主义的指导下，政府积极干预市场经济的运行，适应了垄断资产阶级攫取最大利润、维持资本主义经济稳定与发展的要求。自20世纪70年代以来，西方各国的经济陷入滞涨的深渊，批判凯恩斯主义的新自由主义地位日渐上升，主张限制政府干预，政府经济职能在自由市场经济与政府积极干预相结合的混合经济中，力图避免市场失灵，化解政府失灵。经过长期的理论探索与实践检验，当今西方各国的政府经济职能特色与共性互现，在发展中不断完善。

第四部分,中国政府经济职能的演进与法治化问题(第四章)。

我国政府经济职能的演进是以市场经济为导向的,以服务经济建设,适应市场经济发展与完善的需要为根本目的。伴随着市场化改革,我国政府经济职能的演进经历了计划经济、商品经济、确立市场经济和完善市场经济四个关键的阶段,目前正处在完善市场经济体制的阶段。与此相适应,我国的行政管理体制改革以政府职能转变为核心,也逐步由经济建设型过渡到公共服务型政府。应该说,政府的经济职能由于受到各国历史文化、经济社会制度的影响,既有普适性的共同特征,又存在个性差异。因此,我国社会主义市场经济条件下政府经济职能的定位,需要在借鉴发达国家经验的基础上,根据我国具体国情和历史文化,创新性地进行制度化的发展和完善。在这个经济社会全面深入转型的时期,政府经济职能转变不可避免受到现行体制机制的约束,发展失衡、职能缺陷以及地方利益都不同程度地阻碍了改革的深化。我国政府经济职能法治化是完善市场经济体制过程中政府经济职能转变的重要路径。

第五部分,宏观调控与市场监管的法治化分析(第五、六章)。

政府经济职能中的宏观调控关系到社会整体经济的发展和市场主体运行的经济环境,再加上对于宏观调控行为背后公共权力约束的必要性,在政治上和经济上都需要对于宏观调控进行法律控制。这就有必要深入理解其理论内涵、法律控制的要义,明确宏观调控法治化的价值诉求。随着宏观调控政策措施的逐步科学和规范,宏观调控在制度化法治化方面的进展令人瞩目,在计划规划法、金融调控法、财税调节法、产业政策法等领域都取得了巨大的进步,体现了法治手段促进经济发展的制度优势。改革开放以来,随着我国宏观调控政策工具制定和实施的制度化科学化,宏观调控法律体系也不断完善,但是在理论上和实践中仍然存在一些突出的问题,主要涉及宏观调控权的配置与行使、法定程序、行为责任以及可诉性等。

市场监管法治化既要依法监管市场主体的经济行为,又要规范监管主体的权责和行为,保障市场主体合法经营的同时,维护公平的市场秩序。为此,市场监管法治化要以社会整体利益为核心,对于市场主体及其经济活动进行合法适度地监管,通过法治化水平的提高,尽快完善市场经济体制。伴随着市场导向的改革开放进程,我国市场监管法治化在要素市场、市场秩序、产品质量、消费者权益保护等领域取得了令人瞩目的成就,但是仍然存在一些深层次的体制机制问题,比如市场监管权的配置、法制的完善、执行的效率以及市场监管体系的创新等,还需要不断修正和优化市场监管的法律制度框架,以法治化的持续进步加快推进市场经济秩序的完善。

第六部分,中国政府经济职能法治化的完善策略(第七章)。

我国政府经济职能的完善不能脱离其所处的制度环境,也必须回应职能转变过程中的体制机制问题,这也是政府经济职能法治化的基本前提和基础。当前,我国完善政府经济职能的制度环境包括三大核心主题,即完善市场经济体制、构建和谐社会和建设公共服务型政府。为此,完善这一制度环境应该从构建公共服务型财政体制、优化公共服务市场机制以及促进社会和谐与公平正义入手逐步推进。只有制度环境的健全和完善,才能促进政府经济职能最大限度地适应和完善市场经济的需要。在此基础上,完善政府经济职能的法治化,要在回应立法、程序以及运行体系问题的过程中,逐步健全政府经济立法的体制机制,完善政府经济职能程序的法治化,提升整个法律体系运行绩效。唯有如此,我国才能通过对政府经济职能科学合理的法治化来促进经济职能的转变,进而加速市场经济体制完善的进程,实现经济社会长期持续均衡的良性发展。

三、理论创新

本书以政府经济职能法治化为研究对象,期望在分析问题的基础上,提出完善政府经济职能法治化的对策。这对于笔者的学识与科研能力都是一个巨大的挑战。在研究过程中,笔者非常感谢现有研究成果的启发,在学习借鉴的同时,逐步加深了对于问题的理解与分析。如下的研究心得,权作创新之处,以期有益于政府经济职能法治化的进程。

第一,运用跨学科的视角,梳理了政府经济职能的理论演进。政府经济职能是政治学的价值诉求在行政学中工具理性的反应,经济学理论为其提供了理论解释与政策选择,法学为其准备了秩序保障与推动力。值得强调的是,在经济思想史上,关于政府职能的理论演进为我国在完善市场经济体制的过程中政府经济职能的定位提供了富有价值的理论指导。在综合理解和融合的基础上,完善政府经济职能及其法治化将对完善市场经济体制具有更强的针对性和创新性,这也是当前理论研究解决现实问题的有效路径。

第二,探讨了中国政府经济职能法治化的理论问题。政府经济职能的法治化是政府职能转变的支持和保障,同时政府经济职能转变也推动了法治化进程的科学与规范。政府经济职能法治化,是指通过建立健全规范政府经济职能的法律法规,完善以政府经济职能为核心的经济法律体系,以监督行政的有效性和责任制为保障,从而实现政府经济职能法治化的发展目标。当前,政府经济职能法治化应具有权威性、规范性、稳定性等特征,坚持法制与法治并重、相互促进。为此,深入探讨政府经济职能法治化的历史必然性、基本原则及其范围界定,具有重要的理论意义和现实意义。

第三，立足于比较与借鉴的研究视角，深入研究了西方与中国政府经济职能及其法治化的演进逻辑、经验成就、基本现状及其存在的问题。西方各国经过长期的理论探索与实践检验，在自由市场经济与政府积极干预相结合的混合经济中，力图避免市场失灵和政府失灵，政府经济职能的法治化特色与共性互现，在发展中不断完善，对于我国具有重要的借鉴和启示意义。伴随着市场化改革，我国的行政管理体制改革以政府职能转变为核心，也逐步由经济建设型过渡到公共服务型政府。我国政府经济职能的法治化在宏观调控、市场监管、社会分配、持续发展等方面都取得了前所未有的成就，但是还存在立法、程序以及运行体系等方面的问题，需要在进一步的改革与发展中予以消解。

第四，理性分析了宏观调控和市场监管法治化的现状与问题。宏观调控和市场监管作为政府经济职能的两大核心内容，本书对二者及其法治化进行了理论梳理和实践分析。在宏观调控领域，在计划规划法、金融调控法、财税调节法、产业政策法等领域都取得了巨大的进步，体现了法治手段促进经济发展的制度优势，但是在理论上和实践中仍然存在一些突出的问题，主要涉及宏观调控权的配置与行使、法定程序、行为责任以及可诉性等。在市场监管领域，在要素市场、市场秩序、产品质量、消费者权益保护等领域取得了令人瞩目的成就，但是仍然还存在一些深层次的体制机制问题，比如市场监管权的配置、法制的完善、执行的效率以及市场监管体系的创新等。

第五，创新性地提出完善我国政府经济职能法治化的策略与路径。当前，我国完善政府经济职能的制度环境应该从构建公共服务型财政体制、优化公共服务市场机制以及促进社会和谐与公平正义入手逐步推进。在此基础上，完善政府经济职能的法治化，要在回应立法、程序以及运行体系问题的过程中，逐步健全政府经济立法的体制机制，完善政府经济职能程序的法治化，提升整个法律体系的运行绩效。本书提出制定《政府经济职能法》，成立履行经济职能的专门的执行机构和监督机构，进一步建立健全其配套法规措施；加快《行业协会法》等第三部门的立法，充分发挥其辅助政府经济职能的作用，更好地避免市场与政府的双重失灵，进而加速完善市场经济体制的进程。

第二章 政府经济职能法治化的理论阐释

完善市场经济的关键在于处理好政府与市场的关系,政府经济职能则是这一关系的核心内容,也是政府转型的中心问题,关系到经济社会全面持续健康的发展。因此,政府经济职能对于加快完善市场经济、建设服务型政府、构建和谐社会意义重大。政府经济职能的研究,一直以来都是众多学科关注的焦点,为学界和实务界高度关注,其作为政府职能结构的基础与核心,主要体现了掌握公权力的政府在管理社会经济生活中的职责和任务。政治学、行政学、经济学和法学等学科对政府职能,特别是经济职能的研究,在理论框架和政策实践上都产生了富有创见的成果。值得强调的是,在经济思想史上,政府经济职能的理论演进为我国在完善市场经济体制的过程中科学定位政府经济职能提供了极具价值的理论指导。为此,政府经济职能的研究有必要以政府职能或国家职能为起点,以跨学科和比较的视角,在理论和实践上进行研究和借鉴。唯此,我国才能在市场化改革中不断完善政府经济职能,科学合理地推进政府经济职能的法治化。

第一节 政府职能的理论界定

政府职能的理论界定是政府经济职能理论演进的逻辑前提和研究起点。任何概念都有其内涵与外延,就内涵而言探讨政府职能的内在规定性,就外延而言考察政府经济职能的结构特征。同时,深入研究政府职能的一般性特质及其经济职能的特定内涵,辨析宏观调节、国家干预以及政府规制等政府经济职能及其相关概念的内涵与外延,爬梳此类理论有利于推进对政府经济职能法治化的理论思考和实践运行。

一、政府职能的内涵与结构

"政府职能"作为一个专用词汇,在大众文化与学术研究两种语境中相互通用且自由转换。但是,政府职能在多学科融汇的人文社科研究领域,迄今仍然没有一个达成共识的概念,或流于具体琐碎,或失之抽象宽泛,似乎烂熟于心而又无以言说。对于政府职能的基本内涵,学者们具有代表性的观点如下:

"政府职能,或者叫行政职能,是指政府在一定的历史时期内,根据国家和社会发展的需要而承担的职责和功能。"①"政府职能,简单地说就是一个社会的行政体系在整个社会系统中所扮演的角色和所发挥的作用。"②"行政职能是指行政机关在管理活动中的基本职能和功能作用,主要涉及政府管什么、怎么管,发挥什么作用的问题。"③"行政职能是狭义的政府即国家行政机关承担的国家职能,是相关政治权利主体按照一定的规则,经过一定的过程,通过多种表达形式实现彼此价值观念和利益关系的契合,从而赋予国家行政机关在广泛的国家政治生活、社会生活过程的各种任务的总称,是国家行政机关因其国家公共行政权力主体的地位而产生,并由宪法和法律加以明示规定的国家行政机关各种职责的总称。"④"政府职能是行政管理主体行使国家行政权力,依法对国家事务、社会公共事务进行管理所发挥的基本职责、功能和作用。"⑤"所谓行政职能,是指在国家职能系统中,相对于国家立法职能、司法职能而言的,指政府依法管理国家、社会生活诸领域的功能和作用。"⑥

学者们的这些理论诠释,虽然各有其出发点和独特视角,但是它们的共同指向是致力于揭示政府职能的基本内容,根据经济社会发展的实际界定政府职能的边界。总体上来说,政府职能的主体是各级行政机关及其相关部门;政府职能的客体是政府自身、公众与各类组织及其之间的社会秩序;政府职能的实施依据是国家公共权力;政府职能的具体内容是对政府与社会事务的管理;政府职能的核心问题是政府如何有效地履行职责,也就是说政府应该做什么、怎么做以及做的效果如何。

在组织设计理论中,结构功能主义认为组织的目标职责是由组织的性质决定的,并且受到其内部结构和外部环境的制约。一般而言,在结构功能主义的角度看来,所谓职能就是指特定主体,包括个人、某个事物或组织机构本身所具有的功能或者其在所处系统中的地位和作用。由此看来,作为公权力执行机构的政府,其职能也必然受到政府自身所处生态环境的影响,这决定于国家的性质和

---

① 谢庆奎等:《中国政府体制分析》,中国广播电视出版社1995年版,第126页。
② 许文惠等:《行政管理学》,人民出版社1997年版,第55页。
③ 夏书章主编:《行政管理学》,中山大学出版社1998年版,第49页。
④ 张国庆主编:《公共行政学(第三版)》,北京大学出版社2007年版,第69页。
⑤ 徐双敏主编:《行政管理学》,科学出版社2008年版,第21页。
⑥ 杨寅主编:《公共行政学(第2版)》,北京大学出版社2009年版,第28页。

政府的组织形式。

不可避免的是,政治性与社会性的双重属性乃是国家本身所固有的,这也决定了政府职能的双重属性,即政治管理与社会服务的统一。政治管理决定了政府要为统治需要服务,必须满足其政治诉求;同时,社会管理决定了政府要为社会全体成员提供公共服务,满足其社会需求。从而,政府职能作为一个规范概念,在其内涵层面是指各级政府组织根据特定时期的政治统治和社会管理的需求,以公共权力为支撑,利用社会资源,依法行使权力履行职责。政府职能需要及时回应社会需求,即政府应科学判断社会经济发展趋势,对社会主体的各类需求进行分析选择,在综合权衡的基础上及时有效地发挥应有的功能。深入理解政府职能的内涵,有助于充分发挥政府的作用,加速完善市场经济的历史进程。首先,政府职能旨在满足社会公共事务的需要。政府职能的来源及其合法性始于公共权力,其内容只能是在公共领域追求公共性,而不应直接参与介入非公共的私人领域。其次,国家与社会的需要是政府职能履行的基本前提,并随着公共需求因应而变。明晰与确立政府职能的边界应该建立在对社会需求分析、选择和回应的基础上,并且应该有国家法律体系的保障,实现法定化。再次,政府职能是政府行政管理与社会服务功能的统一。值得提醒的是,欲准确理解和把握政府职能的内涵与边界,就离不开对制度环境、行政文化等因素的考察,这关系到政府职能能否充分有效地履行。

政府职能内涵的周延引申出其外延,即政府职能的范围或内容。对于政府职能的范围和具体内容,后文将进一步从规范与实证的层面深入阐述。对于政府职能的类别划分,也就是对政府职能内容的构成进行分类。依据不同的标准和方式,对于政府职能的内容结构可以作出多样化的区分。为此,政府职能的内容结构可以作出如下不同的界分和表述:

首先,依据政府职能的性质来划分,有些学者把政府职能分为阶级统治职能和社会公共管理职能。[①] 阶级统治职能就是政府为维护统治阶级的统治地位和秩序,执行统治阶级意志,实现统治阶级的利益的职能,如镇压被统治阶级,保障统治阶级的政治经济地位,防御外敌入侵,维护国境安全等。阶级统治职能是政府存在的最直接前提和目的,是其他政府职能的基础。社会公共管理职能就是对全部社会公共事务的管理职能,包括政治、经济、社会、文化等各个领域,如民主参与、经济运行、社会保障与公共服务等,它是政府存在的社会价值和公共性追求。这两种职能不是相互割裂的,而是互相渗透,相互交叉,有时候甚至难以

[①] 参见杜创国:《当代中国政府职能转变研究》,书海出版社2001年版,第21页;谢庆奎等:《中国政府体制分析》,中国广播电视出版社1995年版,第126页。

清晰区分。从历史发展趋势来讲,在经济社会和平发展的进程中,社会公共管理职能不断得到扩展和增强,阶级统治职能逐渐弱化淡化,退隐于具体社会管理职能的履行之中,以至于大多数人所论及的政府职能即是指政府在经济社会领域的公共管理职能,不再赘述其阶级统治的职能,作出了约定俗成的简化。其次,依据政府职能的内涵来划分,有学者认为:"政府职能包括基本职能和运行职能两部分,政治职能、经济职能、社会职能和文化职能是政府的基本职能。"[①]最后,依据政府职能运行的具体方式来划分,"政府职能可以划分为计划、指导、协调、控制、沟通、监督等职能"[②]。此外,学者们还从其他不同角度,运用其他方法来划分政府的职能,如我国台湾地区学者张金鉴依据政府职能的行使方式,把其划分为"维护、保卫、扶助、管制、服务、发展"六个大类[③];施雪华强调政府在社会领域的功能,认为"政府职能可以划分为阶级统治、社会平衡、社会管理、社会服务等职能"[④]。

经济基础决定上层建筑,上层建筑为经济基础服务。政府作为上层建筑的核心主体,其基础性的任务之一就是发展经济。经济职能在政府职能结构中占主导性和决定性的地位,是政治、文化、社会等其他职能的物质基础,它直接影响到其他职能的内容和方式以及效果等,其他职能都应适应和服务于经济职能的发展和变化。政府的经济职能,概括而言,就是政府在经济运行中的职责和作用;具体来说,就是政府运用公共资源,制订经济规划,通过立法和政策的实施来组织和管理各项经济活动,调节社会资源的分配,维护市场竞争秩序,保障经济持续发展的制度环境。政府的不同职能之间是相互影响、相互制约的,在实际的职能行使上,应统筹兼顾,不能有所偏颇。只有各项政府职能协调发展,才能不断促进经济社会的全面进步。因此,政府经济职能为当今世界各国政府和政治人物所关注,也是评价一个政府执政水平的主要标志。可以说,一个政府的经济职能结构是否合理,模式选择是否恰当,履职绩效是高是低,都直接决定了国家经济发展的进程,进而影响到国家的综合实力和国际地位。因此,在和平发展的主题下,政府职能在不同语境中都直截了当地指称政府经济职能,本书的以下论述中政府职能与政府经济职能也可以相互替换。改革开放以来,我国逐步走上了以市场化为导向的经济体制改革之路,政府经济职能的改革与转变也与其如影随形,也成为各级政府重视和大力推进的国家战略。综观人类社会发展的历程,政府在经济发展中的作用至关重要。那么,当前,政府经济职能的定位与法

---

① 夏书章主编:《行政管理学(第三版)》,中山大学出版社2003年版,第41页。
② 张国庆主编:《公共行政学(第三版)》,北京大学出版社2007年版,第71页。
③ 参见张金鉴:《行政学典范》,台湾行政学会1992年版,第103—104页。
④ 施雪华:《政府权能理论》,浙江人民出版社1998年版,第187页。

治化过程,也成为我国加快完善市场经济体制之关键的外生变量。

综上所述,政府职能的内涵与结构的界定与分类,有助于加深对政府职能的深入理解,全面准确地把握其内涵与外延,进而掌握政府职能的特质与方位,也能够为政府经济职能的法治化提供理论支撑。

二、政府职能的特质与方位

内在本质与外在特征的统一同样适用于政府职能现象,政府职能的内在本质通过其外在表征而体现。政府作为唯一性公共权力组织,与其他私人企业等非政府组织相比较而言,其特质具有历史相对性,主要从不同的侧面展示了政府职能以公共性为基础,并且体现了全面性、动态性以及非营利性等属性。

政府有别于私人组织的特质决定了政府经济职能法治化在理论上的内在必然性。首先,政府职能以公共性追求为基础。政府是公共权力的掌控者,是适应社会需要而产生又必须服务于社会需要的。因此,政府的一切职责和功能都在于维护社会的公共利益,解决社会的公共问题,以适应社会公共整体利益的需求。质言之,公共性是政府履行职能最为基础与核心的价值追求。即便是阶级统治的职能,也是透过对社会公共事务的管理作为手段而实现的。现代政治理念把政府官员看作人民的公仆,中国共产党更是把全心全意为人民服务作为执政的根本宗旨,这些都体现了政府职能履行对于公共性的追求。

其次,政府职能在内容和形式上的全面性。社会的各个领域和方面都是政府职能的作用对象,可谓主权范围内无所不包。与非政府组织的专业性和领域属性所不同,政府职能涉及社会生活的各个方面。宏观如国家大政方针,微观如百姓的柴米油盐,无不反映着政府职能的身影。所以,政府职能作用对象的多元性必然要求其不能局限于一域或一隅,甚至有所偏重,而是要全面均衡地履行职能,发挥作用。比如过分强调经济建设,忽视社会文化的建设与发展,必然会带来经济社会发展的失衡,最终也会影响到经济发展的进程。

再次,政府职能在时空上的动态性。政府职能本身也是社会历史发展的产物,随着不同时期政府所面临任务和形势的演进而变化,其基本的指向就是为了适应国家与社会的需要不断调整政府经济职能的内容和边界。因而,政府职能的动态性主要表现在以下几方面:"第一,随国家性质的变化引起必然性的革命性调整。比如从资本主义社会到社会主义社会的社会转换,政府职能的性质和内容也必然要求作出根本性的变革。第二,随社会形势和任务的变化而进行因应性调整。第三,随社会环境和管理体制的改变而进行的适应性调整。政府职能也需要与此相适应,进行内容与方式上的变革和调整。第四,随科技的发展而调整。伴随社会进步与科技发展,人类社会生活的公共事务的日益增多,政府也要不断更新其职能的内容、方法和手段。"①

最后,政府职能在利益上的非营利性。公共组织和私人组织分野的界限,关键在于是否以利润最大化的营利为目的。众所周知,政府不能以自身利益最大化为运行的目的,非营利性是政府作为公共权力主体的本质要求,政府行使公共权力,运用公共资源,必须以维护社会整体利益和服务民众为根本追求。从公共服务的领域来看,政府的主要职责是向社会提供国防、基础设施、教育、社会治安等非竞争性和非排他性的公共产品和服务。这些公共物品的成本和收益难以界分和衡量,同时又为社会公众集体生活所必需,但是提供此类物品对于营利性私人部门而言收益难以预期又超出其能力范围,所以只能由追求公共利益最大化的政府来提供。如果政府不提供此类公共物品,就违背了其追求公共利益的根本宗旨,将会丧失公共权力代表的资格,其政治合法性也会面临崩塌的风险。此外,政府职能还具有双重的从属性:一是从属于国家职能;二是其社会性从属于其阶级性。政府职能是公共权力及其决策的执行职能,与国家的立法职能相比,具有更强的实践性、操控性、技能性、具体性;与国家的司法职能相比,则更具有能动性、创造性、灵活性和多变性。

政府职能的内容决定了政府的结构形式,即政府自身的规模结构、组织形态与管理方式,反映了政府行为的基本方向、根本任务和价值追求。首先,政府的活动任务和行为目标是由政府职能来确定的。任何政府都是根据其自身的职能来确定行为内容、目标和任务的,这也是对于政府职能的细化和具体化。当前,我国处于加快完善市场经济体制的新时期,社会经济发展面临深层次的矛盾和障碍,政府职能缺位、错位或越位的现象时有发生,究其原因就在于政府行为相当随意,政府职能界定不明确。为此,大力推进政府经济职能法治化,就是为了进一步明确政府经济职能的边界,通过法治化手段对政府行为予以确权限权,为规范市场经济中政府的行为提供法治基础。

其次,政府机构改革的基本依据就是政府职能。依据结构功能主义理论,政府职能实施的主体就是各类政府组织,组织与功能具有统一性,政府机构改革必须与政府职能转变相协调。因此,政府机构的设置必须以政府职能为依据,政府职能的转变又反过来决定着政府组织机构的设置、规模、数量、层次以及管理体制和运作方式等。改革开放以来,我国政府机构改革的进程,长期徘徊在"精简—膨胀—再精简—再膨胀"的循环怪圈中,其根本原因就是在片面追求经济发展目标的过程中,政府经济职能偏离了完善市场机制的必要性,不由自主地介入了经济发展的微观领域,反而抑制和干扰了市场机制作用的正常发挥。

---

① 金太军等:《政府职能梳理与重构》,广东人民出版社 2002 年版,第 11 页。

第二章　政府经济职能法治化的理论阐释

最后,行政效率衡量的重要标准就是看政府职能是否得到全面有效的履行。政府职能是政府效率高低的标尺,政府行为如果超出其职能的范围,就会堕入越权或侵权的困境,反之就会出现消极不作为的失控局面。同时,片面的高效率也会损伤社会整体利益的增进。政府的效率主要体现在其履行法定职能的数量、质量、时间以及与成本、收益等因素之间的关系,最终要看政府对于经济社会管理职能的目标是否有效实现。与此同时,政府官员政绩的评判也需要从根本上参照政府职能的履行情况。政绩是政府公务人员在履行政府职责和个人公职事务的过程中取得的积极正面影响所产生的社会效果。从政府经济职能实施的角度而言,树立科学的发展观和正确的政绩观都应以政府职能的界定和实施为基本准则,最终指向看其是否促进最大多数人的社会公共利益和公共福利的持续增长,而不是片面的经济增长指标。

在理论与实践中,政府职能也即是指政府经济职能,这也是现实的功用凸显与研究指称之便的必然,各界对此也习惯成自然。政府经济职能旨在管理社会经济活动,是政府以行政主体身份对社会经济生活进行的规划与协调、管理与服务、调整与监督等功能的总称。在政府经济职能的实施中,宏观调控、国家干预以及政府规制等是政府实施管理社会经济活动的基本手段和方式,也是政府经济职能的核心构成部分,但是任何一项都不能涵盖作为整体的政府经济职能。宏观调控注重经济活动的长期性战略规划,扶持新技术新产业,实现经济持续增长;国家干预侧重经济行为的短期性应急政策,以应对突发性市场失灵,避免经济大幅波动;政府规制重在经济活动的日常规范与管理,为经济运行提供良性秩序,确保经济稳定。因此,笔者认为把国家干预与政府经济职能混同互换在理论上和实践上都是不利的,国家干预应作狭义的理解,不可广义理解为与政府经济职能的趋同与替代。政府对经济生活的管理模式并非一成不变,其中经济职能的内涵与边界,往往随着社会经济形势的发展变化而作出适应性调整。对于我国现阶段的政府经济职能,笔者将立足于完善社会主义市场经济,以构建公共服务型政府为目标,在下文中予以理论梳理和实践探讨。

第二节　政府经济职能的理论考察

对政府经济职能的理论考察,有必要在学理逻辑上以分析政府职能的理论源流作为切入点。政府职能是政治学、行政学、经济学、法学、社会学等学科都在集中关注和深入研究的领域,是探讨许多理论与现实问题的突破口和落脚点。有鉴于此,笔者将从政治学与行政学对于国家政府的起源与职能、经济学中的政府作用、法学中的行政权责与经济法治等方面探讨政府职能,以期获得关于政府经济职能的跨学科多维度的理解与阐释。

一、政府经济职能的政治学价值

在政治学领域,对于政府职能的研究可以追溯到国家起源学说和对国家作用的论述。在西方,古希腊时期大多为城邦,因而"'国家'即是指城邦(polis)"①。在国家的起源上,亚里士多德指出:"国家是许多家庭及村落的联合体,它是为了达到完美的和自治的生活而组织的。"②这种国家的自然发生起源论认为,国家是由于社会的需要而自然产生的,人们之所以要组织起来组建国家,主要是为了优良的生活,实现三种善业,即物质的富足、身体的健康和良好的道德。古罗马的西塞罗认为,"国家是人民的事情,人民并不是以任何方式相互联系的任何人的集团,而是集合到一处的相当数量的这样一些人,他们因有关法律和权利的共同的协定以及参与互利行动的愿望而结合在一起"③。在西塞罗看来,"国家是由许多社会团体基于共同的权利意识及利益互享的观念而结合成的组织体"④。这些经典论述表明国家是人们为了某种目的而生活在一起的集体,作为自然发生起源论的共识,只是表面上解释了国家的职能和作用,但是没有深入揭示国家的阶级本质。从而,在西方文明的观念中,认为国家是人们为了自己的权利和利益而组建,以实现更好的生活为目的的组织,其影响源远流长。

在中世纪,教会权力取得了与世俗权力相互制约的独立地位,相应的国家也就被视为神的意志的产物。神学政治学家阿奎那调和了教权与政权的价值理念,把亚里士多德的"人的自然本性"同君权神授的权力论结合起来,强调世俗国家的权力来自神的创意;在国家的作用上,他认为人是集体社会政治生活的理性动物,集体生活需要人们追求超出个人利益的社会福利。为了增进公共福利,阿奎那认为政府应该履行三项职能:"首先是确立所统治的社会的安宁,即建立社会秩序的职能;其次是必须保证不让任何事情来破坏这种建立起来的安宁,即维持秩序的职能;再次是必须费尽心机继续扩大社会福利,即发展社会公共利益的职能"⑤。这种君权神授的国家起源论,同样论述和强调了国家的社会公共管理职能,深化了对政府经济职能的认识。

近代资产阶级生产生活方式的发展迫切需要突破封建专制和君权神授国家观的束缚,需要新的国家理论进一步促进资本主义市场交换和契约行为的发展,

---

① 王浦劬等:《政治学基础(第二版)》,北京大学出版社 2006 年版,第 187 页。
② 〔古希腊〕亚里士多德:《政治学》,吴寿彭译,商务印书馆 1997 年版,第 140 页。
③ 〔英〕萨拜因:《政治学说史》,盛葵阳等译,商务印书馆 1986 年版,第 207 页。
④ 〔古罗马〕西塞罗:《论共和国 论法律》,王焕生译,中国政法大学出版社 1997 年版,第 77 页。
⑤ 〔意〕托马斯·阿奎那:《阿奎那政治著作选》,马清槐译,商务印书馆 1982 年版,第 87 页。

第二章 政府经济职能法治化的理论阐释

为资产阶级革命提供思想指导。为此,资产阶级启蒙思想家,如格劳秀斯、斯宾诺莎、霍布斯、洛克和卢梭等人从自然法的角度提出并发展了社会契约论。这种政治价值观假设在国家产生前的"自然状态"下,人们拥有与生俱来的自然权利,如自由、平等、财产权等。但是,自然状态的公共生活混乱无序,为了安全和更好地生活,人们让渡部分权力,订立社会契约,从而行使公共职能的国家得以产生。基于这种政治思想而认为国家的作用是:"取决于人们赋予主权时所要达到的目的,那便是为人民求得安全。……这儿所谓的安全还不单纯是指保全性命,而且也包括每个通过合法的劳动、在不危害国家的条件下可以获得的生活上的一切其他的满足。"①国家的目的在于保护人们的生命、自由、平等和追求幸福的权利。洛克认为人们在一致同意的基础上建立政府,但只是把一部分权力而非全部交给了它,其他没有界定的权力仍然属于人民所有,政府只拥有仅仅限于实施自然法所必要的权力,如果政府违背契约,人民具有推翻前者的自由,政府的作用在本质上是工具性的,就是为了人民的和平、安全和公众福利,保护以财产权为基础的天赋权利。②社会契约论的思想提供了资产阶级推翻封建统治的思想武器,它的自由、平等、人民主权的观念为人类社会政治思想做出了巨大的贡献。从而,资产阶级的思想家由于其阶级地位和自身的限制,虽然对于国家的真正社会历史起源和阶级本质未能予以充分揭示,但是却对于国家作用与政府职能的奠基做出了开辟性贡献。

马克思主义政府职能的理论是以其国家学说为基础的。马克思主义认为国家之所以成为必要,就在于社会自身存在却又无力摆脱阶级冲突,而对其能够缓和与控制的力量只能来自于国家。正如恩格斯所说:"国家是社会在一定发展阶段上的产物;国家是承认:这个社会陷入了不可解决的自我矛盾,分裂为不可调和的对立面而又无力摆脱这些对立面。而为了使这些对立面,这些经济利益互相冲突的阶级,不致在无谓的斗争中把自己和社会消灭,就需要有一种表面上凌驾于社会之上的力量,这种力量应当缓和冲突,把冲突保持在'秩序'的范围以内;这种从社会中产生但又自居于社会之上并且日益同社会相异化的力量,就是国家。"③现代国家职能的根本实质仍然是政治统治职能,虽然其大量地介入经济社会的公共管理活动,但是并没有掩盖和忽视其政治统治,维护社会秩序的本质。从另一方面来说,任何国家要想最终实现统治阶级的利益,维护其统治秩序,就必须介入社会经济活动和公共事务的管理,这也是实现国家目的的根本性

---

① 〔英〕霍布斯:《利维坦》,黎思复等译,商务印书馆1985年版,第260页。
② 参见〔英〕洛克:《政府论(下篇)》,叶启芳等译,商务印书馆2009年版,第77—80页。
③ 《马克思恩格斯选集》第4卷,人民出版社2012年版,第676页。

手段。

依据经济基础决定上层建筑的基本原理,不难推论出,国家的经济职能决定和影响着政治与社会职能。首先,社会公共职能的实现是任何阶级统治得以顺利推行的前提。马克思主义经典作家曾经多次阐述过这一精辟的观点。恩格斯就曾经在《反杜林论》中如此说道:"一切政治权力起先都是以某种经济的、社会的职能为基础的"①,"政治统治到处都是以执行某种社会职能为基础,而且政治统治只在它执行了它的这种职能时才能持续下去"②。虽然国家的社会制度有所不同,但是都必须建立在一定范围的社会制度之上;有所不同的是,由于生产力水平与社会发展阶段的不同,不同国家社会公共事务的外在表现却是千差万别的。由此可见,国家的本质是阶级性与公共性的有机统一,国家职能实质上就是实现国家本质外在化的功能。具体而言,国家运用暴力手段消灭敌对阶级、镇压反对分子,巩固政权以及维护主权,抵御侵略的活动是国家阶级属性的内在本质要求;与此相应的是,国家对社会经济与公共事务的管理就是国家公共性的必然要求了。国家建立之后,政府存在的必要性和出发点就在于"为了使国家意志得到表达和执行,必须建立、维持,并发展一个非常复杂的政府组织"③。虽然国家作为最高的政治实体,但是其职能只有通过一定的国家机关及其工作人员履行职责才能得以体现。因此,国家机关是履行国家职能的唯一性且排他性的组织主体。所以说,依据国家的本质和基本政治制度建立起来的、用于履行国家职能的组织机构,通称国家机器或国家机关,也就是广义上所说的政府④。正是因缘于此,在很多文献资料中,国家职能与政府职能混同使用,依据具体语境和含义相互指称和代替。

在政府与市场的关系上,马克思主义认为经济危机是市场失灵的集中表现,这是资本主义基本矛盾运动的必然产物,是资本主义所特有的且其本身无法克服,只有推翻资本主义制度,消除市场经济的运行模式,建立一个没有市场参与而以计划为主导的新经济体制,才能从根本上消除经济危机。按马克思和恩格斯最初的设想,当经济发展进入高度发达的阶段时,国家就会逐渐消亡,政府也就失去政治性,成为一个纯粹的社会管理机构。这个社会管理机构的主要职能是制订生产计划,组织社会生产,即政府的职能只剩下经济职能,其他职能已渐

---

① 《马克思恩格斯选集》第3卷,人民出版社2012年版,第563页。
② 同上书,第559—560页。
③ 〔美〕F. J. 古德诺:《政治与行政》,王元译,华夏出版社1987年版,第43页。
④ 关于政府的定义,大致上可以从广义和狭义两个层面来理解。广义说的政府,泛指一切国家政权机关,如立法、司法机关、行政机关以及一切公共机关。狭义说的政府,专指一个国家的中央和地方的行政机关。我国宪法中的"人民政府"就是指各级行政机关,即狭义的政府。

第二章　政府经济职能法治化的理论阐释

趋消亡。在马克思主义设想的理论框架下,政府经济职能主要包括以下内容:

首先,实行政府集权控制的有计划的经济体制。马克思主义经典作家认为,社会主义社会的物质基础应该是建立在资本主义社会所创造的高度发达的社会生产力之上的。马克思主义认为,资本主义市场经济是在自由竞争和生产无政府状态下进行的,这就使得生产和消费之间经常处于矛盾状态,经济的运行必然会受到经济危机的周期性破坏,解决资本主义制度生产高度社会化和生产资料私人占有这个矛盾的根本办法是无产阶级夺取政权,并利用政权的力量把生产资料集中在国家手中,实行单一的全民所有制。马克思设想未来的社会主义社会用经济计划来代替资本主义社会生产内部的无政府状态,"社会的生产无政府状态就让位于按照社会总体和每个成员的需要对生产进行的社会的有计划的调节"①。"国家真正作为整个社会的代表所采取的第一个行动,即以社会的名义占有生产资料"②。这时,"劳动时间的社会的有计划的分配,调节着各种劳动职能同各种需要的适当的比例"③,就可有效地解决资本主义经济的根本矛盾和痼疾。社会主义经济必须是有计划的经济,就有必要建立起按照理性计划来配置资源的社会生产组织,以适应生产社会化发展的需要,马克思指出:"为了生产财富而组织得最完善的社会,毫无疑问只应当有一个起指挥作用的企业主按照预先制定的规则将工作分配给共同体的各个成员。"④因此,社会主义国家政府管理经济就是用国家政权力量把"生产资料变为国家财产"⑤。"这种新的社会制度首先必须剥夺相互竞争的个人对工业和一切生产部门的经营权,而代之以所有这些部门由整个社会来经营,就是说,为了共同的利益、按照共同的计划、在社会全体成员的参加下来经营。"⑥可以说,生产的社会化为政府全面管理经济提供了可能。恩格斯指出,资本主义矛盾的"解决只能是在事实上承认现代生产力的社会本性,因而也就是使生产、占有和交换的方式同生产资料的社会性相适应。而要实现这一点,只有由社会公开地和直接地占有已经发展到除了适于社会管理之外不适于任何其他管理的生产力"⑦。马克思和恩格斯认为,在社会主义社会中,生产资料归全体社会成员所有,"一旦社会占有了生产资料,商品生产就将被消除,而产品对生产者的统治也将随之消除。社会生产内部的无政府状

---

① 《马克思恩格斯选集》第 3 卷,人民出版社 2012 年版,第 811 页。
② 同上书,第 812 页。
③ 《马克思恩格斯选集》第 2 卷,人民出版社 2012 年版,第 127 页。
④ 《马克思恩格斯选集》第 1 卷,人民出版社 2012 年版,第 243 页。
⑤ 《马克思恩格斯选集》第 3 卷,人民出版社 2012 年版,第 812 页。
⑥ 《马克思恩格斯选集》第 1 卷,人民出版社 2012 年版,第 302 页。
⑦ 《马克思恩格斯选集》第 3 卷,人民出版社 2012 年版,第 666 页。

态将为有计划的自觉的组织所代替"①。由此,资本主义的根本矛盾和周期性经济危机就可以得到解决和避免。

其次,在所有制形式上实行生产资料公有制,在交换关系上取消商品货币关系。社会主义国家的优越性就在于既要克服资本主义生产的盲目性,又要按照客观经济规律发展经济,对社会生产过程进行有意识的监督和调节,要保证社会生产有计划、按比例的发展。因而,社会主义国家要把人民组成"自由人联合体,他们用公共的生产资料进行劳动,并且自觉地把他们许多个人劳动力当做一个社会劳动力来使用"②,使社会全体成员能够全面地发挥他们各方面的才能,这个联合体应当是"每个人的自由发展是一切人的自由发展的条件"。恩格斯指出:"国家真正作为整个社会的代表所采取的第一个行动,即以社会的名义占有生产资料,同时也是它作为国家所采取的最后一个独立行动。那时,国家政权对社会关系的干预在各个领域中将先后成为多余的事情而自行停止下来。那时,对人的统治将由对物的管理和对生产过程的领导所代替。"③最为经典的论述是《共产党宣言》中的概括:"无产阶级将利用自己的政治统治,一步一步地夺取资产阶级的全部资本,把一切生产工具集中在国家即组织成为统治阶级的无产阶级手里,并且尽可能快地增加生产力的总量。"④因此,无产阶级经过革命成为统治阶级后,将利用国家政权变革生产资料所有制关系,彻底消灭私有制,建立公有制,把全部生产、交换和全部资本通过计划手段集中在国家手中。由于相信政府能够有效地计划和协调国民经济活动,解决经济运行问题,所以商品交换及其货币媒介和市场也就不需要存在了。马克思和恩格斯认为,在未来的社会主义社会中,因为实行了生产资料的公有制,"商品生产就将被消除"⑤,每个劳动者的劳动都是直接作为社会总劳动的组成部分,生产者就没有必要交换自己的产品,也"不需要著名的'价值'插手其间"⑥。所以,社会也就不需要商品和货币的继续存在。

最后,重视运用国家政权对经济运行的能动作用。国家权力脱离于社会民众而存在具有相对独立的公共性,政府公共权力与社会和市场之间存在着一种作用力和反作用力的动态关系。"总的说来,经济运动会为自己开辟道路,但是它也必定要经受它自己所确定的并且具有相对独立性的政治运动的反作用"⑦。

---

① 《马克思恩格斯选集》第 3 卷,人民出版社 2012 年版,第 671 页。
② 《马克思恩格斯选集》第 2 卷,人民出版社 2012 年版,第 126 页。
③ 《马克思恩格斯选集》第 3 卷,人民出版社 2012 年版,第 668 页。
④ 《马克思恩格斯选集》第 1 卷,人民出版社 2012 年版,第 421 页。
⑤ 《马克思恩格斯选集》第 3 卷,人民出版社 2012 年版,第 671 页。
⑥ 同上书,第 697 页。
⑦ 《马克思恩格斯选集》第 4 卷,人民出版社 2012 年版,第 609 页。

马克思主义认为,政府组织作为上层建筑中的公共权力机关,具有政治的和经济的双重职能,是社会经济生活的组织者和管理者,要使庞杂的社会经济体系有序运行就必须履行其经济职能。

此外,马克思主义还认为,政府履行经济职能可能带来积极的作用,也可能带来消极的作用。恩格斯指出:"国家权力对于经济发展的反作用可以有三种:它可以沿着同一方向起作用,在这种情况下就会发展得比较快;它可以沿着相反的方向起作用,在这种情况下,像现在每个大民族的情况那样,它经过一定的时期都要崩溃;或者是它可以阻止经济发展沿着某些方向走,而给它规定另外的方向……政治权力会给经济发展带来巨大的损害,并造成大量人力和物力的浪费。"①政府对经济社会所起的能动的反作用有其内在的规律,是由其政治的和经济的逻辑决定的,在很大程度上取决于国家权力所要维护的阶级的公共利益,即统治阶级利益的实现与社会经济发展之间的关系。如果国家经济管理权力按照经济规律运行,使这种公共利益得以实现,从而就能够推动经济与社会的发展;如果经济与社会的发展,将使得现有的公共利益格局发生变化,并可能被一种全新的公共利益结构取代,那么国家权力就会竭力维护原有的公共利益,同时反过来不可避免地限制或阻碍经济和社会发展,甚至将导致经济的崩溃和政治权力的全面瓦解。由于马克思主义经典作家强调政府作为上层建筑的反作用,并因为认为无产阶级政府的所有作为都是为了全社会的利益,因而社会主义国家理所当然认为政府的一切经济管理行为都是代表全体人民的利益,是为了实现无产阶级的根本利益。"资产阶级和无产阶级之间的斗争一样,首先是为了经济利益而进行的,政治权力不过是用来实现经济利益的手段。"②"如果政治权力在经济上是无能为力的,那么我们何必要为无产阶级的政治专政而斗争呢?"③无产阶级政权当然是为了全体社会成员的利益来行使国家和政府的权力,对经济活动进行管理。但是,经济本身有其客观规律性,如果想当然地认为先进无产阶级政权的经济行为都能促进经济的发展,并且以此来指导社会实践,就势必存在巨大社会风险甚至要付出不可估量的代价。这也为社会主义国家经济建设的经验教训所证明。

二、政府经济职能的经济学基础

在经济学的视野中,政府经济职能,或者说政府对经济的作用,是一个被长

---

① 《马克思恩格斯选集》第 4 卷,人民出版社 2012 年版,第 610 页。
② 同上书,第 257 页。
③ 同上书,第 613 页。

期关注的主题。在经济学的璀璨理论中,政府与市场的关系在政府经济职能中居于主导地位,市场失灵的理论与现实为政府经济职能的拓展提供了历史必然性。现代经济学理论认为,由于竞争与逐利的无度,市场机制的失灵难以避免,特别是在提供公共物品与服务、使用共有资源、应对外部性和信息不对称等问题上难以体现资源配置的有效性,以及社会经济中合成谬误、经济波动、社会公平等问题的长期存在,都为政府干预经济、履行经济职能提供了理论必要性和实践的空间。因此,弥补市场失灵、避免市场缺陷就成为政府经济职能的核心内容。

在市场失灵或者存在缺陷的领域,政府有必要凭借其公共权力积极发挥效用,以实现社会整体利益的最大化。首先,市场难以有效提供纯粹公共物品。纯粹公共物品在需求和供给两方面分别具备非竞争性和非排他性的特征,也就是说增加一个单位的消费不会带来生产成本的增加,同时也不能或者很难通过收费把其他消费者排除在外。在公共经济学看来,对于某些类别的公共产品而言,由于排除他人使用即规避"搭便车"行为的成本太高,导致消费它的人不愿为之付费,生产它的人无法收费或者收费的各项成本太高,从而相当普遍地存在非竞争与非排他的特性。正是由于此种原因,包括企业在内以利润最大化为目标的私人部门不愿意甚至也没有足够的能力向社会提供此类公共物品。但是,对于经济社会生活的正常有序运行来说,公共物品意义重大,不可或缺。相较于私人部门以及社会领域的各类组织而言,政府作为公共部门则可以通过自身所掌控的国家权力向社会汲取各类税赋,利用各类公共资源,向社会提供各类公共物品,满足经济社会发展的基本需求。此外,治理"公地悲剧"的乱象也需要政府经济手段的积极介入,通过界定产权、集体选择或者政府直接开发等途径对共有资源进行有效的开发利用。公共权力的缺失会导致私人部门争夺资源的非法无序甚至暴力冲突,形成极大的浪费和破坏。因此,产权的界定和保护需要政府制定相应的法律法规。集体选择虽然是民主决策的形式,也需要在政府的领导和组织下进行。而政府对共有资源的开发则是政府对资源的直接配置。这些解决途径都离不开政府经济职能的充分有效发挥。

其次,外部性影响的存在需要政府积极补强。在市场经济运行中,市场个体的经济活动通常都会对他人产生不同情况和性质的影响,这就是外部性。对此,著名美国经济学家萨缪尔森认为,"外部性(externalities,或溢出效应)指的是企业或个人向市场之外的其他人所强加的成本或效益"[①]。在经济体系的运行中,诸多领域广泛存在外部性,涉及很多生产和消费行为。外部性具有好坏之分、正负之别,正外部性又被称为"外部经济",对于经济生活具有积极正面作用,是指

---

① 〔美〕保罗·萨缪尔森等:《经济学(第18版)》,萧琛主译,人民邮电出版社2008年版,第31页。

某个个体的经济行为增加了他人的福利却没有从中获得相应的收益,其私人个体收益小于该活动所产生的社会整体收益。负外部性又称为"外部不经济",对于经济生活具有消极负面作用,是指某个个体的经济行为损害了他人的福利却没有为此付出相应的成本和代价,其支付的私人个体成本小于由这项经济活动所产生的社会整体成本。也就是说,"一个行动可能在市场交易之外有助于或有损于其他人的利益,也即存在着根本不发生经济支付的经济交易"[①]。可见,外部性导致市场机制的应对缺乏效率,市场失灵也就难以避免。经济上利己的理性行为主体不会将全部的成本纳入自己支付的考虑之中,主要是由于负外部性对生产者或消费者不具有成本上的严格约束,只是增加了社会总体成本。同时,正外部性也不会给经济行为主体带来相应收益的激励,此类行为就会逐步消失。在市场运行中,外部性有可能在一定程度上得到缓和或解决,但是市场机制往往不能有效而充分地解决外部性所导致的资源配置无效率问题。西方经济学认为,外部性问题可以通过企业合并、税收或补贴以及产权界定来解决。企业合并虽然是通过市场来解决,但是离不开政府提供的制度环境;税收或补贴以及界定产权却是政府经济职能的直接履行。也就是说,政府可以通过直接管制或者提供政策激励,来解决外部性导致的市场配置资源无效率所产生的问题。

再次,信息不对称也会导致市场失灵。在现实经济生活中,信息不完全和不对称在市场交易领域是普遍存在的。信息不对称,是指"交易双方对有关事件的知识或概率分布的掌握程度不同,即一方知道而另一方不知道,或者另一方知道更多的情况;甚至第三方也无法验证,即使能够验证,也须花费巨大的经济成本"[②]。信息不对称可以发生在交易双方缔约前后,事前的信息不对称会引起逆向选择问题,事后的信息不对称会导致道德风险问题。在这两种情况下,市场机制配置资源的能力都会受到限制,市场资源配置的效率难以有效地发挥。在交易过程中,卖主为交易提供的任何商品的价值一般来说总是低于其价格,而买主又总想在交易中实现物超所值,因而交易双方达成一致经济行为的成本与效果必然影响经济效率。经济契约签订之后,由于信息不对称,代理人知道自己的行动,但是委托人却无法准确察知代理人的行动,在这种情况下代理人往往为了自身利益的最大化而采取损害委托人利益的行为,道德风险就随之而产生了,从而导致市场机制的失灵。信息不对称问题可以通过市场和政府两种机制的不同组合来加以应对。市场途径主要致力于降低信息成本和激励成本。但是,由于信息资源提供不足、信息传递的障碍、获取途径无法规范等原因,市场机制无法根

[①] 〔美〕保罗·萨缪尔森等:《经济学(第18版)》,萧琛主译,人民邮电出版社2008年版,第31页。
[②] 陈芳平、岳宏远:《信息不对称环境下风险投资项目的风险控制机制》,载《时代经贸》2008年第S1期。

本解决信息不对称问题，这就为政府发挥作用提供了必要空间。

最后，垄断、有限理性和交易成本的存在也会导致市场失灵。现实经济运行中不可避免地存在一定程度的垄断。为了避免垄断带来的社会福利损失，政府就有责任履行其经济职能。政府一方面要维持自然垄断的基本格局，站在社会公共利益的角度保障公众较低价格的公共物品，另一方面又不能任由自然垄断企业滥用垄断地位攫取超额的利润，损害社会公共物品消费者的正当利益。政府对待市场影响力较大的寡头行业，需要规范市场竞争秩序，防止被寡头们相互勾结形成垄断，扰乱市场秩序。政府对待市场影响力较弱的垄断竞争市场，则不需要过多的干预，只需提供和维护公平竞争的市场法治环境。政府控制垄断的手段主要有税收、价格控制、政府管制、国有化、反托拉斯和不正当竞争等。在市场经济条件下，理性的局限无处不在，个体理性的集合往往成为集体的非理性，即所谓"合成谬误"，这会导致市场萧条甚至经济衰退。因为，市场本身的不确定性必然会导致市场经济体制的不稳定与波动，所以政府在其中发挥经济作用，对于实现经济稳定运行、持续增长是必不可少的，也是其他任何主体所不能替代的。在现实经济活动中，总是存在各种各样交易成本的耗损，这必然影响市场对资源的有效配置。交易成本涵盖一系列制度成本，包括信息、谈判、拟定和实施契约、界定和控制产权、监督管理以及制度变迁等各个环节的成本。交易成本的存在为各类经济组织的出现提供了现实理由。政府的权威性和强制力，在良性运行的前提下，能够营造降低交易成本的环境，尽可能少地避免资源被消耗在非生产性的活动上。因此，政府经济职能的根本目标之一就是节约交易成本，降低市场运行的摩擦力，提高市场运行的效率。

此外，收入分配不平衡与贫富差距的拉大也需要政府切实履行经济职能。市场竞争的结果是优胜劣汰，必然形成人们收入上的不均等，拉大贫富差距，这样就造成了竞争起点或结果的不公平，从而影响到社会的稳定与持续发展。对此，萨缪尔森认为："市场并不必然带来公平的收入分配。市场经济可能会产生令人难以接受的收入水平和消费水平的巨大差异。"[①] 为此，西方福利国家兴起之后，政府积极介入收入再分配的调整，以促进经济效率的提升。不同国家都通过这种手段，来协调和兼顾公平与效率的价值冲突。对此完全依赖经济学的解答显然是不够的，政治哲学的价值支持就成为现实的必要。对于公平正义的解读，最有影响力的是罗尔斯的正义分配原则，即："(1) 每一个人对于一种平等的基本自由之完全适用体制都拥有相同的不可剥夺的权利，而这种体制与适于所有人的同样自由体制是相容的。(2) 社会和经济的不平等应该满足两个条件：

---

① 〔美〕保罗·萨缪尔森等：《经济学（第18版）》，萧琛主译，人民邮电出版社2008年版，第33页。

第一，它们所从属的公职和职位应该在公平的机会平等条件下对所有人开放；第二，它们应该有利于社会之最不利成员的最大利益。"①显然,实现这些公平正义的原则,都需要政府积极发挥经济职能,把收入分配与贫富差距维系在社会稳定所必需的水平上。因此,自由竞争的市场经济所产生的收入分配结果与财富积累的差距,尽管有时符合帕累托改进的原则,但是没有适当的控制就会造成贫富差距过大,容易引发社会不满。因此,政府有必要扶助弱势群体,建立完善的社会保障体系,以实现社会持续均衡的发展。

由于市场失灵存在的客观性,政府经济职能的存在有其必然性,但并不因此允许政府替代市场配置资源的决定性地位,应将其限于市场失灵的领域之内。"市场失灵实际上界定了政府活动的范围"②。市场失灵由政府弥补,但是政府也会失灵。所谓政府失灵,就是"政府做出了降低经济效率或不能实施改善经济效率的政策"③。政府经济活动派生的外部性、自利的内部性、不完全竞争以及寻租活动的存在都会导致政府失灵,影响到资源的有效配置,造成社会资源的浪费。市场失灵与政府失灵的存在,要求在政府经济职能的运行中正确处理政府干预经济的力度与方式。美国著名经济学家查尔斯·沃尔夫主持的兰德公司研究报告,对市场失灵与非市场失灵(即政府失灵与第三部门失灵)作了以下对比：

表1 市场失灵与非市场失灵比较

市场失灵	非市场失灵
外在性和公共产品	成本与收入之间的分离:过剩和增加的成本
增加利润	内在性和组织目标
市场不完善	派生的外在性
分配不公(收入和财富)	分配不公(权力和特权)

资料来源：〔美〕查尔斯·沃尔夫:《市场,还是政府:市场、政府失灵真相》,陆俊、谢旭译,重庆出版社2009年版,第89页。

通过比较,沃尔夫得出了相对可靠的结论:"第一,典型的非市场失误与那些通常由市场引起的失误相比,并不更明显、更有特点或更可预测;第二,这些特有的非市场失灵的类型表明,它们既难以对付又相对地被忽视了;第三,无论它们是否或多或少地比市场的失灵更难以对付,也许在某些条件下都是可以发现,并

---

① 〔美〕约翰·罗尔斯:《作为公平的正义——正义新论》,姚大志译,上海三联书店2002年版,第70页。
② 〔美〕约瑟夫·斯蒂格利茨:《政府为什么干预经济——政府在市场经济中的角色》,郑秉文译,中国物资出版社1998年版,第127页。
③ 郭庆旺等:《财政理论与政策(第二版)》,经济科学出版社2003年版,第56页。

且是显而易见的,但在其他条件下很可能是不确定的;第四,市场和政府之间的选择并非是一种完善和不完善之间的选择,而是不完善程度和类型之间、失灵程度和类型之间的选择,在许多情况下,这可能完全是令人厌之事物和不可容忍之事物之间的选择。"①在市场与政府都有可能失灵的情况下,如何选择不完全的市场与不完善的政府及其不同程度的组合,关键在于使政府和市场互相以自己的优点去克服对方的缺陷。在政府履行经济职能弥补市场失灵的同时,预防政府失灵的关键性主导力量似乎也是政府的权力和职责,也就是说政府失灵还需要政府职能来解决。如此看来,政府经济职能成为社会经济全面发展成败的关键,法治化的路径可谓当务之急。

三、政府经济职能的公法学论阈

在法学的研究视野中,很早就关注政府的作用以及行政的职能问题。缘于法律对权力的规制与约束,在公法学的研究领域,行政法学的研究涉及行政作用法以及如何界定公权力的作用范围等;经济法学则从社会整体利益的角度关注政府管理经济活动的法律制度及其运行。深入考察行政法学与经济法学关于政府经济职能的理论,对于政府经济职能的法治化具有重要的理论价值。

在行政法的研究领域,行政作用的理论同样存在大陆法系和英美法系的分野,目前是借鉴与差异并存。在大陆法系的有关理论中,法国著名行政法学者莫里斯·奥里乌认为:"公共行政部门是一种凭借公共权力履行行政职责的机构,行政的三大要素依次为行政职能、行政权力(也称公共权力)、行政机构。"②从而,为了实现行政职能来满足社会的需要,"直接导致了国家主导的公共组织的产生,用以举办各类公共事业,来满足公众的社会公共需要,借此由国家组织向公众持续不断地提供服务"③。同时,值得强调的是,这里已经涉及了行政职能在合法性、程序性以及平衡性约束下的边界和限度问题。在大陆法系中,德国行政法是引领研究潮流的,许多领域的研究都相当深入,但是直接指向行政作用的研究却比较少。其中,毛雷尔对行政的分类略有提及,他依据行政的任务和目的,"将行政分为秩序行政、给付行政、引导行政、税务行政和后备行政"④。德国行政法学的研究中,对于行政的作用,尤其对其应然层面的研究,还存在着大量

---

① 〔美〕查尔斯·沃尔夫:《市场,还是政府:市场、政府失灵真相》,陆俊、谢旭译,重庆出版社2009年版,第91页。
② 〔法〕莫里斯·奥里乌:《行政法与公法精要(上册)》,龚觅等译,辽海出版社、春风文艺出版社1999年版,第13页。
③ 同上书,第13—28页。
④ 〔德〕哈特穆特·毛雷尔:《行政法学总论》,高家伟译,法律出版社2000年版,第8—9页。

第二章 政府经济职能法治化的理论阐释

空白,这也反映了单一学科研究的片面与局限。承袭德国行政法学的研究路径,日本行政法的研究在很多方面更趋精细化、准确化,在行政的分类以及作用方面做出了有价值的贡献。日本行政法学者盐野宏将行政区分为"规制行政、给付行政和私经济行政",并主要强调规制行政与给付行政的界分,前者为通过限制私人的权利、自由,以实现其目的的行政活动,而后者则是指管理道路、公园、设置、运营社会福利措施,进行生活保护,给予个人及公众便利和利益的行政"①。以此推论,行政作用法就是在行政过程中几个类型化领域以行政作用为共同法的原则。这些政府作用领域的类型,主要包括:"秩序行政作用(以维持国家或公共团体的存续为目的的作用,如防卫、警察、财政作用)、整备行政作用(以整备和形成秩序为目的的作用,如环境整备、经济整备、空间整备作用)、给付行政作用(以保障生活和提供福利为目的的作用,如供给行政、社会保障行政、助成行政作用)"②。值得强调的是,行政作用内容的不同构成了这种类别区分的标准,而行政实施手段上权力的大小有无则被排除在外。在这几种类别区分中,权利因素与非权力手段并非一一对应的必然关系,而是相互渗透的。总之,行政作用的类型中只有权力的强弱而无所谓有无,也不可能与公共权力明确界分。

在英美法系的相关学说中,韦德认为"英国行政法体系主要是行政机关及其职能、权力、管辖以及自由裁量权,其核心为行政权力的救济与责任,此外还有行政立法与司法"③。系统区分行政作用的是弗里德曼,他认为政府职能主要包括:"作为维持秩序者的机能;作为社会服务者的机能;作为企业经营者的机能;作为经济统治者的机能;作为仲裁者的机能"④。英国行政法对于行政作用关注不多,仅仅"在地方政府职权的范围中列举了法律赋予地方政府的一些重要的职能"⑤。不难发现,对于政府作用,英国行政法的研究并不深入,且其认识方法也主要是从规范上总结政府作用的范围,缺乏对政府作用的实证研究。美国行政法学家施瓦茨认为,行政法就是"管理政府行政活动的部门法,它规定行政机关可以行使的权力,确定行使这些权力的原则,对受到行政行为损害者给予法律补偿"⑥。不难看出,行政机关的权力、行使权力的原则和行政违法的救济就构成了这一概念的三大基本要素。由此可见,美国行政法的主要研究领域并没有涵盖行政作用。施瓦茨只是透过政府权力来考察政府职能,认为"自1935年社会

---

① 〔日〕盐野宏:《行政法》,杨建顺译,法律出版社1999年版,第9页。
② 杨建顺:《日本行政法通论》,中国法制出版社1998年版,第332页。
③ 〔英〕威廉·韦德:《行政法》,徐炳等译,中国大百科全书出版社1997年版,第43页。
④ 杨建顺:《日本行政法通论》,中国法制出版社1998年版,第297—298页。
⑤ 王名扬:《英国行政法》,中国政法大学出版社1987年版,第68—72页。
⑥ 〔美〕伯纳德·施瓦茨:《行政法》,徐炳译,群众出版社1986年版,第1页。

保险法制定以来,出现了行政权力深入社会立法领域的倾向。现在这种倾向加剧了。……此外,行政程序还扩展到传统上由法院管理的领域"①。美国行政法也只是大概介绍了地方政府的职能,其中分别列举了"郡、镇、市、特别行政区、学校区等地方政府的职能范围,主要包括公共安全、公共卫生和环境保护、公共交通、管理经济活动和职业活动、公共教育、福利事业、娱乐设备、执行法律、办理选举等意"②。这种列举式的说明,虽然清楚地表明了政府作用的部分范围,但是其职能区分却难以体现政府内部系统的逻辑规律,仍然局限于规范角度的思辨认识,对于实然作用的研究还是比较初步的。与之相对应的是,大陆法系的行政法研究则比较深入和广泛,特别是在专门行政作用法的理论建构方面成果卓著。

在经济法的研究领域,政府经济职能始终是一个核心的范畴,是经济法学理论与实践的前提和基础。在经济法的发源地德国,许多学者在关于经济法的定义中认同国家调整经济生活的系统综合性,明确论述了经济法的公法性质。比如德国学者罗尔夫·斯特博认为:"经济法是国家用来调整经济生活参与者之间以及他们与国家之间的法律关系的所有私法、刑法和公法的法律规范和措施的总和。"③国内学者对于经济法的定义可谓众说纷纭,具有代表性的观点如下:(1)社会公共性经济管理说,认为经济法是调整发生在政府、政府经济管理机关、经济组织和公民个人之间的以社会公共性为根本特征的经济管理关系的法律规范的总和。④(2)经济管理说,认为经济法是"调整经济管理关系、维护公平竞争关系、组织管理性的流转和协作关系的法"⑤。(3)国家干预说,认为经济法是"国家为了克服市场失灵而制定的调整需要由国家干预的具有全局性和社会公共性的经济关系的法律规范的总称"⑥。(4)国家协调说,认为经济法是"在国家协调本国经济过程中发生的经济关系的法律规范的总称"⑦。(5)国家调节说,认为经济法是"调整在国家调节社会经济过程中发生的各种社会关系,以促进社会经济实现国家意志预期目标的法律规范的总称"⑧。(6)国家调制说,认为经济法是"调整在现代国家进行宏观调控和市场规制的过程中发生的社会关

---

① 〔美〕伯纳德·施瓦茨:《行政法》,徐炳译,群众出版社 1986 年版,第 22—25 页。
② 王名扬:《美国行政法》,中国法制出版社 1995 年版,第 278 页。
③ 〔德〕罗尔夫·斯特博:《德国经济行政法》,苏颖霞等译,中国政法大学出版社 1999 年版,第 11 页。
④ 参见漆多俊主编:《经济法论丛(第 2 卷)》,中国方正出版社 1999 年版,第 64 页。
⑤ 史际春、邓峰:《经济法总论(第二版)》,法律出版社 2008 年版,第 25 页。
⑥ 李昌麒主编:《经济法学(第三版)》,中国政法大学出版社 2007 年版,第 37 页。
⑦ 杨紫烜主编:《经济法》,北京大学出版社、高等教育出版社 1999 年版,第 28—32 页。
⑧ 漆多俊:《经济法基础理论(第四版)》,法律出版社 2008 年版,第 68 页。

系的法律规范的总称。简单地说,经济法是调整规制关系的法律规范的总称"[1]。虽然这些观点在表述方式与具体指向上存在差异,但是在经济法调整的社会关系上却相当一致,都围绕政府管理经济的诸多关系来探讨,揭示了经济法与政府经济职能的内在联系,从法律与经济相结合的角度阐明了对政府经济职能进行法律规制的必要性与可能性。

政府经济职能的内容决定了经济法的独特内涵,促进了经济法制的改革与发展。同时,经济法又以法律的手段界定政府经济职能的范围,规制和保障政府经济职能的有效行使。为此,"经济法是调整在市场经济运行过程中,现代民主政治国家及其政府为了修正市场缺陷、实现社会整体效益的可持续发展而履行各种现代经济管理职能时与各种市场主体发生的社会经济关系的法律规范的总称"[2]。这一概念表明,在经济法调整的法律关系中,一方主体是以公共权力为基础的政府,另一方是各种市场主体,导致法律关系发生的法律事实主要是政府的经济管理行为,即直接管理市场主体、进而间接管理经济的各种法律行为,直接反映了市场经济条件下政府经济职能法治化的核心问题。在经济法的研究领域中,"政府的经济职能包括宏观调控、微观规制、国有参与、市场监管、涉外管制等"[3]。在经济法的实践中,控权与保权是经济法实现政府角色定位、规范政府经济职能的关键。经济法通过协调平衡政府经济职能与市场机制间的矛盾,避免市场失灵与政府失灵,规制政府经济职能的有序运行,进而持续提高全社会的整体利益。

第三节 政府经济职能法治化的理论内涵

完善政府经济职能离不开法治化的支持和保障,同时也推动了法治化进程的科学与规范。在法治国家与和谐社会的政治诉求中,完善政府经济职能的法律手段作用凸显,依法实施和保障政府经济职能对于加快完善市场经济体制具有重要的现实意义。政府经济职能的法治化,其实质就是在政府经济职能履行的过程中,通过相关法律的立法、执法、守法,提高以法律实施治理的绩效,充分实现政府经济职能的社会效果。当前,政府经济职能法治化应具有权威性、规范性、稳定性等特征,坚持法制与法治并重、相互促进,要从静态的制度层面上升到能动的实践层面,使政府经济职能步入以法制引领法治、法治推进法制的良性循

---

[1] 张守文:《经济法理论的重构》,人民出版社2004年版,第212页。
[2] 顾功耘主编:《经济法教程(第二版)》,上海人民出版社、北京大学出版社2006年版,第43页。
[3] 同上书,第57—58页。

环的法治化轨道。为此,深入探讨政府经济职能法治化的历史必然性、基本原则及其范围界定,具有重要的理论意义和现实意义。

一、政府经济职能法治化的历史必然

政府经济职能法治化是历史发展的必然选择,是市场经济的内在要求。社会经济发展的实践证明,政府经济职能法治化能有效避免随意性的政府经济行为带来的各种体制弊端,这也是政府经济职能必须进行法治化的原因。在建设社会主义法治国家的基本要求下,政府经济职能法治化有利于促进社会资源的优化配置,有利于规范政府经济行为,有利于市场主体的私权保障,有利于保障经济民主,进而完善公平法治的市场经济运行体系。

首先,政府经济职能法治化是法治国家的基本要求。纵观西方发达市场经济国家的历史经验,法治国家的基本目标之一就是要通过寻求和规范政府活动的内容和程序来保护个人利益,维护市场经济秩序。第二次世界大战后,随着政府经济职能的进一步膨胀,即使在欧洲大陆一些原本不重视程序作用的国家,司法界与学术界对政府经济职能的法治化也越来越重视,强调政府经济行为在实体和程序上的合法性问题。德国行政法学家毛雷尔认为,"基本权利的程序法效力不仅约束立法机关——应当制定实现基本权利的程序法,而且约束行政机关——对已有的程序法规定以符合宪法的方式理解、适用和补充。实体决定的事件越困难和复杂,程序的设计要求就应当越严格"[①]。至于普通法国家,则比大陆法国家更注重政府经济职能在实体和程序上法治化的发展和完善。在英、美等普通法国家,无论是在普通法上,还是在制定法中,都有规范国家干预程序的规则。我国建设社会主义法治国家,就是要"形成完备的法律规范体系、高效的法治实施体系、严密的法治监督体系、有力的法治保障体系,形成完善的党内法规体系,坚持依法治国、依法执政、依法行政共同推进,坚持法治国家、法治政府、法治社会一体建设,实现科学立法、严格执法、公正司法、全民守法,促进国家治理体系和治理能力现代化"[②]。规制经济活动,矫正市场失灵,是现代国家治理的重要内容。政府经济职能的法治化显然是现代法治国家不可或缺的重要组成部分。

其次,政府经济职能法治化有利于资源优化配置。[③] 在市场体制中,市场是决定性的配置资源的工具,但为了弥补市场缺陷,政府也直接参与资源的配置和

[①] 〔德〕哈特穆特·毛雷尔:《行政法学总论》,高家伟译,法律出版社2000年版,第460页。

[②] 习近平:《中共中央关于全面推进依法治国若干重大问题的决定》,载《人民日报》2014年10月29日第1版。

[③] 参见种明钊主编:《国家干预法治化研究》,法律出版社2009年版,第22页。

使用。随着市场失灵的不断出现,近半个世纪以来政府经济权力不断膨胀,世界各国政府总支出占 GDP 的比重变化对此就有所反映,这一数字在 1973 年是 19.52%,然后持续增长,1993 年达到第一个高峰的 28.08%,此后小幅下降,到 2009 年达到最高峰的 28.58%,小幅走低后又反弹到了 2016 年的 27.49%,可谓居高不下,以后还会再创新高。[①] 就社会契约的观点来看,公权力的配置和使用都是个人私权利让渡和授权的结果。因此,公权力的扩张必定挤压私权的运行空间,其不规范的运用甚至是滥用就会侵害普通公民的权利,不对其加以约束就难以保障公民的利益。近几年我国出现的政府采购制度、土地使用权拍卖制度、招标投标制度等,都是对资源分配进行法治化的表现。正是有这些规范公共权力支配资源的制度,才使市场中的私权主体处于形式公平状态。例如,招标投标制度的建立就旨在通过法律手段强化资源配置的公正性。正是如此,《中华人民共和国招标投标法》(以下简称《招标投标法》)第 3 条规定,"在中华人民共和国境内进行下列工程建设项目包括项目的勘察、设计、施工、监理以及与工程建设有关的重要设备、材料等的采购,必须进行招标",此外还对招标、投标、开标、评标和中标等程序进行了详细的规定,在实体和程序上予以法律规范。

再次,政府经济职能法治化有利于规范政府经济行为。代表公共利益的政府,在行使政府经济职能时,不应该追求自己的私利。但是,在社会经济现实中,各国政府往往难以抑制私欲,寻求自身利益的最大化。"在政府中,一种不断重复的倾向是保住自己的权力范围,抗拒变革,建立各种独立王国,扩大自己的控制地盘,不管是否需要都要保住项目和计划。"[②]公共利益虽然是政府机构得以存在的终极目的,但是代表政府履职的公务人员确是地地道道的"经济人",所以政府也就摆脱不了自利的特性,政府失灵也就在所避免。政府失灵导致了政府职能履行的无效率,主要体现在政府机构运转无效、公共决策失误、政府干预失当等方面。在公共选择理论看来,由于利益集团的存在及其对于政府的影响,政府往往被利益所俘获,导致政府的行为难以体现公共利益的要求。此外,信息的不完全、成本效益观念的缺乏等,多重因素的叠加导致了政府失灵的出现。这也说明了在应对市场失灵的问题上,政府具有不可推卸的公共责任,但是它并不是最合适或者说最完美的主体,政府的可见之手既可以为善,也可能为恶。对此,诺斯提出了政府悖论的理论,直截了当地指出"国家的存在是经济增长的关键,

---

[①] 数据来源:http://finance.sina.com.cn/worldmac/indicator_GC.XPN.TOTL.GD.ZS.shtml, 2020 年 10 月 4 日访问。

[②] 〔美〕戴维·奥斯本等:《改革政府:企业精神如何改革着公营部门》,上海市政协编译组、东方编译所编译,上海译文出版社 1996 年版,第 19 页。

然而国家又是人为经济衰退的根源"①。在美国,"如果将政府救济款总金额除以按官方统计的美国贫民总数,就会发现处于贫困线以下的人们的收入将比普通公民的平均收入高出一倍半至两倍,从理论上讲美国的贫困现象早已不复存在,可事实上美国的贫困阶层仍然存在,因为能分配给贫困者的救济金所剩无几,大部分救济金被福利机关的高薪门客挥霍掉"②。政府失灵的存在使其经济职能很容易出问题,并且有可能使市场失灵的问题更复杂化,因此必须对各项政府经济职能的主体、程序、方式、范围在法律上作出详细的规定,使政府在法律的框架下发挥经济作用。诺贝尔经济学奖得主哈耶克在论述保障经济发展的自由秩序时,强调对国家权力的法律约束,否则公共权力"不仅严重侵损法治,而且在贬损法治思想的同时还会严重削弱(私的主体)对专制政府复兴的抵御力"③。所以,由于市场根深蒂固的缺陷无法自我克服,只得引入政府的力量,以公共权力的良性运行弥补市场失灵,但是保障私权也就必须规范和限制政府的权力。

最后,政府经济职能法治化有利于私权保障。在市场经济的领域内,发挥政府的力量就必然直接或间接涉及私人权利的空间,公权力干预经济行为本质上是对私人经济利益的干扰、挤压甚至剥夺,当然也会存在良性的引导、扶持和服务。因此,就保障私权的角度来看,提高政府的法治化水平是保障私人权利与良好制度环境的必由之路。"事实上,私权并不仅仅是私法层面的事,公权对私权有两方面的作用:其一,任何私权都是由公权确认和保障的;其二,任何私权的行使都会直接或间接地涉及公权。因此,存在一个私权与公权之间的利益界限问题。"④

显然,在这个界限的确定中拥有公共权力的政府具有主导权,比如公权对于私权的剥夺、限制以及对私权利益的汲取等都是由公权决定的。既然在特定的政治经济体制下,存在这样一个公私权力之间的界限来明确市民社会与政治国家的利益边界,只要公权力对于私权的干预是法定的,就有助于民众利益避免受到公权力的不当侵害,民众的权利就有可能得到法律的保障。比如,在发达国家的历史上,税收法定原则就是一个从公权力税收擅断演进而来的,只有坚持税收法定,才能保障公民的财产权。此外,不仅在实体内容上,在程序上,如公权力对私权的干预方式、程度、时机等都必须是明确的、公开的,必须具有可稳定预期的

---

① 〔美〕道格拉斯·C.诺斯:《经济史中的结构与变迁》,陈郁等译,上海三联书店、上海人民出版社1994年版,第20页。
② 李京文:《借鉴国际经验,建立有中国特色的社会保障制度》,载《中国社会科学院研究生院学报》1998年第5期。
③ 〔英〕哈耶克:《自由秩序原理(上)》,邓正来译,生活·读书·新知三联书店1997年版,第294页。
④ 种明钊主编:《国家干预法治化研究》,法律出版社2009年版,第22页。

法治化目标。

此外,政府经济职能的法治化有利于保障经济民主,促进经济公平。国家保障经济民主权利的基本措施就是完善立法,界定市场参与者的权利和义务,规范其经济行为,保障经济公平,扶持弱势群体平等参与经济活动。比如,中小企业促进法、反垄断法、消费者权益保护法以及股东权益的保护等法律规定,分别对相关市场主体的权利义务作出了明确规定,注重保障市场主体的经济民主权利,维护健康持续的经济发展环境。促进经济公平是政府经济职能的重要目标之一。显然,在现实世界中,也不存在一个广泛接受的、可以精确度量的经济公平的标准。各国政府促进经济公平的通行做法,包括转移支付、累进税制以及社会保障与救济等措施。就比较的经验来看,这些措施的有效实施,没有法治化的有序运行也是不可能的。

二、政府经济职能法治化的基本原则

政府经济职能法治化是我国当前加快完善市场经济体制的核心,涉及复杂的利益调整和分配,是进一步改革成败的关键。所以,政府经济职能法治化的道路必定是艰难曲折的,既不能冒进速成,也不能拖沓缓行;盲目引进,食洋不化或者不加辨别,以国情特色为由一味拒斥都是非常不利的。当前,对于我们具有现实可行性的路径就是,坚持借鉴与创新、渐进与明确、统一与整体、适度与绩效以及规范性与公共性相结合的原则,积极推进整体性系统性配套改革,逐步稳妥地实施政府经济职能的法治化进程。

第一,大胆借鉴与勇于创新相结合的原则。现代市场经济在理论与实践上,无论是肇始还是繁盛,都源于西方欧美国家。我国发展市场经济当然不能忽略甚至排斥西方的先进理论和经验,因而学习和借鉴是必要的。但是,由于我国经济社会发展阶段的不同,市场经济的特殊性等因素又决定了借鉴必须以认识、把握和充分结合国情为前提。可以说,作为新兴市场经济体,我国固然不乏后发优势,但是也存在难以克服的后发劣势;既存在西方国家所面临的共同难题,也遇到了发展中的特殊问题。但是,世界经济发展的趋势,正如萨缪尔森所说已经进入了混合经济时代,对于中国市场经济而言,不加分析地进行政府扩权或者是弱化政府作用都是不合时宜的。因此,政府经济职能的法治化既要引进和借鉴西方国家市场经济运行与管理的共同规则,又要大胆移植和修正现有法律成果,以适应中国国情和不断发展变化的需求。同时,政府经济职能的法治化还要注意把总结经验与制度创新结合起来。在对旧有法规进行清理、抛弃时,也要充分发掘原有法律制度的合理成分和有益经验,结合新情况新问题不断进行制度创新。如此,政府经济职能法治化的过程,就能够坚持法制的延续性,激发法律的自生能力,进入法治化的良性循环轨道。

第二,循序渐进性与明确导向结合的原则。我国市场化的过程是与渐进的改革相一致的,经济立法也是与之相伴不断深入的。这一特点,一方面稳定和巩固了市场化改革的成果,探索了经济法治的经验,另一方面也对于政治经济体制的改革提出了新的需求,提供了源源不断的动力。可以说,在渐进中点滴积累,避免了政治经济生活的剧烈波动,凸显了法治化过程保障改革成果与稳定秩序的实效性。① 但是,在现实经济生活中,我国经济法治特别是政府经济职能的法治化,还存在一些突出的问题。其中,从法律文本上来看,虽然法律门类基本健全,涉及所调整的广泛的经济领域,但是具体到某一部法律则往往其完备性不足,法律位阶不高,关键概念界定比较模糊,可操作性条文较少,特别是对于法律责任的追究常常难以执行。可以说,这些问题是发展的产物,又是发展不足的表现,成为完善政府职能,提高法制化水平不可回避的问题。为此,正如前所述,首先要明确服务型政府的经济职能作为其法治化的基本导向。只有如此,才能克服传统放权条件下政府与市场关系的零和博弈,避免零打碎敲式的短期修补所带来的弊端,从长远整体的角度重新设计政府经济职能的结构。在此过程中,充分运用法治化的手段,坚持明确的导向,以建立法治政府为基础,明晰政府各部门的职责与权能,使之规范化、制度化、科学化。当前,最为紧迫的是依法理顺政府间的纵向关系,即中央与地方政府间的关系,明确划分中央与地方的职责权限,确定相互之间的权利义务,统一相互之间的经济管理权责,同时兼顾地方政府间的竞争与合作关系,实现法治化的运行与调整秩序。

第三,坚持统一性与整体性相结合的原则。在建设法治政府、推进政府经济职能法治化的进程中,各级政府要以宪法为根本依据,健全经济法律体系,维护社会主义立法、执法、司法和守法的统一性,做到政治公正和利益公平。这关键在于,坚持不同法律渊源的法律文本和条文的统一性、连贯性与协调性,避免法条冲突与抵触,实现法令统一,执法公平。为此,要加大力度梳理政府调控经济的相关法律,从立法上解决法条互相矛盾的问题,同时以全球化视野,促进我国经济法规与国际游戏规则的兼容,提升各级政府经济管理的国际化、现代化水平。这也是政府经济职能法治化的动力和契机。在深化行政体制改革的进程中,政府组织机构、职能、编制、工作程序的法定化具有整体性,需要通盘考虑、整体推进。经济职能法治化的单兵突进不仅收效甚微,也将阻滞政府的整体发展。为此,要强化政府机构编制法的约束力,特别是违法责任的追究制度,重在违法必究,密而不漏。同时,实现编制法、组织法与程序法的相互配合、良性互动,建

---

① 参见丁茂清:《论中国政府经济职能法定化的基本原则》,载《益阳师专学报》2002年第4期。

第二章　政府经济职能法治化的理论阐释

立和维护一个保障政府经济职能全面履行的法律环境。

第四,适度干预与经济效率相结合的原则。政府的公共责任必然要求它不能对市场失灵坐视不管,但是政府的干预不得不考虑合理限度与范围的问题。所以,对于市场失灵而言,政府的干预是必需的,但是适度是有效与否的关键。质言之,政府适度关注,就是指政府干预在范围与力度上的适当性,即仅限于市场失灵领域的恢复性修补。换言之,就是政府的适度干预保持在与市场对干预的需求相一致的状态,政府对干预的供给要适度。政府适度干预既是政府经济职能的运行原则,也是质和量的必然要求。偏好同样影响政府与市场,在干预过程中,如何矫正二者的不同偏好对于干预的适度性与质量起到决定性作用。就经济效率而言,"国家干预并不是绝对的有益,也不是绝对的无益,一切都取决于具体条件下的损益分析"[1]。法国经济法学家阿莱克西·雅克曼等从法律的角度观察了这一现象,他们认为:"承认消灭经济运转中的缺陷意味着在制定和实施法律方面付出代价。这时应该得到法律规则通过减少或消灭缺陷所提供的净利,即法律规则带来的预期全部收益和预期全部费用之差。只有在集体获得的净利大于(或等于)在别处利用法律耗费的那些资金所获得的净利时,重视效率才会要求运用法律规则。"[2]干预效率要求国家干预必须考虑到市场失灵、政府能力、干预方式等问题,从干预结果上来考察干预的合理性。在政府经济职能法治化的进程中,应该充分考虑到干预效率原则,不能提升市场主体及市场整体效率的法治化是不必要的。

第五,规范性与公共性相结合的原则。政府经济职能的有效履行必然涉及公权力对于私权的规范、限制甚至剥夺。当然,并非所有公权力对于私权的约束都是有害的,在一定情况下公权力对于私权的汲取往往是服务于私权的前提和基础。比如,适度税收能够为政府公权力服务民众提供财力基础,保障市场主体的合法经济权益,而过度的税收则会侵犯私人产权,降低市场效率。所以,公权力对于私权的约束也必须考虑是否能够弥补市场的缺陷,提高市场效率,增进社会整体利益。换言之,"任何政府的行政许可制度都应该有其特有的存在价值,或保障私权,或维持秩序,或提供公平,否则,就不应该对私权进行任何限制"[3]。由于旨在弥补市场失灵的政府经济职能,一旦缺乏应有的控制就会导致市场失灵的加重或者造成新的市场失灵,所以必须对于政府经济职能的履行主体、权责、方式予以适当的法律规范,非法定机关以及超越法律授权的行为不得行使政

---

[1]　樊纲:《市场机制与经济效率》,上海三联书店1995年版,第146页。
[2]　〔法〕阿莱克西·雅克曼、居伊·施朗斯:《经济法》,宇泉译,商务印书馆1997年版,第11页。
[3]　种明钊主编:《国家干预法治化研究》,法律出版社2009年版,第27页。

府经济职能,这也是保障私权和维护与提高市场效率的必然要求。此外,政府经济职能法治化应该充分遵循公共性原则,强调市场主体和国家在社会进步中的最佳利益分配,追求的是整个社会的稳定发展和经济的理性发展,从而使市场中的各种矛盾和冲突在社会公共利益至上的法律状态中得到调和与缓解。① 然而,在经济社会快速转型的过程中,政府经济职能偏离公共利益的情况时有发生,其沦为谋取部门利益或者中饱私囊的工具的风险仍然存在,甚至还有加重的趋势。因此,这一问题应该在政府经济职能法治化过程中加以重点关注。

三、政府经济职能法治化的范围界定

政府经济职能的法治化既是一个目标,更是一个过程,是一个持续的制度变迁和创新的过程。只有明确政府干预的边界与力度,对政府经济行为进行法律约束,才能在政府有效的情况下修复市场失灵。事实上,"'看得见的手'只有顺应'看不见的手'运行的规律才能驾驭市场;'看得见的手'只有谨慎地使用才能有效地发挥功用;'看得见的手'只有知道哪里应当无为才能有所作为"②。为此,我们应该在对政府经济职能进行有效的规制和优化的基础上,建立健全以政府经济职能为核心内容的法律法规体系。政府经济职能法治化的基本范围应涵盖政府经济管理关系的各个领域,应进一步完善以有限政府之经济职能为核心的经济法律体系,健全规范政府经济职能的行政法律法规,强化政府经济职能责任追究与监督机制的法律规范等。

第一,坚持有限政府的理念,完善经济法律体系。西方发达国家普遍采取法治手段,制定经济管理法律规范市场秩序,强化政府经济职能,政府经济职能法治化的程度都比较高,这对于我国加快完善市场经济体制具有重要的借鉴意义。在经济法理论中,政府职能主要包括宏观调控、市场监管、国有参与、社会分配、持续发展等方面;而在政治学与行政学领域,主要关注中央施政纲领性文件中对于政府职能的表述,即宏观调控、市场监管、公共服务、社会管理和环境保护。立足于政府经济职能法治化的角度看,笔者认为宏观调控、市场监管是纯粹的政府经济职能,公共服务、社会管理和环境保护或者持续发展等职能还兼具社会性职能的特点,所以本书在后面主要探讨宏观调控和市场监管两大政府经济职能的法治化问题。对于政府经济职能的履行,我国政府在发展经济的过程中,也在逐步加快经济立法,运用法律手段管理经济。对此,建立和健全经济法律体系就成为我国政府经济职能法治化的核心任务,也是加快完善市场经济,提升现代经济

---

① 参见黎国智、马宝善主编:《市场经济与行为法学》,中国政法大学出版社1996年版,第141页。
② 陆丁:《看得见的手——市场经济中的政府职能》,上海人民出版社1993年版,第159页。

治理能力的必由之路。

首先,进一步完善宏观调控法律体系。宏观调控是政府的基本职能,依法宏观调控是法治政府、法治国家的必然要求。从经济法的理论上来讲,宏观调控法主要调整政府运用财政政策、货币政策以及产业政策等手段对经济进行宏观调控所产生的法律关系,依法界定宏观调控的地位和作用、对象和范围以及调控力度等的法律法规。市场发展的经验表明,只有依法有序地进行宏观调控,才能实现调控政策对市场主体微观经济行为的引导,约束政府从经济社会整体利益出发,避免公权力的膨胀对市场私权的侵害。有鉴于此,结合我国市场经济发展中所面临的问题,约束政府干预行为,完善政府宏观调控法律体系已经刻不容缓。通过立法规范政府与企业的关系,明确相互职责,防止权力超越法律干扰市场主体的经营活动。同时,运用法律把政府宏观调控行为及其程序固定下来,减少政府经济权力的随意性,避免经济短期的大起大落。这些法律包括计划规划法、产业政策法、预算法、国有资产法、价格税收、外债管理以及社会保障等法律。政府经济职能法治化重点就是要在这些方面,规范程序,强化立法和执法,完善法律责任的追究制度,拓展法律救济渠道。

其次,细化和规范市场监管法律体系。政府对于经济的管理,不仅需要宏观调控,而且需要更进一步的微观规制。市场监管法律体系是以微观规制为主要目标的,是经济法规范市场经济微观活动的核心法律部门。市场监管法是在宏观调控法所保障的稳定持续的经济社会发展机制和宏观环境中,规范政府监督管理市场的经济活动,维护市场环境,监管市场秩序的法律规范。当前,我国正在实施的市场监管法律体系,虽已经历了四十多年的探索和发展,但是仍然难以适应市场经济发展的需要。在市场监管领域,法治水平与发展现状严重脱节,有些法条侧重于宣示性意义,过于原则化而操作性不足,过于陈旧与立法空白并存,这些问题都成为完善市场经济的法制障碍。依法规范市场秩序,监管市场行为,完善相关市场监管法律体系,主要包括市场主体行为,企业等经营者的设立与权利义务关系,塑造合格的市场经济主体。具体而言,就是要抓紧健全和完善公司企业法律体系,完善公司法、企业登记法规以及破产法等,完善现代企业制度,加快完善市场运行机制。在市场秩序方面,公权力对于经济行为的干预、不正当竞争、商业贿赂、垄断行为、假冒伪劣产品等违法现象,严重妨碍了市场正常的竞争秩序和公平的竞争机会。在这方面,要尽快完善反垄断法、反不正当竞争法、产品质量法、消费者权益保护法、合同法、广告法、拍卖法等。进一步完善和规范土地管理、房地产管理、劳动力市场管理、电子信息市场等管理法律体系。

最后,依法保障经济安全,完善涉外经济法律体系。涉外经济管理是政府重要的经济职能,是国家经济安全的法治保障。涉外经济法律体系本质上是国内市场经济管理法治化的延伸和拓展,专门调整国家在经济全球化的进程中参与国际市场所发生的经济关系。为此,我国要尽快制定和完善对外贸易金融方面的法律,参与国际市场竞争,获取正当的国际市场收益,保障国家经济安全。在涉外经济管理方面,我国要抓紧制定促进国际贸易,参与国际金融市场,维护国家经济安全的法律体系,主要包括国际贸易法、外汇管理法、反倾销法、国际金融机构管理法、海外投资与政府保障法等。

第二,坚持法治政府的理念,完善行政法律体系,规范政府经济职能。政府职能的行使必须依法有序,这取决于行政法律体系的有效性,也是保障政府经济职能的法制前提。就主体而言,政府经济职能的有效性取决于政府机构自身的法治化程度,即政府机构自身的组织、编制、人员、职能、程序、问责等方面的法治化水平。首先,细化和完善行政组织法律体系。通过法律手段,限定政府权力,特别是干预市场的权力,是政府经济职能法治化的核心问题,对于稳定市场经济意义重大。我国目前实施的中央政府以及地方政府组织法,初步明确了政府机关的组织、权力和责任,奠定了各级政府组织的基础性框架。但是,这些法律的可操作性与责任追究方面还需要进一步细化,迫切需要出台配套法规和实施办法。各级政府应尽快落实党的十九大提出的相关要求,"统筹考虑各类机构设置,科学配置党政部门及内设机构权力、明确职责。统筹使用各类编制资源,形成科学合理的管理体制,完善国家机构组织法"①。

为此,政府组织法的梳理与调整是首要任务,可以通过法律规定总的政府组织法通则,然后实行分级立法;原则上规定总的政府组织、编制、机构设置、运行程序、管理体制等,在对不同级别、种类、层次的政府部门分别立法,实行通则与单独条例相结合的原则。如此,通过法律统一和固定政府机构的编制与程序,重点是健全与完善公务员管理的法律体系。应该说,2006年《中华人民共和国公务员法》的正式实施,是公务员管理的一大进步。该法在借鉴国内外先进经验的基础上,对于公务员的职责、权利与义务都作了详细的规定,内容上吸纳了原来单行规章的优点,提升了法律的位阶和实施的权威性,对于公务员队伍从社会上吸纳精英人才起到了激励和保障作用。在此基础上,还需要根据经济社会发展的要求和政府改革的任务,不断完善相关公务员制度的配套法规,提升内容的科学性和保障性,推进组织人事管理的法治化。

第三,坚持责任政府的理念,强化政府经济职能责任追究的法律规范。政府经济职能的全面履行离不开法治的保障,特别是政府经济职能的有效监督和政

---

① 习近平:《决胜全面建成小康社会 夺取新时代中国特色社会主义伟大胜利——在中国共产党第十九次全国代表大会上的报告》,载《人民日报》2017年10月28日第1版。

府经济行为的问责与追究。对于政府经济行为进行有效的监督和制约,是政府经济职能法治化的重要保障。显然,加强立法是对于政府经济职能法治化的前提,但是良好的法律必须得到严格的贯彻执行才能起到应有的经济社会效果。毋庸讳言,我国政府经济职能履行的过程中,无论是执法的严格性还是执法后的监督,在力度和深度上都还比较薄弱,这在某种程度上严重损害了政府经济调控与监管政策的效度,阻碍了市场经济完善的进程。法之大者就在于其严肃性、权威性以及责任追究的普遍性,正可谓"法网恢恢,疏而不漏"。否则,法律就会沦为一纸空文,为此,严格的法律追究必不可少。在政府经济职能履行中,对政府经济行为严格的责任追究是法治化的重要保障。在现代法治国家,对政府责任的追究制度是依法行政和私权保障的关键。当前,我国在社会经济管理过程中,出现的环境污染、群体性事件、腐败窝案以及重大安全事故等社会高度关注的问题,或多或少都与政府法治的缺失纠缠在一起,有法不依、执法不严、监管不严、守法缺失、渎职失职等都反映了政府责任的严重缺失。可见,没有严格的责任追究制度,政府经济职能的法治化就难以有效推行。近年来,我国各级政府强化了对于政府官员行政责任的追究力度,成效相当明显,正在逐步探索制度化、法治化与科学化的路径。但是,行政问责的法律体系还需要进一步健全和完善,对于行政法、诉讼法、行政复议法、国家赔偿法以及相关党内领导干部问责的规章制度,还需要进一步出台配套的细化措施,形成完整的法律法规体系,以保障政府经济职能法治化的快速提升。

第三章 西方政府经济职能法治化的实践与启示

尽管资本主义在不同阶段的发展目标以及政府经济行为的侧重点有较大差异,但是各国都比较注意经济领域的法治建设,探索出了依法治保障经济运行,约束政府经济权力的成功经验。西方发达国家在逐步形成适合自己国情的市场经济道路的同时,大都形成了适合自己政治经济制度的政府经济职能结构,既具有普遍的共性也具有自己的特色,尤其是在不同历史阶段政府经济职能法治化的先进经验,都为人类社会经济治理提供了丰富的理论和智慧。当前,在加快完善我国市场经济体制的背景下,转变和优化政府经济职能,推进政府经济治理的法治化水平,非常有必要理性分析和借鉴西方政府经济职能,引进其法治化的有益经验。

第一节 西方政府经济职能的实践经验

政府在市场中的经济职能与经济的发展过程密切相关,并随着市场经济的发展变化而不断调整。资本主义在其发展的各个历史时期,伴随着市场化、工业化以及民主化的进程,政府经济职能的理念也在不断演变。在资本主义原始积累阶段,资本短缺导致了重商主义的崛起,各国政府对内通过立法和强制的手段,为市场经济的运行和发展提供制度保障;对外通过武力扩张和掠夺,为本国的经济发展提供丰富资源和广大市场。在自由竞争资本主义阶段,在古典自由主义思想的主导下,政府经济职能被局限在非常小的范围内,经济运行主要依靠微观市场经济主体的自主经济行为。资本主义进入垄断阶段以后,在凯恩斯国家干预主义的指导下,政府积极干预市场经济的运行,适应了垄断资产阶级攫取最大利润、维持资本主义经济的稳定与发展的要求。自20世纪70年代以来,西方各国的经济陷入滞涨的深渊,批判凯恩斯主义的新自由主义地位日渐上升,主张限制政府干预,政府经济职能在自由市场经济与政府积极干预相结合的混合

第三章 西方政府经济职能法治化的实践与启示

经济中,力图避免市场失灵和政府失灵。经过长期的理论探索与实践检验,当今西方各国的政府经济职能特色与共性互现,在发展中不断完善。

一、西方政府经济职能的比较分析

随着经济社会的发展,人们普遍认识到在市场机制发挥配置资源的决定性作用的同时,还需要政府发挥作用为市场服务,使市场经济得以有效运行并不断完善。如今,许多国家都采用了市场与政府相结合的方式来发展经济,但其结合的程度不同,使各国在行使政府经济职能时产生了个性化差异。对美国、日本、法国、德国等发达国家政府经济职能进行现实分析和比较,有利于借鉴它们的优秀经验,为我国政府经济职能的法治化提供基本参照模式。

(1)美国政府的经济职能是建立在高度发达的市场经济之上的,主要是以法治化的手段进行有限的宏观调控。在规范的企业规模和治理结构、完备的市场体系、健全的经济法治等条件下,美国政府主要的经济职能就是通过政府经济立法和经济政策作为法律依据对社会经济进行宏观调控,以促进整个国家的社会发展和经济繁荣。值得强调的是,在美国的市场经济中,尽管政府可以排斥计划经济的行为,但是非常重视宏观调控,无论政府采取经济手段还是行政手段进行宏观调控,都要通过明确的法律规范来实现,以强制性法律避免行政权力对市场运行的随意干预。美国政府经济职能的两大领域包括:一是经济立法,主要是以反托拉斯立法为主线,同时也制定了一些维护消费者权益的法规和保护劳动力资源、投资者和其他资源所有者权益的法规;二是经济政策,财政政策和货币政策是美国政府进行宏观调控的主要手段,这两大政策都是间接的调控手段,美国政府很少直接干预市场的微观运行。在美国政府中与经济政策制定有关的重要部门主要有:白宫办公厅、行政管理和预算局、经济顾问委员会、政策发展办公室、联合经济委员会、商务部和财政部等。此外,在美国政府机构中还有一批由总统直接领导、依法享有半独立地位的各种管制部门。这些部门以就某一专门目的而设立的各类委员会居多,如证券和交易委员会、平等就业机会委员会、消费品安全委员会和环境保护署等。① 总之,美国政府经济职能的实施以市场机制为主,以政府干预为辅,运用经济立法和经济政策的目的在于弥补市场失灵和保护市场主体的合法权益,以完备的法律体系保障政府经济职能的实现。

美国是通过发达的法律体系来有效监管市场经济,协调各种各样市场主体的利益,增强宏观调控能力。对此,美国在长期的经济发展过程中,形成了种类

---

① 参见陈建:《政府与市场——美、英、法、德、日市场经济模式研究》,经济管理出版社1995年版,第34—35页。

复杂而又极其严密的经济法规体系,为实现政府经济职能提供了有力的保障。美国以政府经济职能为核心的法律体系包括三种类型:"第一类是用于调整市场结构和促进企业之间公平竞争的法规。美国 1890 年颁布的《谢尔曼法》、1914年颁布的《克莱顿法》就是专门的反托拉斯法。1953 年通过了《小企业法》,政府予以小企业大力扶持,以提高小企业素质和加强其竞争力。第二类是维护消费者权益和保障健康安全方面的政策。消费者权益除在公平竞争法和商标法、合同法等民法中有所体现外,还有单独的立法,如《消费品安全法》,关于保护工人就业、安全及健康的法律《民权法》(1964,1972 年修订)、《就业法》(1967)等。第三类是保护自然环境和资源的公共政策。如美国颁布了《清洁空气修正案》(1970)、《噪音控制法》(1972)、《联邦水污染控制法修正案》(1972)及环境保护的基本法《国家环境政策法》等,并制定了大量的环境技术标准,从而形成相当完善的环境法体系。"①这些类别法规的良好实施,使得美国在政府经济行为规则方面建立了完整的体系,并获得了比较理想的运行效果,其政府经济职能堪称市场经济中的典范。

(2)德国在二战后推行社会市场经济,实现了经济快速均衡的发展。二战后,德国政府强调国家干预经济的重要性,"1949 年通过的联邦德国《基本法》在保护私有财产和公民权利的前提下,强调私有财产必须尽社会义务,这为德国的经济治理提供了法理依据"②。在发展经济的过程中,德国政府始终强调国家与政府共同发挥作用,政府的职责是制定和执行适当的经济政策,监督和管理市场竞争秩序,鼓励和扶持企业的合法经营活动,即政府承担的是市场竞争的"裁判者"而非"参与者"的角色。在社会市场经济建立之初,德国采取有限的调节,目的是促进从统制经济向市场经济的转轨。20 世纪 60 年代以后,为了克服经济的衰退和大量的失业,社会市场经济从"有限调节"转变为"全面调节",但是政府对经济过程的干预是以《经济稳定和增长促进法》为先决条件的,经济秩序管理是对经济过程进行干预的基础。20 世纪 80 年代后科尔政府表示要回到纯正的社会市场经济中去,减少国家对经济过程的干预,把关注的重点置于对经济秩序的管理上。20 世纪 90 年代后,面临着合并后的失业增加、经济衰退等诸多问题,国家又更多地干预经济过程,希望在弥补市场失灵的同时促进经济的快速发展。

在社会市场经济模式的指导下,德国政府的经济职能具有以下特点:一是采

---

① 王晓峰:《美国和日本政府经济职能比较研究》,载《现代日本经济》2005 年第 6 期。
② 薛彦平:《德国经济治理的回顾与前瞻——社会市场经济模式的影响》,载《当代世界》2014 年第 9 期。

取审慎、稳健和公平的财政政策和金融政策。在财政方面,德国的税收来源比较均衡,直接税和间接税比较合理,个人所得税所占比重明显低于其他发达国家,财政转移支付注重公平性,有力地缩小了贫富差距。在金融方面,实施严格的监管政策,联邦银行和隶属于联邦经济部的国家信贷监督局,依据《信贷机构事务法》共同监督和管理德国所有的银行信贷机构,导致金融机构盈利率较低,但是很好地避免了金融风险。二是注重实体经济,促进中小企业发展。德国强调工业立国,注重实体经济的发展,"2013年德国汽车、机械、化工、电气占全部制造业产值的40%,创造了25%的就业岗位,对GDP的贡献率达30%,平均高出美国、英国和法国十个百分点"[①]。同时,采取金融、技术、人才、税收等多领域的措施鼓励和支持中小企业的发展。三是追求和谐和有效率的劳资关系。稳定的劳资关系不仅是社会市场经济的根本特征,也是德国政府经济职能有效发挥的社会基础。值得强调的是,德国的劳资关系是法律确定的,特别是1949年的《基本法》和1976年的"共同决策制"的法律。在基本的法律框架内,根据社会经济状况的变化不断调整,"德国政府从20世纪90年代以来对福利和劳动力市场进行了广泛而深刻的改革,增加了市场的灵活性,减少保护主义倾向"[②]。此外,德国在重视促进经济增长的同时,也十分注意完善社会保障和社会福利体系,实现了经济增长与社会福利的同步前进。

(3)日本在战后为了实现超常的发展速度,选择了政府主导的市场经济道路。日本的政府经济职能,与其他发达国家相比,产业政策力度更大,政府的作用更强,经济发展的目标更加明确。二战后,日本按照美国的意志加速了现代化进程,实行农地改革,解散财阀,推行劳资民主,规范了企业间的公平竞争的市场秩序,逐步建立了企业管理制度,为工业的高速发展提供了物质基础。为了快速发展经济,走上了赶超之路,选择了政府主导的市场经济模式,强化政府对于社会经济的干预和调控。"日本经济高速增长,政府主导的市场经济模式是重要的原因之一,同时政府行为在经济运行中起着至关重要的作用。"[③]日本政府的经济职能包括通过财政政策和货币政策进行的宏观调控,而且还包括经济立法、改善投资环境,更具特色的是其产业政策和运用计划指导的手段进行的产业扶植政策,以此确保政府制定的经济发展战略的实现。

日本政府经济职能结构中,作用最为突出的包括两大部分,即宏观经济计划和产业政策。宏观经济计划作为日本政府履行政府经济职能,主导市场经济的

---

① 薛彦平:《德国经济治理的回顾与前瞻——社会市场经济模式的影响》,载《当代世界》2014年第9期。

② 同上。

③ 王晓峰:《美国和日本政府经济职能比较研究》,载《现代日本经济》2005年第6期。

主要手段,其中长期和短期经济计划统一由经济企划厅制订,并负责公布《经济白皮书》《世界经济白皮书》等文件。这些宏观经济计划绝非计划经济的权力干预,而是以明确的政府发展方针,通过相应的产业政策引导企业的市场行为,协调各种利益关系,进行中长期经济预测,为企业决策提供依据。具体而言,日本宏观经济计划的特点是:"1. 经济计划的灵活性。一个计划定出之后,一旦经济条件和外部环境有了变化便及时加以调整和修正.往往一个计划尚未完结,另一个计划又接上来取代了前一个计划。2. 经济计划的协商性。政府在制定与实施计划过程中,政府官员常常要与企业界人士、专家、学者,以及工会、消费者团体的首脑进行广泛而频繁的接触,对有关经济问题及解决办法进行磋商。由于经济计划是通过官民协商并大量占有信息的基础上制定出来的,其科学性较强,因而使政府计划的实现有了可靠的保证。3. 经济计划的稳定性。在日本,其经济是由高度垄断的大型企业占据主导地位,大企业的经营者就是决策者,他们不仅与政府当局有着密切的联系,而且在谋求企业发展时首先着眼于企业的长远利益,这就使企业的利益与政府的宏观经济计划易于协调,政府在制定计划时也必须考虑企业稳定的长远利益。日本经济计划的这一特点有助于政府加强宏观经济的调控和保持经济的稳定增长。"[1]产业政策是日本政府经济职能的核心内容,通常与经济计划结合在一起指导企业的经营行为,并且与财政金融政策相互配合。日本政府经济职能的这些特色和经验,推动了经济在1950—1990年的四十年达到10%左右的高速发展,值得世界各国学习和借鉴。

（4）法国的市场经济通常被认为是国家计划与市场调节相结合的国家主导型市场经济体制,其基本特征是政府与企业、国有经济与私人经济、计划调节与市场调节有机结合,各尽其责,共同发挥调节资源配置的作用。在此基础上,法国政府经济职能的特点表现在三个方面:第一,政府分类管理各类企业,与国有企业权责划分明确,既要保证国家的所有权,又要保证各类企业拥有广泛的经营自主权。第二,计划与市场有机结合,"一是在编制计划的过程中,政府官员与'社会伙伴'共同协商,评估经济发展总方针;二是通过政府官员与各领域'社会伙伴'的协商,制定反映社会各阶层利益的计划,以利于计划的顺利实施"[2]。第三,政府对经济的干预和调控,坚持稳中增长、平衡中发展的目标。为了实现经济管理目标,政府采取四个层次的宏观管理手段:"（一）国家通过所控制的国民财富和经济活动对宏观经济直接干预和调节。国家借助于社会再分配这种形式把40%以上的国民收入集中在自己手中直接干预和调节整个国民经济活动,影

---

[1] 王晓峰:《美国和日本政府经济职能比较研究》,载《现代日本经济》2005年第6期。
[2] 孔丹霞:《法国国家主导型市场经济体制探析》,载《世界经济》1997年第3期。

响社会再生产过程和企业活动。(二)政府通过制定宏观经济计划影响私人、公共消费和投资,指导市场活动,实现对经济总体的调节和指导。制定经济战略规划,分析法国经济的优势和弱点,提出一些目标和政府为实现这些目标所做出的承诺,建立起中长期的协调框架,来对国民经济进行指导和调节。(三)政府制定总体经济政策,对宏观经济进行管理。总体经济政策由对内经济政策和对外经济政策构成,范围广泛,其中最重要的有财政政策和金融政策、领土整治政策、价格政策和工资政策、对外经济政策等。(四)政府制定产业政策"[①]。总体而言,法国是一个经济上相对集权的国家,又比较强调国有经济和政府计划的作用,因此在宏观调控中财政政策的作用比较明显,这与我国的宏观调控政策具有较高的相似性,对于完善我国的政府经济职能具有更高的借鉴价值。

二、西方政府经济职能的基本内容

不同的国家或同一国家在不同的历史时期,在实际的经济发展过程中存在差异,政府经济职能在目标、范围、力度、手段等方面不尽相同,从而形成了如日本学者青木昌彦所说的多样性特点。[②] 政府在行使经济职能中依据情势的权变、相机抉择无处不在,但是也不可避免地受到历史传统、文化背景、政治制度和发展程度等因素的深远影响。因此,尽管各国管理经济的职能和手段不尽相同,而且还会随着经济、社会、科技进步的变化而变化,但应当说也是有一定的普适性规律可循的。对政府经济职能模式的研究,有助于我们把握市场经济条件下政府经济职能的经验,总结市场经济条件下政府经济职能的共性特征,进而把政府经济职能的规律性恰当地借鉴和运用于我国政府经济职能的理论和实践探索之中。

当代西方国家政府的经济职能,不同程度地把市场调节和政府监管有机结合起来,具有一些共同特征,主要体现在五个方面:第一,制订中长期计划,加强对经济发展的指导。在资本主义经济进入垄断时期,经济发展的社会性增强,垄断公司等微观经济主体对经济的影响力越来越大的情况下,市场竞争的无序性便会对经济发展造成巨大的负面影响。为了避免这种无序性对经济的冲击,西方国家政府经济职能的一大变化便是加强对经济发展的计划性指导,借以引导私人企业的健康发展,其具体体现就是制订各种中长期计划。为此,法国政府多年来一直对本国经济实施着计划调节,使经济避免了过去常常出现的大起大落,

---

① 孔丹霞:《法国国家主导型市场经济体制探析》,载《世界经济》1997年第3期。
② 参见[日]青木昌彦等编著:《经济体制的比较制度分析》,魏加宁等译,中国发展出版社2001年版,第21页。

呈现出有序发展的态势。美、英、德、日等国的现代市场经济体制,虽不搞计划调节,但政府在产业政策、市场预测、计划指导等多方面的宏观调控却是强有力和卓有成效的,调控市场经济有序运行,减小经济波动,延长经济周期。

第二,制定各种经济法规,对微观经济主体的各种经济行为进行规制。为了避免来自经济主体利己动机可能对经济运行的公平与效率造成负面影响,当代西方国家政府一项主要经济职能便是通过制定针对具体经济行为的法律,对经济主体的行为进行规范,确保市场的有序高效运行。比如,美国多年来先后实施了《反托拉斯法》《环境保护法》《食品药物检疫法》《贸易法》《国家劳工关系法》等,对市场经济实行严密而又严格的法律控制,同时,依法对国民经济中垄断性的和影响公众生活的产品和服务实行价格管制,保障市场主体的平等权利。

第三,采取多种措施,对市场失灵进行治理。西方国家政府采取多种有效措施弥补市场失灵:针对市场垄断,进行价格管制、征税和实行补贴,实施反垄断法等,维护市场竞争的制度环境;针对外部性,政府规定产权、使外部效应内部化、通过征税和补贴等办法抵消外部性对经济运行的影响;针对纯粹公共物品,政府通过国有企业等市场化或社会化的方式予以提供;针对收入分配,政府加大了对国民收入初次分配和再分配的干预力度,采取了包括税收、转移支付等多种措施对分配问题进行调节。①

第四,运用财政政策和货币政策等多种手段对宏观经济进行调控。依据凯恩斯主义的理论主张,战后西方国家运用相机抉择的宏观经济政策对经济运行进行调控成为政府的一项基本经济职能。政府通过财政政策调节政府开支的规模和税收的高低影响社会总需求,从而进一步影响私人的投资和消费行为,达到调控经济的目的;运用存款准备金、再贴现率和公开市场操作等货币政策调节货币供应量的办法来影响投资和消费,进而调节社会经济的总体运行状况。

第五,采取积极措施,参与国民收入的初次分配与再分配。在初次国民收入分配上,政府参与劳动工资确定。在社会再分配领域,政府通过规定和改变税率,增加税收项目、免税和退税,采用累进税和遗产税等,来抑制过高收入和财富的持续继承性,以减弱国内收入分配的严重不公,调节贫富差距。此外,政府职能强化的另一重要体现便是普遍建立起覆盖全体社会成员的社会保障制度。②

总之,西方国家在各自经济运行中都采取不同的手段和措施对市场秩序进行监督和管理,保护市场主体的合法权益,对于社会经济的持续增长发挥着极其重要的作用。在政府与市场的关系上,自由放任和积极干预两种西方经济思潮

---

① 参见郭庆旺等:《财政理论与政策(第二版)》,经济科学出版社2003年版,第36—42页。
② 参见李景治:《当代资本主义的演变与矛盾》,中国人民大学出版社2001年版,第78—113页。

随着社会经济的发展不断演进,此消彼长又相互交融,这对当前以及未来各国政府经济职能都已经并将持续产生深远的影响。当前西方国家政府经济职能的实践,特别是由美国次贷危机引发的世界金融危机,导致了全球范围内的经济萧条,世界各国为此纷纷出台经济刺激政策,也体现了自由放任与国家干预的有机结合。

第二节 西方政府经济职能的评价与借鉴

政府的经济职能总是随着经济社会发展的需要作出相应的调整。西方发达国家经过长期的发展,其在市场经济中的政府经济职能也得到了长期的检验和调适。我国政府的经济职能在变迁的过程中,学习和借鉴西方发达国家的经验,取长补短,吸取其在发展过程中的教训,就能够在完善市场经济的过程中少走弯路,做到行稳致远。同时,还应注意与我国的实际情况相结合,形成自己的特色和风格,为我国在加快完善社会主义市场经济体制的过程中政府经济职能的法治化提供前提和基础。

一、西方政府经济职能的理性评价

当代西方国家政府经济职能的扩大与增强,是现代市场经济发展的必然结果。西方经济学对不同时期政府经济职能的概括,从一定程度上反映了这种客观经济规律。现代市场经济,尽管在具体模式的选择上各国有所不同,但其中共同的东西是:市场机制在社会资源配置中起决定性作用,市场机制与政府宏观调控相结合、相协调,形成统一的有机体,即"看不见的手"与"看得见的手"二者结合,使社会资源实现合理配置,经济实现稳定持续发展。而实现上述二者的结合,经历了一个长期实践的历史过程。在这一过程中,政府对资源的配置曾经出现过两种不同的极端模式:一种是完全自由竞争的市场模式(资本主义自由竞争阶段);另一种是完全计划分配模式(社会主义计划经济模式)。二者都起到过积极的历史作用,但都具有难以克服的缺陷。当代社会经济发展的实践证明:只靠前者,会产生盲目性和所谓的"市场失灵";只靠后者,容易产生失误和经济效益低下。因而,两种模式相互吸收和借鉴彼此的优点,剔除各自的弱点,形成一种完善高效的模式,实现优势互补,就成为市场经济发展的客观要求和必然趋势。[①]

[①] 参见魏羡慕:《当代资本主义市场经济模式形成过程及其对我们的启示》,载《世界经济与政治》1995年第9期。

战后西方经济学理论关于政府经济职能的界定,正是对这种客观经济规律的反映。当代西方国家政府职能的变化,正因为体现了经济发展的客观要求,因而促进了西方国家生产力的发展,提升了各国的综合国力。当代资本主义国家政府经济职能之所以会发生新的变化,是多种因素交织作用的结果。"科学技术的发展不但加快了资本主义的经济发展,而且改造着人们的活动方式,变革着社会的结构,强化了资本主义的统治,甚至使资本主义控制力延伸到世界各地。而信息化、网络化、生物工程的发展则为资本主义加强国家管理、掠夺不发达国家以及向其他国家强行推行其意识形态提供了有效手段。"[1]为此,西方国家通过政府经济职能的有效履行,进行生产关系的局部调整,使生产资料的占有、使用和管理走向社会化,社会保障制度也日益完善;进而为解决公平与效率问题、缩小两极分化以稳定社会基础提供了强大的制度保障。同时,西方国家政府经济职能的演化还借鉴了社会主义的合理因素,回应了经济全球化的需要。但是,当代西方国家政府经济职能的演进不可能从根本上改变资本主义社会的基本矛盾,即资产阶级与无产阶级之间的矛盾、生产社会化与资本私人占有之间的矛盾。西方经济学主导下的政府经济职能的发展与加强,尽管在一定程度上避免了经济危机的频繁发生,减弱了经济危机对经济发展的破坏烈度,但资本主义国家的基本矛盾并没有消除,反而引发了宏观经济管理的新问题。

二、西方政府经济职能的借鉴意义

西方国家政府经济职能随着市场经济的发展而发展,在经过长期的演化后,不论是经济职能的内容、目标还是履行的手段,都在与本国经济发展进程相结合中趋于成熟。这些国家的政府经济职能在演化过程中,积累了大量的经验值得我国学习与借鉴,其付出的代价需要我国引以为戒。

首先,政府要发挥市场机制的作用,尊重市场规律,通过企业和各类社会机构实现经济职能的社会效果。西方发达国家在经济发展的不同阶段,根据经济的实际情况和自己的国情,通过采取鼓励或限制国有企业和公共部门的发展的措施,来实现政府对经济活动的管理。国有企业和公共部门是政府履行经济职能的物质基础。一般来说,国有企业主要集中在基础设施和基础产业这些具有很强外部性的部门,对于这些部门私人投资不足甚至不愿进行投资;而公共部门则涉足于经济生活的广泛领域之中,甚至有时候既是管理者也是参与者。西方国家大都拥有一定范围和比例的国有企业以及承担经济管理职责的公共部门,尽管政府依法对其进行专门的管理和监督,但是国有企业都具有较大的自主权,

---

[1] 龚培兴:《关于如何正确认识当代资本主义的几个问题》,载《江西财经大学学报》2000年第5期。

按照规范的现代企业制度经营,为政府宏观经济目标的实现发挥基础性作用。在政府履行经济职能的过程中,国有企业和公共部门起着重要作用:社会健康发展和市场经济运行所必要的基础设施服务、文教卫生等公共产品的投入大,但回收期长、收益小,这些责任就落到了国有企业的肩上;在经济不景气时,政府可以通过国有企业和公共部门的发展来缓解就业压力;政府还可以通过调整国有企业的经营方向和范围,影响个体的决策,实现市场均衡。值得强调的是,西方国家对于国有企业和公共部门参与经济活动的范围进行了相应的限制,政府不能通过国有企业参与充分竞争性的行业,更不能利用经济管理的优势地位与民争利。

其次,政府的经济计划要适度可行,具有预见性和前瞻性。西方国家基本上都采取市场调节和政府计划相结合的方式管理经济活动,那么,在尊重市场机制作用的前提下,制订合适的经济计划实际上就成为政府履行经济职能的主要手段之一。因此,西方发达国家不仅市场机制高度完善,同时也具有高度发达的经济计划,只不过经济计划的内容和方式与计划经济国家和转型经济国家具有本质上的差异,即便在市场经济国家之间也有着很大的不同。由于市场经济与计划经济体制的根本区别,计划经济体制中全面管控经济的政府计划与市场经济中尊重市场机制的政府计划也具有本质的区别,在此也就不必赘述。然而,由于市场经济本身的复杂多变,西方发达国家之间的政府计划也是千差万别,各有特色。比如,美国就没有全国性计划,只有部门计划和企业中长期计划;日本和法国侧重于中期结构性规划,经济计划调节与全国经济发展目标和部门的结构比例紧密结合;德国的经济计划更加注重市场行情分析,计划目标与市场走势相关联;各国的经济计划一般都是指导性和诱导性计划,对企业不具有强制性,尤其是法国、日本和德国更是如此;在计划的制订和执行上,各国都比较强调社会民主参与,但是具体参与的内容和方式又具有很大差异。在市场经济体制下,政府运用计划的手段履行经济职能,其目的在于弥补市场机制的缺陷,维护市场竞争秩序,保障市场主体的合法权益,但是过多的政府计划就会妨害市场主体的自主性和灵活性,可能带来经济效率的降低和社会福利的损失。为此,政府需要把握好经济计划的介入程度和时机,注重经济计划的责任追究和社会效果的评估。

最后,政府的调控政策需要健全的市场经济体制与之相适应。西方发达市场经济国家在履行政府经济职能的过程中,普遍采取的宏观调控措施主要是财政政策和货币政策。健全的市场经济体制是财政政策和货币政策有效发挥作用的前提和基础,发达国家一般都拥有规范的财政体制和发达的金融系统,为政府有效实施宏观调控政策提供了非常有利的条件。在财政政策和货币政策的实际运用上,各国在具体经济发展时期有所不同,依据各国的国情选择调节的目标、重点和手段。其中,美国政府在二战以后的很长时间内把解决失业问题作为财政金融政策的主要目标,实行"双松"的政策。进入 20 世纪 80 年代以后,美国政府对两种政策的使用更加灵活,松紧配合并且精准把控,以适应经济发展的不同需要。日本的政府主导型市场经济需要政府在财力上大力支持主导产业,因此政府在运用经济政策时更加重视财政政策的作用。德国在宏观经济政策的使用上比较强调货币政策,由于德国的银行独立性强、中央银行的体制稳定并且货币政策的目标明确,其货币政策调控效果良好。法国政府注重引导经济计划的顺利实现,采用财政政策和货币政策结合使用的方式,不过一般采用的是"双松"或"双紧"的方式,松紧结合的方式使用较少。总之,从各国的实践经验来看,政府都是根据本国的具体经济状况和发展目标来决定如何配合使用财政政策和货币政策这两种手段,同时在价格、工资、社会福利等方面的政策也有着较大差异,表现出各自的特点。此外,各国在国有企业和公共部门的价格方面都进行了比较严格的管制,并通过财政、货币和收入分配政策对价格总水平进行间接管理,以保障社会公平和提升民众的社会福利。

第三节　西方政府经济职能法治化的启示

西方资本主义经济在其发展的各个历史阶段,政府经济职能无处不在,自由主义、干预主义、混合主义的经济政策都与当时的经济、社会和政治条件相适应。西方国家政府经济职能在不同阶段的内容决定了其法治化的文明成果,体现了经济与法治的互动发展对社会经济发展的促进作用。对西方国家各个历史阶段的政府经济职能及其立法深入研究和理性分析,有助于我国完善市场经济体制,明确规范政府与市场的关系,加速政府经济职能的法治化。

一、原始积累时期的经济职能与立法

在西方资本主义发展早期的原始积累阶段,政府往往采取暴力强制性措施攫取发展经济必需的社会资源。此时,西欧各国的政府经济职能以重商主义为指导,对社会经济实行了严格的管制政策,并通过颁行法令贯彻国家的强制政策,以国家暴力手段为资本原始积累提供支持。这一时期的政府经济政策和立法具有以下特点[①]。

第一,政府使用残暴的强制手段为资本主义经济发展创造条件。英国自 15 世纪末期开始就先后颁布了一系列的血腥法令,来惩罚因丧失土地而四处流浪

[①] 参见种明钊主编:《国家干预法治化研究》,法律出版社 2009 年版,第 46—48 页。

的农民,强迫他们出卖自己的劳动力,以此保证资本主义工场手工业获得足够的雇佣劳动力。这就是英国历史上著名的"羊吃人"的圈地运动,其中政府扮演的角色集中体现了国家暴力为经济发展开路的特点。尽管如此,原始积累阶段的英国政府也非常注重通过立法来推行其经济政策,"从 1701 年到 1760 年,英国共通过了 208 个'圈地法令';从 1761 年到 1801 年,则增加到 2000 多个"①。对此,马克思说:"十八世纪的进步表现为:法律本身现在成了掠夺人民土地的工具"②。在这段时期,对内,以国家暴力为基础的各种刑罚成为封建君主帮助资产阶级收服雇佣劳动力惯常使用的工具;对外,除了残酷掠夺殖民地人民、开展奴隶贸易、为争夺殖民地霸权而发动战争外,还直接体现在政府支持和组织海盗劫掠,疯狂攫取原始资本。例如,英国海盗在 1578—1580 年对智利、秘鲁的那场抢劫中,当时的伊丽莎白女王就是组织这次抢劫的股份公司的股东之一,分得了近 27 万英镑的红利。③ 又如,在晚期重商主义的法国,柯尔培尔在 1662 年到 1683 年担任路易十四的财政大臣期间,除了坚决实施保护关税政策鼓励出口、限制进口,不惜使用包括暴力在内的各种手段发展对外贸易外,还主张按照官署各个机构的模式,来控制和调整国家的工业、商业和对外贸易,并力图实现国家干预主义的规章化。他在 1664 年创立贸易委员会,之后又成立工场督察局,主要职责是制定法规和章程,如《呢绒工业总条例》(1669 年)。与此同时,柯尔培尔还大搞国家的直接干预或政府垄断。除货币垄断权、烟草垄断权等由国家把持外,还把最适于直接干预的领域(如军火工业、采矿业、冶金业、造船业及公路、运河、邮电等公用事业)的管辖权收归王室和政府。在柯尔培尔掌权后期,法国货币储备达 25 亿法郎,成为全欧洲储备最多的国家。④

第二,政府严格管制对外贸易。当时的欧洲各国受重商主义经济思想的影响,普遍把增加金银货币的实际拥有量视为财富的实际增长,认为国家应采取积极措施,在对外贸易中促进货币的积累。因此,"如何从通常被认为大致固定的国际贸易额中获得最大利益,如何利用本国的条件造成贸易顺差,并保证金银与其他贵金属多进少出,这是当时的政府所致力完成的两项任务"⑤。在重商主义的早期,由于强调金银货币要多进少出,各国政府在严禁金银输出的同时,严格控制本国商人和外国商人的贸易活动。例如,当时英国就规定,在国外的英国商

---

① 张耕:《对市场经济条件下法制地位和作用的再认识》,载《中国法学》1996 年第 3 期。
② 〔德〕马克思:《资本论(第 1 卷)》,人民出版社 1975 年版,第 792 页。
③ 参见刘淑兰:《英国产业革命史》,吉林人民出版社 1982 年版,第 34 页。
④ 参见傅殷才、颜鹏飞:《自由经营还是国家干预——西方两大经济思潮概论》,经济科学出版社 1995 年版,第 32 页。
⑤ 〔意〕卡洛·M.奇波拉主编:《欧洲经济史(第二卷)》,贝昱、张菁译,商务印书馆 1988 年版,第 367 页。

人必须在指定的"仓库地"进行贸易,并设有监督团体,以保证把英国商人挣回的货币运回国内;而在管制外国商人方面,英国政府颁布了所谓的《消费法》和《侦探法》,前者要求外国商人必须把在英国收到的贷款完全用来购买英国商品,后者则要求每个外国商人必须在一个英国人的监视下做生意,而充当"侦探"的英国"主人"则要详细记录这个外来"客人"的全部交易活动,以防止外国商人把货币输运出英国;甚至在 1335 年,英国议会通过一项关于不准任何人"把金镑带出英国"的法令,英王爱德华四世更于 1478 年,把输出金银定为大罪。① 在重商主义晚期,各国政府在采取扶植和鼓励制造出口产品的政策,鼓励出口的同时,普遍地采取贸易保护主义政策,对进出口商品征收高额关税以保证贸易顺差。例如,英国在 1688 年的关税是 99 万英镑,到了 1755 年关税收入超过 150 万英镑,几乎增加了一倍。② 又如,英国在 1815 年颁布的《谷物条例》中,规定只有当每夸脱小麦价格超过 80 先令时才准进口。③

第三,政府征收繁重的苛捐杂税。当时封建君主的好战与挥霍,致使国家财力常常难以为继。为了度过财政危机,统治者除了向财力雄厚的商人借款外,重要的就是挖空心思开辟"财源",通过收取名目繁多的苛捐杂税来榨取人民的钱财。当时,税收的繁重程度到了百姓不堪忍受的地步,这从一个英国人在 1737 年所作的描述中即可管窥其惨状:"我不知道哪一种必需品不交某一种税,也许只有水除外……我们通过窗税对空气、日光和太阳的热交税,通过煤和蜡烛的税对夜间的光和热交税,我们通过盐税对面包、肉、各种草和根交税……我们不交羊毛、亚麻、肥皂等等的税就不能穿衣服,甚至不能洗澡。"④征收重税的做法一直持续到 19 世纪,其中煤炭交易中的税收最为突出。当时的煤炭经纪人或煤炭所有主,在煤炭装船前需交纳出矿税、泰恩河特捐、代理商手续费、印花税、保险费、泰晤士河方面的市捐、市场捐以及英王捐,等等。并且,卸运煤炭是在官吏的严密监督下进行,装货有"水上督察"监督,卸货有"煤炭督卸员"进行监督。这些督卸员还和酒店主勾结,对其雇用的煤炭卸货工硬性规定最低限度的酒类消费,不论工人是否饮酒,每天一律收取 2 先令的烧酒和啤酒费。⑤

资本原始积累时期,西欧各国政府笃信重商主义理念,政府经济行为注重以货币为中心的财富追求和实行"货币差额论""贸易差额论",体现了商业资本利

---

① 参见〔苏联〕卢森贝:《政治经济学史(第一卷)》,李侠公译,生活·读书·新知三联书店 1959 年版,第 41—43 页。
② 参见刘淑兰:《英国产业革命史》,吉林人民出版社 1982 年版,第 48 页。
③ 同上书,第 98 页。
④ 同上书,第 48 页。
⑤ 参见〔英〕克拉潘:《现代英国经济史(上卷·第 1 分册)》,姚曾廙译,商务印书馆 1964 年版,第 298 页。

益集团和原始的资本主义积累对国家经济职能的需求,尤其是对被视为增加财富和现金的通常手段的对外贸易进行管制的要求。重商主义的政府经济职能展现了突出的国家暴力强权的特征,具有当时民族国家兴起的深刻社会背景,新兴资产阶级的商业资本与封建贵族的国家政权为了各自的利益紧密结合,强调国家的一切经济活动都要服从于增进国家财富和击败外国竞争强敌这一最高目的,显然具有时代进步意义。资本原始积累时期的政府经济职能及其立法奉行的是重商主义,这一理论及其所反映的商业资产阶级的利益,都完全依靠民族国家的政权制定和执行有关政策和法令来实现。这也突出地表明资本主义原始积累对于国家政权的依赖,从而政府经济职能也就不可避免地被打上了强权政治甚至专制主义的烙印。在政府履行经济职能的具体方式上,为了提高原始积累的速度和数量,政府往往采取收归国有或国家垄断的方式直接予以管制,除了行政手段和立法手段之外,甚至还不惜采取政治、外交乃至暴力和军事手段,以达到迅速积累国家金银财富的目的。但需要强调的是,"即使是在此种强权色彩很浓的国家经济职能中,在涉及外贸以外的某些经济问题时,重商主义者也并不欢迎以国家权威和君主意志凌驾于私人经济行为之上的行为"[①]。综上所述,随着人类社会经济的发展演进,重商主义政府经济职能产生的原因、方式,决定了当完成资本的原始积累,实现了封建主义生产方式向资本主义生产方式的转变后,以暴力强权为特征的政府经济职能将让位于以市场自我调节为主导的经济自由主义。

二、自由竞争时期的经济职能与立法

西方国家在17世纪中叶到18世纪中叶,资本主义积累方式由原始积累形式向资本积累形式过渡,资本主义生产方式已渗入到各个经济领域,彻底地改变了社会的生产方式。这一时期,在自由主义经济思想的影响下,西方国家政府经济职能以自由放任、消极干预为主导。这些变化引发了经济理论、法律理论和经济政策的根本性变革。自由竞争资本主义时期的政府经济职能及其立法,主要是为市场经济的发展创造条件,即消除阻碍市场经济发展的不利的因素,积极建立与自由市场经济发展相适应的经济、政治和社会制度,主要内容体现在以下三个方面:[②]

第一,积极推行自由贸易政策,注重法规的制定和实施。西方各主要资本主义国家从19世纪开始,为了推动本国工业经济的发展,先后采取了一系列的自

---

① 种明钊主编:《国家干预法治化研究》,法律出版社2009年版,第49页。
② 同上书,第54—60页。

由贸易促进政策。首先,采取寓禁于征的方式,将原来禁止进出口的商品予以解禁,改用征收关税的方式扩大进出口贸易。例如,1838 年,英国和奥地利就签订协定,允许对棉布、呢绒、麻布、陶器、灭火机和其他一切制造品征收高额关税后进口;法国在 1834 年也将禁止进口最上等棉纱的规定改为允许纳税进口。① 英国作为当时最先进的资本主义国家,不遗余力地推行自由贸易。例如,当时的各个工业国家,为了保持本国的技术优势,对工业机器都禁止出口;英国也是对此实行严格管制,只允许诸如造纸机、轧铜机、打包机、竹布印花机等少数机器在获得许可证后准予出口;但到了 1843 年,这项禁止机器工具出口的法律作为英国对外贸易方面"最后一项"残存的禁令而遭到废止。② 其次,签订关税互惠协定,减免关税。英国从 19 世纪 20 年代调整关税以后,又先后对一系列商品实行减免税;到 1860 年又与法国签订了著名的《科布登—谢瓦利埃条约》,进一步减免关税;在 1861 年取消纸张关税后,英国除了对面粉、酒、香烟、糖、金银箔、纸牌和骰子还征收一定关税外,对其他任何的外国制造品都实行免税进口。③ 此后不久,欧洲各工业国家也纷纷效仿签订了类似的关税互惠协定减免关税,比如,1861 年法国和比利时、1862 年法国和普鲁士、1863—1865 年普鲁士和比利时、1865 年普鲁士和英国及意大利、1871 年法国和统一后的德意志签订了关税联盟等。④

第二,放松对国内市场的管制,促进商品生产的自由发展。英国在放松国内市场管制方面,经历了一个非常典型的演变过程。在 18 世纪,英国对国内商品的生产仍然实行严格管制,不仅对多种商品征收高额的国产税和执照捐,而且对很多商品都规定了烦琐的生产工艺标准以便于行政官员的检查。当时,英国政府对于商品税的政策变化可以很好地说明这一过程。随着自由生产的呼声日益高涨,英国政府迫于各方面的压力,终于在 1845 年停征玻璃税;几年之后,又陆续废止了砖税(1850 年)、肥皂、骰子和广告税(1853 年)、新闻纸税(1855 年)、纸张税(1861 年)等;到了 19 世纪 80 年代,英国除了酒税外,只保留了专利药品、纸牌和金银器皿方面的国产税。⑤

第三,政府对交通等公用设施和新兴产业实施干预。在这一时期,资本主义国家在强调经济自由的同时,在交通等公用设施管理、新兴产业等领域,也进行

---

① 参见〔英〕克拉潘:《现代英国经济史(上卷·第 2 分册)》,姚曾廙译,商务印书馆 1964 年版,第 590 页。
② 同上书,第 596—598 页。
③ 参见〔英〕克拉潘:《现代英国经济史(中卷)》,姚曾廙译,商务印书馆 1975 年版,第 315 页。
④ 参见〔意〕卡洛·M. 奇波拉主编:《欧洲经济史(第三卷)》,吴良健等译,商务印书馆 1989 年版,第 274 页。
⑤ 参见〔英〕克拉潘:《现代英国经济史(中卷)》,姚曾廙译,商务印书馆 1975 年版,第 505—506 页。

了较大力度的国家干预,并颁布了相应的法律,为近代工业经济基础的奠定提供了保障。英国作为工业化起步最早的国家,国内交通运输遥遥领先于其他欧洲大陆国家。从总体上看,英国政府对改善国内交通运输状况尤其是在铁路建设方面并没有直接插手,19世纪30—40年代兴起的铁路建设高潮,主要是通过吸引公众投资形成的。但这并不意味着英国在对待铁路问题上采取的是完全放任不管的政策。事实上,当时修建铁路不仅需要经过英国国会批准,而且在国内铁路运输网络形成后,英国国会还先后成立了若干个调查委员会,专门调查铁路运营情况,颁布了一系列的条例,加强对铁路的管理以保证旅客安全、控制铁路运输费用等。例如,1854年的《铁路运河运输条例》规定,一律禁止"铁路公司制订或给予任何特定人或特定公司或任何特定种类的货物以任何不适当或不合理的优惠待遇或利益"①。这明显是一个禁止铁路公司不正当竞争的条款。就当时经济落后于英国的其他欧洲大陆国家的情况来看,国家在铁路建设方面则发挥了十分重要的作用,有学者评论说:"十九世纪三十年代以后,国家与十九世纪铁路网建设的关系提供了政府'干预'资本主义制度的惊人事例"②。例如,比利时、法国、德国铁路系统的形成就是如此。尤其是比利时,国家从19世纪30年代就开始有计划地修建全国铁路网,并以此为契机,促使比利时很快由一个落后的小国转变成近代强盛的工业国家。③ 意大利在铁路建设方面国家也起到了决定性作用,国家投资额高达18.5亿里拉,铁路线在1860年只有2000多公里,到1880年猛增至8700多公里。同时,国家在改善普通交通网、电信事业、机械牵引的有轨车辆等方面也进行了大量的投入。④ 美国的情况与欧洲大陆国家类似,在改善交通运输方面,政府投资占了相当大的比例。据统计,19世纪上半叶,美国国内运河修筑费1.95亿美元中约有1.21亿美元或60%是由政府机构筹集的;在修建铁路方面,美国很多州和地方政府都进行了大量的直接财政资助,仅宾夕法尼亚州的市和县政府在1840—1853年支付的援建铁路款就达1400万美元。美国国会还通过法令降低路轨的关税,仅此一项就为铁路建设节省了6000万美元。⑤ 在扶持新兴产业方面,欧洲大陆后起的工业国家非常积极,这不仅使它们迅速走上工业化道路,而且在某些方面还大大超过了老牌资本

---

① 〔英〕克拉潘:《现代英国经济史(中卷)》,姚曾廙译,商务印书馆1975年版,第253页。
② 〔意〕卡洛·M.奇波拉主编:《欧洲经济史(第三卷)》,吴良健等译,商务印书馆1989年版,第264页。
③ 同上书,第264—267页。
④ 参见〔意〕瓦莱里奥·卡斯特罗诺沃:《意大利经济史:从统一到今天》,沈珩译,商务印书馆2000年版,第25页。
⑤ 参见〔美〕吉尔伯特·C.菲特、吉姆·E.里斯:《美国经济史》,司徒淳、方秉铸译,辽宁人民出版社1981年版,第278—279页、第283—284页。

主义国家英国。德国和英国的人造染料工业的发展就是一个很好的例子。人造染料工业是英国始创的工业,但德国合成染料工业产值在1878年接近英国产值的5倍,在1900年竟然占有世界染料市场的90%。德国染料工业突飞猛进的原因当然是多方面的,但最根本一点,是得益于当时普鲁士政府大力发展工业技术的政策。①

在自由竞争时期,西方各国在社会经济领域的立法,以体现自利的动机、私有的企业、竞争的市场为特征,私法制度在总体上得到了充分的发展,同时也没有完全放弃政府经济职能的立法。② 特别是在自由竞争资本主义的后期,社会学法学思想开始孕育,这为政府经济职能奠定了较为坚实的法哲学基础。在资产阶级革命胜利进入自由资本主义时期后,私法对私人所有权的保护适应了这一阶段经济自由的要求,正如英国18世纪著名法学家布莱克斯顿所说:"法律对私有财产关怀备至,以至法律不会授权对那些财产加以侵犯,即使为了全社会的利益也不加以侵犯"③。这些思想不仅反映在诸如1787年法国《人权宣言》等政治宣言中,而且着力于私权保护的民商法也在此阶段迅猛发展,其中1804年颁布的《法国民法典》及1896年公布的《德国民法典》无疑是其中的杰出代表。但是,"《德国民法典》乃处于两个时代的交换点上:它的双足仍然立于自由市民的、罗马个人主义法律思想的土壤之上,但是,它的双手却已踌躇迟疑地、偶尔不时地向新的社会法律思想伸出"④。因此,值得注意的是,在私法制度高度发展的同时,除了对外贸易、关税、公共事业管理等方面的立法外,劳动社会保障方面的立法也得到了发展。德国在统一之后于1881年颁布了《社会保障法》;并于1863年颁布了世界上第一部医疗保险法——《工人疾病保险规定的准则》;此后分别于1884年、1889年颁布了《事故保险法》和《伤残及养老保险法》。这些法律的颁行,为20世纪上半叶德国社会保障法律制度的形成奠定了坚实的基础。⑤ 由此可见,在自由资本主义时期,虽然经济学理论及法学理论总体上倡导经济自由和个人主义,但在某些领域仍存在不同程度、不同形式的政府经济职能,并且发挥了极其重要的作用,等到社会法思潮兴起以后,政府承担社会经济职能就成为西欧各国的普遍现象,政府经济职能的立法也逐渐强化。

---

① 参见〔意〕卡洛·M.奇波拉主编:《欧洲经济史(第三卷)》,吴良健等译,商务印书馆1989年版,第199—205页。
② 参见种明钊主编:《国家干预法治化研究》,法律出版社2009年版,第58页。
③ 转引自沈宗灵主编:《法理学》,北京大学出版社2001年版,第117页。
④ 〔德〕拉德布鲁赫:《法学导论》米健等译,中国大百科全书出版社1997年版,第65—66页。
⑤ 参见何勤华主编:《德国法律发达史》,法律出版社2000年版,第294页。

三、垄断竞争时期的经济职能与立法

随着科学技术的巨大进步和工业生产的迅速发展,企业的规模越来越大,资本主义国家的集中生产已达到了相当高的程度,垄断组织在发达资本主义国家中普遍发展起来,垄断资本主义阶段最终形成,在进一步加剧生产和资本集中的同时,更引发各种严重的社会问题。20世纪30年代空前深刻的世界性经济危机,宣告了自由放任经济理论时代的终结,使凯恩斯的国家干预主义成为主流学说,为政府经济职能立法提供了经济学的理论基础。同时,法社会学成为时代潮流,为政府经济职能立法提供了坚实的法学理论基础,经济法作为国家管理经济生活的主要法律形式得到迅速发展,并形成独特的法律部门和较为完整的法律体系。在19世纪末20世纪初,克服经济萧条和组织战时生产成为这一时期资本主义国家政府经济职能的主要内容;在战争时期,西方各国出于应付战争的需要,还普遍推行了战时经济统制政策,以便有效调集和组织全国的人力、物力和财力。此外,尤其重要的是,战后各资本主义国家为了发展经济,颁布了一系列涉及政府经济职能的法律,主要包括以下六个方面[①]:

第一,战争经济立法。资本主义进入垄断阶段后不久就爆发了第一次世界大战。为了备战,各参战国基本上都实行了战时经济政策。在德国,基于参战等需要,1910年颁布了《钾矿业法》,运用国家权力扶助卡特尔;1914年德国制定了16项战争经济法,对经济和企业实行全面干预,在最重要的《一般授权法》中,授权联邦参议院在战争时期只要其证实对经济有所必要和帮助即可制定法律。这些战争经济立法,充分体现出紧急时期国家对经济生活的超强干预。

第二,控制垄断以维护竞争的立法。面对日益严重的垄断局面,西方国家为了维护正常的市场竞争秩序,恢复市场机制的活力,不得不采取措施对垄断加以控制。美国于1890年颁布了《谢尔曼法》,其后又于1914年颁布了《克莱顿法》和《联邦贸易委员会法》,率先拉开了西方资本主义国家反垄断运动的序幕。由于受经济、政治等诸多因素的影响,美国政府的反垄断政策在这一时期从总体上看执行得并不坚决。例如,从颁布《谢尔曼法》以后直到1901年,美国政府曾提起过18次反垄断诉讼,但最终都没取得多少实质性的进展。[②] 尽管在1911年法院判决解散了美孚石油公司和美国烟草公司,但是在随后的20年代,美国仍然兴起了新一轮的企业合并浪潮。[③] 这些都表明,当时的反垄断政策实行得并

---

① 参见种明钊主编:《国家干预法治化研究》,法律出版社2009年版,第62—67页。
② 参见〔美〕福克纳:《美国经济史(下卷)》,王锟译,商务印书馆1964年版,第99页。
③ 同上书,第102—104页。

不彻底,国家反垄断的职责还处在形成和发展阶段。

第三,加强对货币和信贷管理的立法。进入垄断资本主义时期以后,随着金融资本的不断扩张,在经历了几次大的金融风暴的冲击后,西方各国才逐步认识到加强对货币和信贷管理的极端重要性,纷纷采取措施建立和完善中央银行制度,加强国家对金融业的监管。例如,美国在经历了1907年的金融危机后,对银行制度进行改革,于1913年建立了联邦储备银行制度,将全国划分为12个经济区域,在每个区域设立一家联邦储备银行,要求每家国民银行都必须按资本与盈余的6%的比例认购储备银行的股票,成为本区域联邦储备银行的会员银行。各会员银行要按定期存款总额3%以及活期存款总额7%—13%的比例,向本地区的联邦储备银行缴纳存款准备金。同时,在华盛顿成立由财政部部长、货币司司长和总统指派的其他6名委员组成的联邦储备委员会,负责指导联邦储备银行的工作。在经历了1929—1933年的经济大危机后,美国在罗斯福新政时期,又于1933年和1935年颁布了两项银行法令,对各类银行的业务范围作了限制,进一步增强了联邦储备委员会的独立性,规定财政部部长和货币司司长不再兼任储备委员会的职务;成立了联邦存款保险公司,加强对银行储户的利益保障;成立了联邦证券公开买卖委员会监督银行信贷政策的执行情况。此外,美国还于1934年颁布了《证券交易法》,成立证券交易委员会加强对证券交易的监管。①

第四,促进对公共产品的投入并加强公用事业管理的立法。随着政府经济职能对社会经济生活的影响力的不断增强,西方国家的公共支出不断上升。根据美国著名财政学家马斯格雷夫的统计,英国1890年的公共支出占GNP的比例是8.9%,到1955年则上升到36.6%;美国从1890年的8.9%上升到1962年的33.2%;德国从1913年的14.8%上升到1958年的44.1%。② 在这些不断增加的公共支出中,相当一部分被用于生产公共产品和对公用事业的管理方面。以美国为例,在罗斯福新政时期成立的市政工程总署耗用经费达70亿美元以上,其后的工程计划署在1935—1942年耗资更高达130亿美元左右。③ 在公用事业管理方面,美国联邦政府早在1887年就开始加强对铁路的管理,当时的《州际商务法》就规定铁路运费必须公平合理、禁止实行价格歧视、禁止成立运费同盟等,并且成立了州际商务委员会以加强对运输公司的管理。④ 后来,在罗斯福

---

① 参见〔美〕福克纳:《美国经济史(下卷)》,王锟译,商务印书馆1964年版,第217—221页、第383—386页。
② 转引自郑秉文:《市场缺陷分析》,辽宁人民出版社1993年版,第269页。
③ 参见〔美〕福克纳:《美国经济史(下卷)》,王锟译,商务印书馆1964年版,第402—403页。
④ 同上书,第169—173页。

新政时期,又先后成立了民用航空管理局、海运委员会以加强对航空运输和海上运输的管理。尤其是在 1935 年颁布了《公用事业控股公司法》,进一步扩大了成立于 1920 年的联邦电力委员会的管理权,禁止成立二级以下的控股公司,同时加强了证券交易委员会对公用事业控股公司的管理,以进一步保障公用事业投资者及消费者的利益。①

第五,调节收入分配的立法。随着经济的不断发展,资本主义国家的社会财富急剧增加,进入垄断资本主义时期以后社会分配不公的问题更加突出。1890 年在美国所作的一项调查显示,当时美国 7/8 的家庭只拥有全国财富的 1/8,其余财富 99% 以上集中在 1% 的家庭手中。② 严重的分配不公引发了激烈的社会冲突。为了维护社会稳定,西方各主要资本主义国家不得不采取措施调节收入分配,改善和提高低收入群体的生存状况。在这方面,主要是通过加强劳动立法和推行社会保障制度来实施的。例如,美国马萨诸塞州于 1912 年率先颁布了全美第一个最低工资法令,1938 年联邦政府又通过了《公平劳动标准法》,规定了所有从事州际商务或为这项商务生产货物的工人的每小时最低工资额和每周最高工作时间。③ 此外,美国政府还积极运用税收政策调节收入分配。在 1861 年开征所得税后,1872 年曾予以废除,后又于 1913 年修改宪法,重新开征所得税。④ 在社会保障方面,国家也加强了干预力度,强调雇主责任,增加国家的福利开支。例如,德国(1884 年)和英国(1897 年)颁布法律,建立起了工人补偿金制度,规定雇主应对因工伤残的雇员给予一定的补偿。美国在 1909—1920 年也有 43 个州建立了这一制度。⑤ 英国在 1908 年颁布了《老年人年金法》,由国家负责实施免费的老年人年金计划,并在 1929 年将失业救济基金与失业保险基金分开,直接由国家税收负责失业救济基金。⑥ 德国在 1927 年也通过国家财政负担 80%、地方财政负担 20% 的办法建立了"危机救济金"以替代原来的失业救济金。⑦ 美国在 1935 年颁布的《社会保险法》中,详细规定了雇主在失业保险和老年保险方面的强制性缴费义务,同时还规定了联邦政府和州政府对未参加保险的贫困者、残疾人、老年人等的社会救助责任。⑧ 通过采取一系列的改革措施,

---

① 参见〔美〕福克纳:《美国经济史(下卷)》,王锟译,商务印书馆 1964 年版,第 396—398 页。
② 同上书,第 288 页。
③ 同上书,第 144 页、第 405 页。
④ 同上书,第 195 页、第 311 页。
⑤ 参见和春雷主编:《社会保障制度的国际比较》,法律出版社 2001 年版,第 15 页、第 30 页、第 49 页。
⑥ 同上书,第 31 页、第 34 页。
⑦ 同上书,第 41 页。
⑧ 同上书,第 56—57 页。

贫富差距有所缓和,低收入群体的生活质量也有了提高。

第六,保护自然资源和生态环境的立法。随着西方各国工业化进程的不断加快,自然资源过度使用和生态环境日益恶化的问题也逐渐暴露出来。美国在 1894 年和 1902 年曾通过《凯雷法》和《垦荒法》,对干旱地区的农业灌溉和垦荒问题作了一些规定,在客观上有利于保护干旱地区的土地资源。① 在罗斯福新政时期,由于发生了 1934 年的旱灾和 1935 年春季的沙尘暴,美国国会开始重视生态保护问题,于 1935 年发布《土壤保持法》,成立了土壤保持处,并于 1936 年通过《土壤保持与国内土地分配法》,拨款 5 亿美元专门用于土壤保持工作。尽管该法令只是一项临时措施,但它确立的有关土壤保护的原则在 1938 年通过的《农业调整法》中被作为一项永久性政策保留下来了。② 尤其值得一提的是,美国国会于 1933 年通过了著名的《麻梭浅滩与田纳西河流域开发法》,专门成立了田纳西河流域管理总署,赋予其广泛权力负责发展整个田纳西河流域的生态保护和工农业生产,对以后美国乃至世界各国发展区域生态经济都发挥了良好的示范作用。③

垄断资本主义时期国家对经济生活进行了全面深入的干预,与之相伴,政府经济职能的法治化也日益完善。可以说,正是依法有效的政府经济职能使西方国家不仅较为顺利地渡过了经济危机,克服了战时的经济困境并带来了战后的繁荣,而且对法律理论和法律实践的发展也产生了积极的意义。④ 首先,资本主义国家战时经济措施和立法的有效实施,使政府干预经济的思想得到了各国的普遍认可并付诸立法实践。例如,德国魏玛政府先后颁布了《卡特尔规章法》《煤炭经济法》《钾盐经济法》等对大企业的经济活动和主要物资的供应进行直接干预和限制的经济统制法,开创了把"经济法"概念明确运用于立法本身的先例。⑤鉴于战时经济形成的卡特尔、康采恩等垄断组织成为社会矛盾的焦点,为了削弱垄断组织对市场的支配力,德国于 1923 年 11 月颁布了《防止滥用经济权力法令》。其次,垄断资本主义时期各国制定关于政府经济职能的法律法规,为经济法学理论研究提供了可能。1937 年,赫德曼教授发表了《从产业法到经济法》一文,以劳动法、集体标准工资和工业联合会为例,证实了它们中的一些共同特点,即法律规范从过去没有界限的"自由主义"和"个人主义"向国家集体主义的方向

---

① 参见〔美〕福克纳:《美国经济史(下卷)》,王锟译,商务印书馆 1964 年版,第 19—20 页、第 285 页。
② 同上书,第 388—389 页。
③ 同上书,第 397—398 页。
④ 参见种明钊主编:《国家干预法治化研究》,法律出版社 2009 年版,第 67—69 页。
⑤ 参见何勤华主编:《德国法律发达史》,法律出版社 2000 年版,第 295 页。

转移,并最终出现了与民法典、商法典和刑法典并列的特别法——经济法。① 由此可见,在垄断资本主义时期,经济法作为国家干预经济的法律形式得到了迅速发展;以法社会学理论为基础的经济法也成为一个独特的法律领域,并且在理论上开始获得了系统性的研究。最后,政府经济职能的法律体系日臻完备,立法层次得到了提高,立法领域获得极大的拓展。凯恩斯国家干预经济政策的推行拓展了政府经济职能的立法领域,除了劳工法和社会福利法等传统的社会法领域外,还涉及投资法、计划法、税法、竞争法、银行法、公共事业管理法、预算法、价格法、外贸法等诸多领域。例如,二战后的联邦德国于1949年5月8日通过的《德意志联邦共和国基本法》第22条第1款规定,国家有义务对经济过程带来的不利社会后果进行干预。从而为国家干预经济提供了法律基础。就经济治理的宏观层次而言,1957年的《德意志联邦银行法》、1967年颁行并于1975年修订的《经济稳定与增长促进法》两部法律,构成了德国社会市场经济宏观调控法的基本法。② 综上所述,在垄断资本主义时期,基于对法的社会化趋势及国家干预经济理论的认同,经济法作为政府经济职能的法律形式得到了认同。与此同时,政府经济职能立法活动与相关理论研究相互促进,共同发展。

四、混合经济时期的经济职能与立法

资本主义国家的经济发展在20世纪70年代以后出现了经济停滞、高通货膨胀、高失业率并存的"滞胀"局面,超出了凯恩斯国家干预理论的限度,一些西方国家也开始反思此前长期推行的政府积极的宏观调控政策,并相应采取了一些放松干预的措施,强调市场调节与政府干预的有机结合。因此,人们通常将现代西方各国的经济发展模式称为"混合经济",用以表示市场制度和国家干预相辅相成,互为补充。在这种混合经济模式中,政府经济职能发生了重大的变化,与此同时,政府经济职能的法治化也日趋成熟。这一时期的政府经济职能与立法主要包括以下方面③:

第一,促进经济自由化的立法。混合经济时期,资本主义国家在一些以往干预过度的领域开始放松管制,出现了自由化趋势。银行业的分业经营可以作为自由化的实例。在美国,20世纪30年代的金融危机产生的重要原因,在于银行业过度参与证券交易,以及银行贷款给过度从事证券交易的客户。对此,美国于1933年通过了著名的《格拉斯-斯蒂格尔法》,确定了银行业分业经营的原则,结

---

① 参见史际春主编:《经济法总论》,法律出版社2000年版,第7—13页。
② 参见何勤华主编:《德国法律发达史》,法律出版社2000年版,第310—311页。
③ 参见种明钊主编:《国家干预法治化研究》,法律出版社2009年版,第72—79页。

束了美国银行和证券混业经营的局面。以后,日本、英国等国也基本实行了分业经营、分业管理的分离银行制度。但在 20 世纪 70、80 年代,随着金融自由化浪潮的来临,美国国内要求废除《格拉斯-斯蒂格尔法》的呼声日益高涨,人们怀疑该法的"真正目的不在于保护联邦储蓄的保险功能,而在于使证券承销人免受银行竞争"[①]。在这种背景下,美国逐步放松了金融管制,金融分业的界限又开始逐渐模糊,金融业务相互交叉、相互渗透的程度日益加深。1999 年 11 月 12 日,美国以金融混业经营为核心的《金融服务现代化法》正式生效,标志着美国执行了 60 多年的金融分业制度的终结。而英国 1986 年的《金融服务法》以及日本在 1998 年推出的金融体制改革的"一揽子"措施方案,都改变了银行、证券、保险业等行业分业经营的局面,允许金融业跨行业经营业务。

第二,社会保障的立法。社会保障领域的立法是政府经济职能法治化的重要内容。随着经济社会的发展,社会保障法在各国得到了完善。比如,德国自 20 世纪 70 年代以来拟创制一部完整的《社会法典》,并公布了其中的一些部分,包括 1975 年的《总则》、1976 年的《社会保障通则》、1988 年的《法定健康保险》、1989 年的《法定年金保险》等,还于 1991 年重新修订了《联邦社会福利法》。[②] 经过各国的立法实践,社会保障法涵盖了社会保险、社会赔偿、社会资助、社会福利和社会救济等领域,标志着社会保障法的功能和体系的完备,为世界各国起到了示范作用。

第三,环境保护的立法。环境保护也在这一时期引起了各国立法机关的高度重视。例如,德国于 1974 年颁布了《德国联邦污染控制法》,1986 年颁布了《饮用水法》,1987 年颁布了《洗涤—清洁产品法》,1990 年颁布了《环境责任法》,1991 年颁布了《包装法》。[③] 欧共体也于 1973 年年底,由欧洲理事会批准了《第一个环境行动纲领(1972—1976)》;此后,每隔 4—5 年出台一个新的环境行动纲领。欧共体的纲领虽对成员国没有强制约束力,但是它的许多原则对指导共同体和成员国的立法和司法有重要意义。[④] 随着对环境问题认识的加深以及国际社会对环境问题的共同关注,环境保护法的领域也不断拓展,各国纷纷通过立法,加强对各类环境污染的预防和管制,环境保护法也进入了快速发展阶段。

第四,宏观调控的立法。在混合经济条件下,不少国家采纳新自由主义的政策主张,普遍实行减税、减少货币供应量、减少政府干预和实行私有化等措施。

---

① 〔美〕理查德·A.波斯纳:《法律的经济分析》,蒋兆康译,中国大百科全书出版社 1997 年版,第 585 页。
② 参见何勤华主编:《德国法律发达史》,法律出版社 2000 年版,第 371 页。
③ 同上书,第 381—383 页。
④ 参见何勤华主编:《20 世纪外国经济法的前沿》,法律出版社 2002 年版,第 93 页。

在金融政策方面,各国通过立法,以制止严重的通货膨胀为目标,实行紧缩银根的做法,收到一定成效。比如,美国实行里根经济政策,通过货币紧缩和高汇率、高利率控制了通货膨胀,使物价上涨率从 1980 年的 13.5% 下降到 1986 年的 1.1%,到 1993 年美国的通货膨胀率不足 3%;而日本仅在 1% 左右,西欧国家平均在 5% 以下。① 但在财政政策方面,各国政府实行紧缩财政开支,以减少甚至消灭财政赤字的政策却收效甚微。美国在里根总统的两届任期内累计财政赤字为 16673 亿美元,是之前历届总统累计预算赤字的 1.8 倍,使得美国在 1985 年由债权国沦为最大的债务国。② 虽然发达资本主义国家的滞胀局面曾经被 80 年代的持续增长打破,但是经济增长速度并不快,此后又先后进入 90 年代新的经济衰退。美国克林顿政府的宏观政策目标由 20 世纪 80 年代的仅仅控制通货膨胀,发展到 90 年代的以抑制通货膨胀为主,同时兼顾刺激经济增长和防止失业率上升,这些经济政策的推行,使美国在 90 年代获得了持续 10 年的经济全面增长。西方国家的政府经济职能逐渐形成了多元化的混合经济的宏观调控模式,包括以短期调节为主的美国宏观调控模式;通过民间企业和以通产省为代表的政府紧密合作的途径实现的、以官民结合为特征的日本宏观调控模式;德国的社会市场经济模式;瑞典等北欧国家的"福利国家"模式等。由此可见,西方国家政府对经济职能的积极作用,在宏观经济政策及其法治化的有效实施中得到充分的体现。

第五,促进产业结构调整的立法。在混合经济时期,各国运用公权力积极施行经济结构调整政策,实现产业结构的优化以增强国际竞争力。其中,美国对经济结构的调整政策就是最为成功的范例。随着国际形势的变化和美国与欧盟、日本之间国际竞争的加剧,为了巩固在国际经济中的主导地位,20 世纪 80 年代美国进行了大规模的经济结构调整,以高新技术为中心,以信息通信为先导,掀起了一场新的技术革命。政府出台各种措施引导新经济的迅速发展,"一方面,使高新技术产业在美国经济中的比重从 1990 年的 5.8% 上升到 2000 年的 8.3%,成为美国的龙头产业;另一方面,通过对传统产业进行有效的信息技术改造,使传统企业提高生产率,从 1995 年到 2000 年,全国劳动生产率年均增长 3%,比此前 20 年的平均增幅高出 30%—50%"③。信息产业的发展快速地改变着传统产业和整个经济的面貌,加快了美国经济的调整和重组,推动着美国经济向信息化社会转变,支撑了美国经济持续 10 年的快速发展,使美国经济在全球

---

① 参见叶灼新、李毅:《新编世界经济史(下)》,中国国际广播出版社 1996 年版,第 58 页。
② 同上书,第 62 页。
③ 种明钊主编:《国家干预法治化研究》,法律出版社 2009 年版,第 76 页。

经济中继续占主导地位。美国新经济的发展,既是技术发展的结果,更是美国政府经济结构调整政策的成果。其间,《1980年技术创新法》《1984年国家合作研究法》《1988年综合贸易和竞争力法》等相继出台,中小企业以及风险投资相关的法律制度逐步完善,这些都有力地促进和保障了美国经济稳定持续的发展,体现了政府经济职能法治化的成果。

第六,经济全球化中的政府经济职能立法。经济全球化意味着国家间经济的依赖性不断增强,政府经济职能的外溢性与国际合作需要不断强化,市场的开放与监管的加强并举,国际经济领域法治化的重要性更加凸显。比如,银行业监管的国际化就展现了全球范围内国家间法律政策合作的必要性和积极作用。国际银行监管合作正式开始于巴塞尔委员会,通过确立跨国银行机构的合作监管机制、国际银行的资本充足监管标准、有效银行监管核心原则及银行业务的风险管理准则等,《巴塞尔协议》现已形成一个内容十分丰富、结构相对完整的原则和规则体系。[1] 虽然巴塞尔委员会并不具备任何凌驾于国家之上的正式监管特权,其文件不具备任何法律效力,但由于制定了广泛的监管标准和指导原则,《巴塞尔协议》不仅为各成员国所采用,而且实际上已为几乎所有拥有国际性银行的其他国家所采用。在欧盟,为实现建立欧洲单一市场的目标,以《欧共体条约》的有关规定为基础,以一系列银行指令为主体,并辅以相关共同体规则而形成了欧共体银行法。[2] 而欧盟及上述经济组织均与巴塞尔委员会密切合作,成为国际银行监管的重要力量。随着国际经济的发展,各国国内涉外经济法不断加强,国际经济法发展迅速,其范围覆盖了对外贸易、金融、对外技术转让、国际投资、国际税法、反垄断的国际合作等各国际经济领域。

混合经济时期,西方各国政府经济职能日益完善,经济立法的成果显著,对我国加快完善市场经济体制过程中政府经济职能的法治化具有重要的借鉴意义,具体表现在以下方面[3]:首先,在混合经济条件下,各国对于政府作为市场的仲裁者和参与者的作用达成了普遍的共识。混合经济将经济自由与国家干预相结合,既可以调动市场主体的积极性,发挥市场配置资源的决定性作用,又可以实现有效的政府干预,克服市场失灵。同时,有效的政府干预不仅需要考虑政府干预的范围,更需要考虑政府干预的社会成本和干预者自身的能力。历史证明了政府经济职能的必要性和正当性,但国家干预的度的把握仍是一个法治化的难题,这个问题值得我们今后加以研究。其次,以政府经济职能为核心的法律体

---

[1] 参见国际清算银行编:《巴塞尔银行监管委员会文献汇编》,中国金融出版社1998年版,第3页。
[2] 参见王伟东:《经济全球化中的金融风险管理》,中国经济出版社1999年版,第174页。
[3] 参见种明钊主编:《国家干预法治化研究》,法律出版社2009年版,第79—80页。

系的完善需要深化经济法学的理论研究和实践检验。在法治化的过程中,政治学、行政学、经济学、法学、社会学的融合显得尤其重要,多学科的交叉融合才能为复杂多变的经济社会现实提供理论解释和政策指导。再次,混合经济的政府经济职能立法,一方面表现出对政府全面干预政策的修正;另一方面也表明充分发挥市场机制对社会经济的调节作用也是适应时代特征的一种综合稳妥的选择。最后,混合经济的政府经济职能在体现出各国的国别差异的同时,也要求适应经济全球化的发展趋势。为此,加强政府经济职能的国际合作,促进国内外市场机制的作用的发挥,以法治化的手段促进国内市场与国外市场的良性互动,也成为我国加快完善市场经济体制过程中不可忽视的重要内容。

第四章 中国政府经济职能的演进与法治化问题

在我国,政府经济职能的演进是围绕政府与市场的关系展开的,体现了不同的经济发展阶段,政府与市场功能边界与作用方式的消长变化。因此,透视政府经济职能的发展变化,要以政府与市场关系的演变为主线。市场机制具有促进资源配置效率,维持经济增长的功能。但市场机制在运行过程中并非完美无缺,其缺陷也会导致资源配置不能达到最优状态,正是市场缺陷的存在内生了政府对经济发展干预的必要性,也决定了在市场经济中政府所应该发挥的经济职能。应该说,政府的经济职能由于受到各国历史文化、经济社会制度的影响,既有普适性的共同特征,又存在个性差异。因此,我国社会主义市场经济条件下政府经济职能的定位,需要在借鉴发达国家先进经验的基础上,根据我国具体国情和制度文化环境,创新性地进行法治化的发展和完善。

第一节 政府经济职能的演进逻辑

我国政府经济职能的演进是以市场经济为导向的,以服务经济建设、适应市场经济发展与完善的需要为根本目的。在经济发展过程中,市场机制为基础、政府机制为引导,二者的共同作用推动了人类社会经济的持续进步。改革开放以后,政治统制为中心高度集权的计划经济被逐步打破,随着商品经济的发展,市场经济由确立逐步进入完善阶段。与此相适应,我国的行政管理体制改革以政府职能转变为核心,也逐步由经济建设型过渡到公共服务型政府模式。伴随着市场化改革,我国政府经济职能的演进经历了计划经济、商品经济、确立市场经济和完善市场经济四个关键的阶段,目前正处在完善市场经济体制的阶段,政府经济职能正在以优化营商环境为中心,进一步加快完善社会主义市场经济体制。

一、计划经济时期(1956—1978年)

我国的计划经济是在1956年社会主义改造完成以后逐步确立的,直到改革开放之前,政府经济职能秉承马列主义经典思想的指导,坚持传统的计划经济管理体制。社会主义计划经济理论主张,在生产资料公有制特别是全民所有制基础上建立高度集中的计划经济管理体制,将国民经济活动的决策权集中于国家,国家通过自上而下的计划对经济实施严格的管理和控制。计划经济管理体制的基本特征是以政府作为资源配置的唯一主体,政府直接经营企事业单位,并通过指令性计划的方式控制企事业单位的生产经营活动甚至是个人的消费活动。高度集权的计划经济体制,以政府完全取代市场,必然导致经济管理机构的细分与膨胀,经济管理职能的不断扩张。在这种背景下,我国政府在经济领域事无巨细,一概统揽,形成了全能型的政府经济职能。

全能型政府直接介入社会经济各个领域,对所有的经济活动进行控制。从一般意义上讲,计划是指对将要进行的活动进行事先安排,因此计划是人类能动地认识和改造自然与社会的自觉行动。事实上,无论在任何时期,计划对于一个国家或者个体都是十分必要的,一个国家对社会资源配置的运用进行计划,能够使国民经济按照既定的目标发展。然而,计划不是万能的,在经济发展中,计划只是一种手段,其目的是为了实现资源的有效配置。在经济发展过程中合理地运用计划手段,可以促进经济更好的发展。但是在计划经济体制下,计划被过度地使用了,由于计划的主体是计划制定者,主观决定和客观现实必然存在着脱节和区别,当计划制定者无法了解客观现实时,甚至当计划制定者了解客观现实,然而却出于自身利益行动时,计划都可能造成资源的浪费和经济效率的损失。

在现实中,一旦经济计划出现失误,就会对经济活动作出错误的引导,出现错误后再进行校正必然带来资源的浪费。并且,当计划走向极端形式——高度集权的中央计划经济则会严重抑制个体的活力,阻碍经济的发展。在计划经济体制下,政府职能无限扩大和无所不及,企业的生产、投资、消费者的消费等全都由政府决定,由于其缺乏对生产者的激励,导致企业生产缺乏积极性,进一步导致了我国生产能力严重低下。因此,在需求远远超过供给的状态下,最高限价加购买资格两种方式被叠加组合起来,票证是另外一种形式的货币,从而计划经济下形成了两种货币并存的畸形制度,而这种制度又进一步导致了黑市交易的出现和腐败的滋生。同时,全能的计划经济模式导致政府财政开支过大,机构臃肿,人浮于事,效率低下,不能有效地组织公共物品的提供和生产,实现社会的公共利益。所以说,这些计划经济的种种缺陷,为市场化的改革提供了强烈的现实需求。

二、商品经济时期(1978—1992年)

改革开放以后,我国逐渐打破高度集权的计划经济体制,根据经济自身的规律探索适合国情的发展道路,强调以经济建设为中心,政府职能的演进以服务经济发展为目标。这一时期的市场化改革,对计划与市场的认识逐步深化,具体经历了四个阶段:

第一阶段(1978—1983年):强调计划经济为主、市场调节为辅。1978年党的十一届三中全会提出进行经济体制改革,强调按经济规律办事,重视价值规律的作用。1979年的中央经济工作会议,形成了以计划经济为主,同时充分重视市场调节辅助作用的思路。1981年6月,党的十一届六中全会提出必须在公有制基础上实行计划经济,同时发挥市场调节的辅助作用。1982年9月,党的十二大正式提出"计划经济为主、市场调节为辅"的原则。这一提法,是对政府与市场关系认识上的历史性突破,成为这一时期启动经济改革的指导思想。

第二阶段(1984—1986年):强调商品经济发展的不可逾越性。1984年10月,党的十二届三中全会提出"社会主义计划经济是在公有制基础上的有计划的商品经济""商品经济的充分发展也是社会主义经济发展不可逾越的阶段",要求指令性计划也必须运用价值规律并适当缩小,指导性计划主要靠经济杠杆来运作,并逐步扩大。这一论断,突破了计划经济与商品经济的对立,深化了尊重市场规律和对市场作用的认识。

第三阶段(1987年):强调计划与市场的内在统一性。1987年10月,党的十三大明确提出"国家调节市场,市场引导企业"的经济运行模式,彻底突破了在计划经济体制框架内改革的思路,向市场取向的改革目标迈出了决定性的一步,确立了社会主义初级阶段的理论。

第四阶段(1988—1992年):计划经济与市场调节相结合。1988年9月,党的十三届三中全会提出"治理经济环境,整顿经济秩序",采取了紧缩财政,紧缩银根,控制基建投资规模,控制消费基金增长的"双紧""双控"措施。1989年11月,党的十三届五中全会提出以"计划经济与市场调节相结合"为目标的改革方向。这一时期的改革,实际上是停滞不前的,又回到了改革开放之初的轨道上。这种体制的回归,从表面上看是由于当时特殊政治、经济和社会环境造成的,但实质上反映出长期以来人们对现代市场经济认识上的偏差和动摇。

这一时期,市场化改革从农村起步,相应地政府职能转变也是从农村改革开始的。1979年后,农村陆续推行了家庭联产承包责任制,农民获得了对土地的经营自主权,这促使传统人民公社体制被废除,为政府经济职能转变提供了良好的契机。随后,改革又从农村转向城市,并涉及整个经济体制。1984年,党的十二届三中全会通过了《中共中央关于经济体制改革的决定》,明确提出要实行有计划的商品经济,实行政企职责分开,正确发挥政府机构管理经济的职能,并把它概括为:"制订经济和社会发展的战略、计划、方针和政策;制订资源开发、技术改造和智力开发的方案;协调地区、部门、企业之间的发展计划和经济关系;部署重点工程特别是能源、交通和原材料工业的建设;汇集和传布经济信息,掌握和运用经济调节手段;制定并监督执行经济法规;按规定的范围任免干部;管理对外经济技术交流和合作,等等。"[①]这些规定是对原有计划经济条件下高度统一的经济管理职能体系的一次重大的调整,应该说市场化导向是非常明显的。

1987年召开的党的十三大,深刻总结了以往政府机构改革的教训,指出:"为了避免重走过去'精简—膨胀—再精简—再膨胀'的老路,这次机构改革必须抓住转变职能这个关键。要按照经济体制改革和政企分开的要求,合并裁减专业管理部门和综合部门内部的专业机构,使政府对企业由直接管理为主转变到间接管理为主。要从机构配置的科学性和整体性出发,适当加强决策咨询和调节、监督、审计、信息部门,转变综合部门的工作方式,提高政府对宏观经济活动的调节控制能力。"[②]这次会议认识到政府职能转变在机构改革乃至整个行政体制改革中的重要地位,这是中国共产党在政府职能问题认识上的一次重大突破。正是在上述党的十三大精神的指导下,1988年的政府机构改革克服了以往单纯强调"精简"的做法,抓住政府职能转变这个关键,减少政府直接管理企业经营活动的职能,着眼于增强各级政府的宏观调控能力。

三、确立市场经济时期(1992—2002年)

在确立市场经济阶段,我国逐步形成了社会主义市场经济理论,强调了市场对资源配置的基础性作用,构建了社会主义市场经济的基本框架。1992年10月,党的十四大报告明确提出,"我国经济体制改革的目标是建立社会主义市场经济体制,以利于进一步解放和发展生产力。我们要建立的社会主义市场经济体制,就是要使市场在社会主义国家宏观调控下对资源配置起基础性作用,使经济活动遵循价值规律的要求,适应供求关系的变化;通过价格杠杆和竞争机制的功能,把资源配置到效益较好的环节中去,并给企业以压力和动力,实现优胜劣汰;运用市场对各种经济信号反应比较灵敏的优点,促进生产和需求的及时协调。同时也要看到市场有其自身的弱点和消极方面,必须加强和改善国家对经

---

① 《中共中央关于经济体制改革的决定》,载《人民日报》1984年10月21日第1版。
② 《沿着有中国特色的社会主义道路前进——在中国共产党第十三次全国代表大会上的报告》,载《人民日报》1987年11月4日第1版。

济的宏观调控。我们要大力发展全国的统一市场,进一步扩大市场的作用,并依据客观规律的要求,运用好经济政策、经济法规、计划指导和必要的行政管理,引导市场健康发展"①。1993年,党的十四届三中全会通过了《中共中央关于建立社会主义市场经济体制若干问题的决定》,明确了社会主义初级阶段的基本经济制度,勾画了社会主义市场经济体制的基本框架即现代企业制度、市场体系、宏观调控体系、分配制度、社会保障制度的五根支柱。② 在这一时期,随着改革实践的发展,我国市场经济理论基本成形,社会主义市场经济体制框架基本形成。

社会主义市场经济体制构建意味着经济体制的全面转型,必然要求包括行政管理体制在内的整个政治体制与之相协调、相配套,因此如何转变政府职能,以适应市场经济体制改革的需要,成为一个极为重要的课题。党的十四大报告从市场经济体制的角度对政府职能进行了全面阐述,强调加快政府职能转变"是上层建筑适应经济基础和促进经济发展的大问题。不在这方面取得实质性进展,改革难以深化、社会主义市场经济体制难以建立。转变的根本途径是政企分开。凡是国家法令规定属于企业行使的职权,各级政府都不要干预。下放给企业的权利,中央政府部门和地方政府都不得截留。政府的职能,主要是统筹规划,掌握政策,信息引导,组织协调,提供服务和检查监督"③。此后,党的十四届三中全会为建立社会主义市场经济体制提供了理论框架,在谈到政府职能转变问题时,明确指出:"转变政府职能,改革政府机构,是建立社会主义市场经济体制的迫切要求。政府管理经济的职能,主要是制订和执行宏观调控政策,搞好基础设施建设,创造良好的经济发展环境。同时,要培育市场体系、监督市场运行和维护平等竞争,调节社会分配和组织社会保障,控制人口增长,保护自然资源和生态环境,管理国有资产和监督国有资产经营,实现国家的经济和社会发展目标。政府运用经济手段、法律手段和必要的行政手段管理国民经济,不直接干预企业的生产经营活动。"④1997年,党的十五大又再次提出要按照社会主义市场经济的要求转变政府职能。

我国政府分别于1993年和1998年进行了两次重要的机构改革。这两次机构改革有一个共同的特点,即强调政府机构改革必须要适应社会主义市场经济

---

① 《加快改革开放和现代化建设步伐 夺取有中国特色社会主义事业的更大胜利——在中国共产党第十四次全国代表大会上的报告》,载《人民日报》1992年10月21日第1版。
② 参见《中共中央关于建立社会主义市场经济体制若干问题的决定》,载《人民日报》1993年11月17日第1版。
③ 《加快改革开放和现代化建设步伐 夺取有中国特色社会主义事业的更大胜利——在中国共产党第十四次全国代表大会上的报告》,载《人民日报》1992年10月21日第1版。
④ 《中共中央关于建立社会主义市场经济体制若干问题的决定》,载《人民日报》1993年11月17日第1版。

的需要,要把转变政府职能放在首位。在党的十四大确定建立市场经济体制之后,1993年的政府机构改革就是以适应社会主义市场经济体制为导向的,与以往计划经济体制框架内以放权为核心的政府职能调整在根本上不同。此后,政府职能转变立足于全面突破计划经济体制的桎梏,其中心是按发展社会主义市场经济的要求,实行政企分开,探索构建政府的宏观调控体系。① 相比之下,1998年改革在政府职能转变上的认识比1993年有了更大的突破。1993年的机构改革是在市场经济体制确立初期进行的,由于理论认识的局限性以及市场经济发展初期的不完善性,因此这次改革在政府职能转变方面没有太大的突破,这主要表现在:一方面,只重视经济职能的转变,没有认识到社会职能转变的重要性;另一方面,忽视了政府内部职能的调整与重组。1998年的机构改革则在这两方面均有突破:首先,在政府职能定位上突破了以往以转变经济职能为主的框架,强调在转变政府经济职能的同时要注重政府的社会职能;其次,重视政府内部职能的调整与重组,将相近或相同的职能交由一个部门管理,力图克服过去职能重叠、政出多门、多头管理的弊端;最后,认识到政府宏观调控职能和社会保障职能的重要性。由此,1998年的机构改革不仅从总体上提出,"建立办事高效、运转协调、行为规范的政府行政管理体系"②,而且对政府职能转变的具体内涵做出了三项明确规定,即宏观调控、社会管理和公共服务。这与以往一般性地提出政府职能转变不同,既是对传统行政思维的重大突破,也是对社会主义市场经济条件下政府职能的科学定位,意味着在目标模式选择上取得了重大突破。③

四、完善市场经济时期(2002年至今)

随着改革的深入,我国从2002年党的十六大以来,开始进入完善社会主义市场经济体制的新阶段。2002年11月,党的十六大提出全面建设小康社会,"本世纪头二十年经济建设和改革的主要任务是,完善社会主义市场经济体制,推动经济结构战略性调整,基本实现工业化,大力推进信息化,加快建设现代化,保持国民经济持续快速健康发展,不断提高人民生活水平"④。同时,对于政府职能,明确提出完善政府的经济调节、市场监管、社会管理和公共服务的职能。特别是2003年10月党的十六届三中全会,通过了《中共中央关于完善社会主义

---

① 参见刘厚金:《公共服务型政府在法治与市场中的理论内涵与职能定位》,载《求实》2009年第2期。
② 《国务院机构改革方案》,载《人民日报》1998年3月11日第1版。
③ 参见乔耀章:《政府行政改革与现代政府制度——1978年以来我国政府行政改革的回顾与展望》,载《管理世界》2003年第2期。
④ 江泽民:《全面建设小康社会,开创中国特色社会主义事业新局面——在中国共产党第十六次全国代表大会上的报告》,载《人民日报》2002年11月18日第1版。

市场经济体制若干问题的决定》,提出了完善社会主义市场经济体制的具体目标和任务,按照"五个统筹"的要求,更大程度地发挥市场在资源配置中的基础性作用。在市场化改革和政府经济职能进一步完善的基础上,2020年中央又出台了新时代加快完善社会主义市场经济体制的意见,明确提出要"完善政府经济调节、市场监管、社会管理、公共服务、生态环境保护等职能,创新和完善宏观调控,进一步提高宏观经济治理能力"[1]。

  政府职能的转变在行政改革过程中始终居于核心地位。一方面政府职能处于经济、政治的交汇点,任何行政功能的变化,都会受制于经济体制和政治体制,并反过来对其产生影响;另一方面它又是行政体制运作、行政权力行使的起点和依据。2003年的政府机构改革是建立在市场经济体制初步完善的基础之上的,重点是深化政府职能转变,把宏观调控职能进一步明确为经济调节和市场监管。在经济体制改革推动下,政府职能转变迈出较大步伐,各级政府发挥作用的重点正在逐步转变到经济调节、市场监管、社会管理和公共服务上来。由此可以说,"2003年以来的行政改革深化了对宏观调控的认识,在经济调节和市场监管的同时,更加注重社会管理和公共服务职能,在此基础上进一步提出了构建公共服务型政府的行政改革目标。这标志着对于完善市场经济条件下的政府职能在理论上和实践上都取得了实质性突破"[2]。

  随着我国市场导向的经济体制改革在深度和广度上的全面推进,政府经济职能的宏观定位也逐步明确和完善。为此,国务院在历年的政府工作报告中都作出了精准的描述:2004年强调在科学发展观的指导下,各级政府要全面履行职能,在继续搞好经济调节、市场监管的同时,更加注重履行社会管理和公共服务职能;2005年明确提出了建设公共服务型政府的行政体制改革目标;2006年具体提出要抓紧解决广大群众最关心、最直接、最现实的利益问题,尤其要切实做好就业、社保、医疗、安全生产等工作;2007年的政府工作报告强调构建社会主义和谐社会,维护社会公平正义,让全体人民共享改革发展成果,建设一个行为规范、公正透明、勤政高效、清正廉洁、人民群众满意的政府。[3] 此后,2008年的政府工作报告提出,加快转变政府职能,全面正确履行政府职能,在加强和改善经济调节、市场监管的同时,更加注重社会管理和公共服务,维护社会公正和社会秩序,促进基本公共服务均等化。与此相应,2008年国务院机构改革的主要任务是:"围绕转变政府职能和理顺部门职责关系,探索实行职能有机统一的

---

[1]《中共中央国务院关于新时代加快完善社会主义市场经济体制的意见》,载《人民日报》2020年5月19日第1版。

[2] 刘厚金:《我国政府转型中的公共服务》,中央编译出版社2008年版,第40页。

[3] 同上书,第1页。

大部门体制,合理配置宏观调控部门职能,加强能源环境管理机构,整合完善工业和信息化、交通运输行业管理体制,以改善民生为重点加强与整合社会管理和公共服务部门"①。此后,随着行政管理体制改革的深化,我国各级政府的经济职能开始进入强化阶段,注重经济职能的整合,努力为各类市场主体创造公平的发展环境,建设人民满意的服务型政府。

2012年,党的十八大提出,"要按照建立中国特色社会主义行政体制目标,深入推进政企分开、政资分开、政事分开、政社分开,建设职能科学、结构优化、廉洁高效、人民满意的服务型政府"②。2013年,国务院机构改革持续以深化政府职能转变为核心,其基本任务是:"按照建立中国特色社会主义行政体制目标的要求,以职能转变为核心,继续简政放权、推进机构改革、完善制度机制、提高行政效能,加快完善社会主义市场经济体制,为全面建成小康社会提供制度保障"③。2017年,党的十九大进一步提出,"转变政府职能,深化简政放权,创新监管方式,增强政府公信力和执行力,建设人民满意的服务型政府"。此后,按照党中央的这一要求,2018年,国务院继续深化机构改革,"着眼于转变政府职能,坚决破除制约使市场在资源配置中起决定性作用、更好发挥政府作用的体制机制弊端,围绕推动高质量发展,建设现代化经济体系,加强和完善政府经济调节、市场监管、社会管理、公共服务、生态环境保护职能,结合新的时代条件和实践要求,着力推进重点领域和关键环节的机构职能优化和调整,构建起职责明确、依法行政的政府治理体系,提高政府执行力,建设人民满意的服务型政府"④。总体上来看,2013年的机构改革以深化政府经济职能为导向,实施和巩固大部门体制改革,探索形成更加高效的行政管理体制;在此基础上,2018年的机构改革更加凸显职责导向,在明确具体职责的基础上实现政府机构的整体性改革,更好地发挥大部门体制对于完善市场经济体制的作用。⑤ 更重要的是,2018年的机构改革是在党和国家顶层设计的高度,与深化党中央的机构改革相互协同的整体性改革,致力于国家治理体系和治理能力的现代化建设。这两次以深化政府经济职能为核心的整体性政府机构改革,已经初见成效并且正在继续发挥其经济管理效能,为快速完善市场经济体制提供了有力的组织基础。

---

① 《国务院机构改革方案》,载《人民日报》2008年3月16日第5版。
② 胡锦涛:《坚定不移沿着中国特色社会主义道路前进 为全面建成小康社会而奋斗——在中国共产党第十八次全国代表大会上的报告》(2012年11月8日),载《人民日报》2012年11月18日第1版。
③ 《国务院机构改革和职能转变方案》,载《人民日报》2013年3月15日第5版。
④ 《国务院机构改革和职能转变方案》,载《人民日报》2018年3月18日第6版。
⑤ 参见邱实:《政府机构改革的职责逻辑》,载《江海学刊》2020年第1期。

第二节　政府经济职能的市场定位与困境

政府经济职能可以弥补市场缺陷,其发挥作用的范围不能超出市场失灵的领域。这在不同的国家、不同的制度环境中,都具有普适性,这是在市场经济条件下政府的一般性经济职能。在加快完善社会主义市场经济体制的过程中,党和政府提出建设公共服务型政府,深化行政管理体制改革,全面履行政府职能,维护社会公平正义。这必然要求政府经济职能的定位,既要学习借鉴市场经济条件中具有共性的政府职能,又要结合中国特色社会主义市场经济的实际,科学界定公共服务型政府的经济职能。必须看到,当前我国各级政府依照市场经济条件下公共服务型政府的建设要求,完善政府经济职能还存在诸多体制机制性障碍和困境。

一、市场经济中政府经济职能的共性

我国把建立和完善社会主义市场经济作为改革的目标,这就意味着市场经济条件下的普适性、具有共性的政府经济职能,也必然是我国快速转型期公共服务型政府应该具有而且必须有效履行的基本职能。一般来说,在现代市场经济下,政府经济职能的限度将以市场失灵的范围为限,政府的共性的经济职能包括以下方面:

第一,对宏观经济结构及发展速度进行调节。市场经济的竞争机制,使得市场主体千方百计降低成本,增加效益。由于各自利益的限制,市场主体在经济行为中不可避免表现出短视和功利化,同时市场机制的有效性只在微观领域和层面才能发挥较好的效用,且它在微观层面作用发挥有时甚至是通过牺牲全局利益为代价的。所以通过市场调节而实现的经济均衡是市场主体通过分散决策而实现的一种事后调节,这种经济均衡具有较大的盲目性、自发性和滞后性,往往容易造成周期性的经济波动,导致经济总量的失衡。在这种情况下,如果没有政府的介入加以引导和规范,那么经济就会出现剧烈的波动甚至可能爆发经济危机。为了保持经济健康有序的发展,政府必须承担起保持宏观经济总量平衡的责任。这就需要政府采取相机抉择的宏观调节措施,根据市场变化的实际情况,运用财政、货币、信贷、汇率等经济杠杆和其他行政和法律手段,利用计划、优惠、制裁等政策措施,特别是要及时改变市场运行的变量和参数,以减轻经济波动的幅度和频率。同时,政府要根据市场环境的变化,通过调整发展战略和产业政策,对关系国计民生的若干重要的经济领域进行投资,优化产业结构,促进产业升级,来引导生产力的合理布局,以实现宏观的资源优化配置为微观经济发展创

造良好的宏观经济环境。

第二,维护公平竞争的市场秩序。政府作为公共权力的唯一掌握者要依靠国家强制力建立一系列的游戏规则,规范各类市场主体的经济活动。英国自由主义经济学家哈耶克也承认:"要使竞争发挥作用,不仅需要适当地组织某些编制,如货币、市场和信息渠道——它们之中有些是私人企业从来不能充分提供的——而且它尤其依赖于一种适当的法律制度的存在,这种法律制度的目标在于既维护竞争,又使竞争尽可能有力地发挥作用"①。而美国货币学派经济学家弗里德曼对政府维护市场秩序更是充分肯定:"自由市场的存在当然并不排除对政府的需要。相反地,政府的必要性在于,它是'竞赛规则'的制定者、又是解释者和强制执行这些已被决定的规则的裁判者"②。美国经济学家斯蒂格利茨同样认为,建立并实施游戏规则对政府来说异常重要,他强调:"无论在何种经济中,政府都必须履行的一个重要职能是去确立游戏规则,这些规则既决定私营部门之间的相互关系,同时也规范私营部门与政府之间的关系。"③因此,要使现代市场经济正常运转,就必须进行市场设计,也就是建立市场规则来约束市场主体的行为。市场经济竞争会导致垄断的产生,使自由竞争走向自己的反面即限制竞争,从而导致对市场竞争机制的扭曲,使其不能发挥自发而有效的调控功能;竞争对自然垄断部门也无能为力。为此,政府必须负责维护市场公平竞争的秩序:一是要限制垄断,反对垄断;二是要反对不正当竞争行为,维持市场竞争秩序;三是要严禁危害社会利益的商品买卖和经营。对此,政府要制定一系列的维护市场秩序的法律,对市场主体的竞争予以适当的引导、限制,比如制定反托拉斯法、价格管制、消费者权益保护法等。总之,在现代市场经济条件下,政府要承担起为企业、为市场、为社会制定规则,维护市场经济运作的基本秩序。

第三,组织和实现公共产品的供给,补偿和纠正经济外部效应。公共产品的存在是一个社会正常运行的基本条件,由于公共产品具有非排他性和非竞争性的特征,由此产生"搭便车"现象,导致提供公共产品会无利可图。公共产品往往是增进社会福利所不可或缺的,而公共产品不可能通过私人部门来提供。"凡属公共物品的东西,都不可能由私人部门提供,也不可能通过交换的方式来配置。"④作为公共权力代表的政府有责任承担起组织和实现公共产品的供给,主要有两种形式:一是政府直接对这些领域(主要是基础设施和公用事业)进行投

---

① 〔英〕哈耶克:《通往奴役之路》,王明毅等译,中国社会科学出版社1997年版,第42页。
② 〔美〕米尔顿·弗里德曼:《资本主义与自由》,张瑞玉译,商务印书馆1988年版,第16页。
③ 〔美〕约瑟夫·E.斯蒂格利茨:《社会主义向何处去》,周立群等译,吉林人民出版社1998年版,第292页。
④ 张康之:《公共行政中的哲学与伦理》,中国人民大学出版社2004年版,第38页。

资;二是组织私人企事业单位来提供,由政府公共财政付费,但政府对这些私人企事业单位要进行较为严格的管理,保证其不损害社会公共利益。组织和实现公共产品的供给,是政府作为社会管理者义不容辞的责任,是政府能够存在并获得广泛支持的合法性缘由。同时,由于外部效应不通过市场机制而存在,市场主体中的生产活动和消费活动间接地影响了其他人的生产和消费,从而给他人带来的效益或损失,无法直接通过市场机制加以自动解决。这就意味着有些市场主体可以无偿地取得外部经济性,而有些当事人蒙受外部不经济性造成的损失却得不到补偿,从而导致市场在配置社会资源时产生偏差。因此,政府有必要通过行政管制、财政补贴、国家税收等措施,使外部效应内部化,特别是对那些受到外部不经济影响而遭受的损失给予合理的补偿;在一定条件下,政府应鼓励和保护有益的外部效应,预防和制止惩治有害的外部性,维护社会的整体利益。

第四,调节社会收入差距和提供社会保障。市场具有促进生产力发展和经济效率提高的功能,但它并不会自然实现社会分配结构的均衡和公正。市场经济奉行自由竞争、等价交换的分配机制,但由于每个人先天的自然禀赋、文化水平、所处的社会境遇不同,再加上区域和行业的差异等原因,客观上会造成社会成员之间收入水平的不同,产生贫富的分化。如果任由市场竞争规律自发发生作用,而不加以外力的干预,势必造成强者越强、弱者越弱的"马太效应",导致财富越来越集中在少数人的手中,形成发达地区和落后地区之间、富裕者和贫穷者之间的差距越拉越大,将直接危及社会的稳定发展。为此,政府必须运用公共权力制定一系列的保障弱势群体基本生存和发展的法律和政策,如制定社会保障政策、财政税收政策、保险政策、社会福利政策,调节收入分配,防止贫富两极分化。政府应该确保每个社会成员最基本的生存与发展的需要,照顾竞争中的弱势群体。这是政府所应当承担的实现社会公正的职能,是政府存在并获得支持的道德理由与合法性基础。

二、公共服务型政府经济职能的内涵

我国在加快完善社会主义市场经济体制的过程中,建设人民满意的服务型政府,必然要求政府经济职能既要适应市场经济的共性要求,又要具有建设服务型政府的中国特色。对此,在遵循市场经济普适性规律的同时,充分结合经济社会转型期完善社会主义市场经济的实际情况,我国公共服务型政府的经济职能还应该包括以下方面:

第一,巩固社会主义初级阶段的基本经济制度。改革开放以来,党和政府不断总结历史经验,把实事求是的思想路线和科学方法运用于初级阶段所有制结构的研究,冲破了把社会主义基本经济制度完全等同于公有制的传统观念。在公有制经济与非公有制经济的相互关系上,完成了从"对立论"到"有益补充论"再到"共同发展论"的飞跃,并于1997年在党的十五大上把以公有制为主体、多种所有制经济共同发展,作为我国社会主义初级阶段的一项基本经济制度确立下来。党的十七大报告重申了坚持和完善公有制为主体、多种所有制经济共同发展的基本经济制度,毫不动摇地巩固和发展公有制经济,毫不动摇地鼓励、支持、引导非公有制经济发展。改革开放以来形成的中国特色的市场经济体制的基本特征就是以市场机制为基础、以政府调控为主导、以发展为导向的政府主导型的市场经济体制。以公有制为主体、多种所有制经济共同发展的社会主义基本经济制度,是社会主义市场经济的主心骨,决定了我国社会的社会主义性质和经济发展的社会主义方向。社会主义国家的国有经济不仅仅要追求经济效益,它还负有协助政府调控经济,保证社会正义和公平的经济责任,只有坚持社会主义公有制,政府才有足够的经济实力调节社会利益分配,实现共同富裕,所以在社会主义国家公有制理应在国民经济中保持足够的比重和控制力,发挥其主导作用。我国经济发展的实践证明:搞单一公有制不行,搞私有化也不行,必须坚定不移地坚持以公有制为主体、多种所有制经济共同发展的社会主义基本经济制度,处理好"主体"和"共同发展"的关系,既不能对立起来、相互损害,也不能只强调一个而轻视另一个,必须坚持两个"毫不动摇"。坚持和巩固以公有制为主体,多种所有制经济共同发展的社会主义基本经济制度,是党和政府领导我国社会主义市场经济建设的基本经济制度的前提,是实现最广大人民根本利益和共同富裕的重要制度保证,也是当前公共服务型政府肩负的重大根本的经济职能。

第二,促进全国统一市场体系的形成。西方市场经济体制是在经济发展过程中自发形成的,而我国实行市场经济是在党和政府的推动下自上而下的改革。换言之,我国社会主义市场经济不是经济社会发展内源性自发的制度变迁,而是党和政府基于经济社会发展规律作出的自觉的政策选择。因此,社会民众对市场经济新体制还有一个适应的过程,因而新旧体制的转换就复杂得多,难度也就大得多。同时,政府在市场发育过程中地位、角色、作用较之资本主义国家政府,将处于更为重要的地位,将起更为重要的作用,将扮演更为重要的角色。在市场经济体制下,政府的角色就是创造发展的环境,而企业的角色就是创造财富,政府由原来的企业经营者、管理者角色向服务者的角色转变。政府要一视同仁对各类市场经济主体加以支持、保护,并从有利于社会主义经济发展的全局出发,加以协调、平衡,使经济得到持续发展。政府负有推动形成全国性统一市场和国家经济一体化、地域性经济分工以及国内市场和国际市场衔接的重任。为适应完善市场经济体制的要求,政府要运用行政、法律、教育和经济等各种手段,消除各种对市场化改革的阻力和障碍,努力培育和完善全国统一的各类市场体系;健全市场规则体系,构建效率公正的市场环境。发挥政府的作用,发展独立自主的市场主体,制定市场规则体系,加快形成统一开放竞争的现代市场体系是服务型政府的核心内容。

第三,经济社会快速转型期需要政府发挥更为积极的作用。在市场经济的条件下,无论政府经济职能表现形式如何,其配置资源的决定性方式都是市场机制。但是,我国在经济社会全面转型的背景下,市场经济发育还不完善,市场运行机制还存在着诸多内在缺陷,由此决定了在某些领域市场还不可能高效地配置资源。这样在经济市场化过程中,政府出于全局的考量,出于弥补市场机制的缺陷,"面对着市场不发育或残缺的状况,政府必须构筑启动市场运行的规则和制度框架,从所有权安排、经济决策和运行控制等方面,直接地参与市场的形成和运作,实现对不发育或残缺市场的部分替代"①。这是我国在经济体制转型过程中出现的特殊现象,为了更好更快地推进我国经济的发展,政府出于对社会整体利益的考虑,在市场经济暂时还不能发挥作用,或由市场来有效配置资源需要很长一段时间的某些行业和领域,由政府代行某些市场的职能。但我们必须非常清楚地认识到,政府对市场的替代具有明显的阶段性特征,是在市场化不完善条件下的"发展中的政府职能",具有明显的过渡性质,社会主义市场经济体制的转型必然是市场调节和市场配置资源的功能不断强化,调节和配置的范围不断扩大、比重不断提高。随着社会主义市场体系的完善,政府替代这一特殊的转型时期的职能将最后完全退出市场,回归到对市场经济的日常监督管理和为社会提供公共服务的本职上来。

第四,保证国有资产的保值和增值。社会主义市场经济是以公有制为主体的经济,公有制为主体体现在国家和集体所有制的资产在社会总资产中占优势,国有经济控制国民经济命脉并对经济发展起主导作用等方面。建立并完善符合社会主义市场经济体制和中国国情的国有资产经营管理监督机制,保证国有资产的保值和增值,是服务型政府的重要职能。在完善社会主义市场经济的背景下,国家如何实现国有资产的所有权已成为政府管理国有资产的重心。在改革开放进程中,我们认识到国家对国有资产的所有权不是为占有而占有,国家拥有所有权是为了实现国家的经济利益和整个社会的利益。国有资产和国有经济除了经济目标外,还承担了重要的社会功能,即保证社会公正、稳定,弥补市场失灵的重要社会职责,国有经济在这方面承担着重大的社会责任,这是社会主义经济的一大特点。但如何具体来实现这种所有权,使国有资产不流失,而且还要保值并不断增值,关系到社会主义市场经济体制是否完善,这是我国经济体制改革面

---

① 黄德发:《政府治理范式的制度选择》,广东人民出版社2005年版,第319页。

临的一个深层次的问题。要保证国有资产的保值和增值,增强国有经济的主导作用和控制力,关键在于建立一套适应社会主义市场经济的国有资产经营管理体制。在国有资产经营上,建立现代企业制度,实行政企分开、所有权和经营权分离的现代企业制度。政府由原来运用行政权力干预、管理企业,转变为以股东方式履行出资人职责,实现在所有权与经营权分离情况下保障国家所有者权益。为了堵住国有资产流失的黑洞,政府必须采取有效的评估、转让、监管等措施,完善相关法律法规,确保国有资产的安全和增值。

第五,促进经济高质量可持续的发展。在四十多年的改革开放和经济社会高速发展的基础上,2020年中央提出加快完善社会主义市场经济体制,"坚持新发展理念,坚持以供给侧结构性改革为主线,坚持以人民为中心的发展思想,坚持和完善社会主义基本经济制度,以完善产权制度和要素市场化配置为重点,全面深化经济体制改革,加快完善社会主义市场经济体制,建设高标准市场体系,实现产权有效激励、要素自由流动、价格反应灵活、竞争公平有序、企业优胜劣汰,加强和改善制度供给,推进国家治理体系和治理能力现代化,推动生产关系同生产力、上层建筑同经济基础相适应,促进更高质量、更有效率、更加公平、更可持续的发展。"①为此,加快完善社会主义市场经济体制,构建国内国际双循环相互促进的新发展格局,促进经济社会更高质量、更有效率、更加公平、更可持续的发展,成为目前服务型政府经济职能的首要任务。对此,各级政府要做好三个方面的工作②:一是扩内需、稳运行,完善国内大循环体系,促进传统消费的同时,积极培育新型消费,着力解决国内市场分割问题,建设统一大市场;二是促开放、优环境,全方位加强互联互通,推动国内和国际双循环在更高层面和更广空间实现良性互动;三是促创新、赋动能,注重发达国家价值链和发展中国家价值链的共建互融,构建立体化产业链体系,反哺国内经济高质量发展。

三、我国政府经济职能转变的现实困境

20世纪90年代确立建设市场经济体制以来,政府职能转变逐步成为我国行政管理体制改革的核心任务,根本目的是适应市场经济发展与完善的需要。我国的市场经济改革经历了从突破计划经济到商品经济,再到确立市场经济,目前正处在深入完善市场经济的阶段,与此同时我国的政府职能也相应地经历了政治统治,到经济建设,再到公共服务的转变。应该说,渐进的市场化改革推进

---

① 《中共中央、国务院关于新时代加快完善社会主义市场经济体制的意见》,载《人民日报》2020年5月19日第1版。

② 洪俊杰:《"双循环"相互促进,高质量发展可期》,载《光明日报》2020年7月9日第2版。

了政府经济职能的转变,政府经济职能转变也加速了市场化改革,二者的互动和共进带来了我国经济持续快速的发展。但是,市场化改革进入深水区,在全面建成小康社会的背景下深入推进服务型政府建设,政府职能的转变还面临诸多挑战和制约条件。当前,经济社会发展的不平衡不充分,政府职能自身的缺陷以及地方利益因素等制约瓶颈,都对完善公共服务型政府的经济职能构成了不可忽视的耗损和阻碍。

第一,经济社会发展不平衡不充分。我国的市场化改革走的是一条非均衡的道路,通过超常规、跨越式发展战略来实现经济的高速增长。虽然我国在经济发展方面取得了令世人瞩目的成就,但是长期片面的经济建设导致了经济社会发展的严重失衡,造成这种问题的很大原因在于制度变迁中的政策导向和政府转型的滞后性。政府的职能转换和角色转换不到位导致社会全面发展受阻,社会公平、社会信用、社会文化等社会关系各方面的矛盾和问题还比较突出,这些矛盾和问题反过来又制约了经济进一步的高质量发展。

首先,经济社会发展不均衡。由于在改革的早期阶段存在"重经济发展、轻社会发展"的问题,造成了社会发展滞后,反过来又不利于经济可持续的高质量发展。由于政府把工作重点放在GDP的增长上,在一定程度上影响了基本的公共产品和公共服务的多样化高质量供给。

其次,外部不经济和资源浪费严重。过度的关注经济发展,忽视了负外部性对经济和整个社会的危害,高投入引致的高速经济增长导致了环境持续恶化和资源的巨大浪费。资源的浪费主要体现在我国的粗放型经济增长模式上,由于经济发展主要依赖于投资拉动,高附加值的产品严重缺乏,数量巨大的低成本的劳动投入和不惜浪费的资源投入,形成了我国经济高速发展的局面。为此,资源的浪费必须得到缓解,经济增长模式必须改变,这就必须转变政府经济职能。

再次,农民工权益保障不足,社会就业压力较大。市场化、工业化、城市化需要农村剩余劳动力向城市转移,但进城务工人员的各种保障机制却相当不完善,他们的最后保证仍然只是在农村承包的土地。到目前为止,农民工想在大中城市不带任何附加条件取得长期居住权以及就业、医疗、教育等权利仍然困难重重。但是,如果将农民长期排除在城市化进程之外,必然会阻碍经济的发展甚至危及社会的稳定。这只能依靠政府行使公共权力才可能逐步得到解决。农民工、大学生、下岗失业人员等的就业形势不容乐观。当然,这也与学校教育没有与市场发展紧密结合起来有密切关系,但至少这也从一个侧面反映了就业形势的严峻。

最后,贫富分化和收入低下。市场经济中的自由竞争会造成极大的贫富悬殊,使强者更强,弱者更弱,不能很好地体现人本主义和人文关怀,并且还会导致社会矛盾的不断激化。有鉴于此,政府必须对社会财富进行再分配以促进公平,消除社会的不稳定因素,使经济能够得到良性发展。目前,随着市场化进程的加深,我国的收入差距进一步扩大,在各个利益集团进行博弈的过程中,各种矛盾更加激化。如何协调各方面的利益关系,调和各种矛盾,在财富的增长和分配的过程中,如何能够在保证效率的同时兼顾公平,这在政府职能的转型过程中值得认真探索。

当前,经济社会发展不平衡不充分主要表现在城乡发展失衡、区域发展失衡、产业结构失衡、经济增长与社会发展失衡以及贫富差距失衡等方面。这些问题严重威胁着我国的社会稳定和社会安全,影响到经济社会的持续发展,成为我国政府进行根本性变革的社会压力。破解之道就是继续深化政府改革,完善适应市场经济发展的政府经济职能。①

第二,政府经济职能缺陷。在经济社会全面转型期,政府职能本身存在适应性与过渡性问题,即如何应对改革中不断出现的新问题,引导未来的发展方向。显然,政府职能的转变和完善必须全面、准确、有效才能适应经济社会转型的需求,实现经济的持续均衡发展。但是,政府经济职能存在越位、缺位的现象,滞后于经济社会的发展,难以适应加快完善市场经济体制的需要。这也是政府经济职能法治化所要深入研究的核心问题和理论起点。

首先,政府经济职能的越位。政府在行使经济职能时经常出现越位现象,即政府行为超出政府职能的边界,这与传统计划经济体制下政府无所不为有必然的联系。政府职能越位主要表现在政府通过各种途径控制了资源的分配权,对社会经济生活进行过多干涉。比如,政府通过市场自治组织(如行业协会、商会等)直接管理社会与企业;通过扭曲价格信号、妨碍市场竞争和干预资源配置的方式扶持和保护不具有"自生能力"的企业等。由于计划经济时期大量使用行政指令性手段,在经济体制向市场经济转型时,由于惯性的作用,政府仍然运用行政手段对微观经济主体进行干预,抑制了市场在资源配置中的决定性作用,导致市场机制出现不同程度的失灵。

其次,政府经济职能的缺位。政府在行使经济职能时经常出现缺位现象,即在市场经济中需要政府履行经济职能的地方,政府没有发挥或者没有有效发挥应有的作用。必须承认政府的能力也是有限的,既然存在着越位就必然存在着缺位。当行政资源被越位所占用时,某些需要政府行使经济职能的地方就会没有资源可利用。总体上讲,政府职能在经济建设方面越位,在公共服务方面缺位。比如,法制的不健全使我国政府履行经济职能时存在一些法律困境;由于传

---

① 参见刘厚金:《我国政府转型中的公共服务》,中央编译出版社2008年版,第20页。

统官本位的影响,某些政府部门在行使经济职能时还缺乏现代的公共服务理念、缺乏服务市场的意识;对基础教育、科学研究、社会保障等方面投入相对不足等问题。

最后,政府经济职能的改革长期滞后于市场化进程。在经济社会转型期,政府作为改革的组织者和推进者,主导着社会经济发展的方向,同时协调改革过程中的各种关系。在构建市场经济体制基本框架的阶段,对于政府的经济职能只是进行了相应的调整,没有进行根本性的改革,导致政府经济职能的改革滞后。随着市场经济体制的完善,政府的经济职能成为市场经济体制的内生变量,直接影响到市场经济的进一步发展和完善,因此,政府经济职能的定位和运行也需要随之改变。可以说,加快完善市场经济体制的首要任务就是正确处理政府与市场的关系,尽快完善各级政府的经济职能。

我国的市场经济具有后发性,市场化改革表现为自上而下的自觉推进。这在客观上要求政府切实行使经济职能,引导市场化进程。为了担负起组织市场化进程的艰巨任务,政府必须转变自己以往在经济运行中的角色,进行自身的改革,尽快弥补经济职能方面的缺陷,以实现政府经济职能的全面转型。

第三,地方利益掣肘。改革开放以来,由于地方利益的掣肘,各级政府在履行经济职能的过程中,存在着地方保护主义、恶性竞争等问题,严重阻碍了市场经济完善的进程。在构建公共服务型政府的过程中,各级政府有必要深刻认识问题、分析原因,在克服利益掣肘的过程中不断完善经济职能,为政府经济职能的法治化创造良好的基础条件和制度环境。

首先,地方保护主义阻碍了市场化进程。改革开放以来,地方保护主义的行为和现象不断以公开或隐蔽的形式出现,大大加剧了建立统一市场的难度。地方保护主义主要反映在地方政府对区际要素流动和商品贸易的行政性不合理干预,具体表现为:在市场容量增长有限的情况下,地方政府不合理地运用行政手段、经济手段和法律手段,限制外地产品流入本地市场或限制资源商品、初级产品流出本地市场;运用经济政策倾斜、强化经济杠杆等手段,鼓励当地产品扩张市场容量,希望通过本地产品的扩张销售,最终实现本地企业利润的增长,进而增加地方财政收入;有的甚至直接插手资金流转领域,保护地方利益。这些与市场经济背道而驰的地方保护主义行为,加剧了市场割据,对区域经济的健康发展构成了极大障碍。[①] 这些问题长期没有得到根本解决,需要深入完善政府经济职能的法治化。

其次,地方政府抵制宏观调控的行为。地方政府抵制宏观调控的行为在实

---

① 参见汪丽萍:《区域经济发展与地方政府》,载《战略与管理》1999年第6期。

质上反映了在完善市场经济的背景下中央与地方的利益博弈格局。地方政府抵制宏观调控的行为从根本上不利于区域经济的发展,导致地方市场的割据,阻碍了区域内部的整合以及区域与区域之间的协调。市场经济是法治经济,要用制度解决地方政府与中央政府之间的不合作关系,用法律来保证和加强中央政府的权威,使中央与地方的关系朝着理性化、制度化的方向发展。但是,我国对于宏观调控的法律保障和制度建构还不尽合理,缺乏操作性较强的制度和法规,行政性命令太多。因此,需要在既体现全局利益的统一性,又兼顾局部利益的灵活性的基础上,用法律手段确定中央与地方的权力规范,从而达到既有利于加强中央政府的宏观调控能力,又有利于充分发挥地方政府积极性的理想状态。①

最后,地区之间的无序竞争。由于地方各项经济指标的完成与地方官员个人的政治升迁挂钩,地方政府往往忽视各地比较优势的差异和产业结构升级的规律,竞相发展价高利大的产业,"一窝蜂"现象严重,区域之间缺乏分工与合作,区域产业"同构化"现象突出。地方政府间的"无序"竞争都是为了各自的经济利益,各城市在开放引资上竞相出台优惠政策,在外贸出口上竞相压价,导致过度或恶性竞争,损害了区域经济发展整体利益。此外,地方政府在利益的驱动下,直接干扰市场主体行为,导致了地方上经济调控矛盾重重。这些现象的存在,极大地扰乱了政府与市场的关系,严重阻碍了完善政府经济职能的进程。

在我国深化改革的过程中,社会上出现种种新问题,政府职能面临种种缺陷,尤其是地方政府,在职能发挥的过程中往往容易出现各种偏差,这些问题必须尽快得到解决。然而,这些问题的解决,首先要从制度建设和立法规范入手,进一步规范政府行为,约束政府经济权力,建立有效的监督机制,促进经济的协调发展。

第三节 政府经济职能法治化的问题分析

我国市场化改革取得的巨大成就,既是市场经济转型的成功,也是政府经济职能转变的成果。虽然我国政府职能的完善还存在前述经济社会发展不均衡、职能结构不合理、地方利益至上等问题,但是政府经济职能的法治化仍然取得了巨大的进展,主要体现在宏观调控、市场监管、社会分配以及可持续发展等方面,②可以说初步具备了政府经济职能运行所必备的法律框架体系。但是,由于

---

① 参见邢孟军:《转型期地方政府与中央政府博弈关系探析》,载《广东行政学院学报》2004年第11期。

② 参见种明钊主编:《国家干预法治化研究》,法律出版社2009年版,第235—253页。

长期计划经济和人治观念的影响,在发展的过程中政府经济职能的法治化存在结构性缺失,在实体与程序上以及运行体系方面难以适应加快完善市场经济体制的需要。

一、政府经济职能法治化的缺失

在深化市场经济改革的阶段,政府经济职能还没有完全适应社会主义市场经济体制下基本经济关系的变化,经济职能的规范化、法治化程度不高。无论是从行政法对政府经济职能的内部界定,还是从经济法和行政监督对经济职能的外部保障来看,都存在政府经济职能法治化缺失的状况。

首先,组织法建设不完备,仅限于粗疏的一般性规定,行政主体的组织结构、职能、责任诸方面都缺乏明确的法律规范,使政府在行使经济职能时往往缺乏确定的法律依据。国家行政机关组织与职能的法治化,在行政法领域属于行政机关组织法。行政机关组织法是规定行政机关性质、地位、任务、职责权限等法律规范的总和,是行政机关得以成立并据以活动的法律依据,自然也是政府据以行使经济职能的法律依据。然而,政府的职能设置明显缺乏法律制约。目前,我国行政机关的设置、职能等主要由宪法、国务院组织法、地方各级人民政府组织法予以规定。这些组织法,有的内容单薄尚待充实,有的显得粗疏空洞有待细化。比如,地方各级人民政府组织法实际上还不是单行的法律,而只是作为《中华人民共和国地方各级人民代表大会和地方各级人民政府组织法》的一章,仅有15条,其内容就显得过于粗疏,具体操作性不强;此外,中央各部、委、局、办等至今也尚无组织法。[①]

其次,经济立法大大滞后于市场经济发展。一方面,还存在很多经济立法空白或经济法规范不到的真空地带。由于企业法、反不正当竞争法、就业法、环保法、社会保障法、工资法、消费者权益保护法等经济立法建设滞后,市场的主体性功能及相关职能未能很快明确,加上有些本应由政府管理的社会领域却无人管理,导致政治经济管理缺位,出现经济社会发展失衡。另一方面,政府权力又具有扩张逐利的一面,如果没有经济立法来明确政府经济职能并保障企业责权利相统一的法律地位,政府往往会在利益驱动下以隐形或变相的方式作出超越经济职能范围的行为,这又出现了政府经济管理的越位。由此可见,从其自身而言,政府经济职能通过加强组织立法来促进法定化固然重要,但从经济职能管理对象来看,如不注重通过经济立法来明确政府经济职能和企业责权利相统一的

---

① 参见刘厚金:《政府经济职能法治化:基本内涵、问题分析与实践路径》,载《党政论坛》2018年第12期。

法律地位,约束政府经济行为,同样会严重影响到政府经济职能的法治化。①

再次,行政立法尚未完善,其基本法规和程序都十分欠缺,造成政府在行使经济职能时行政随意性相当突出。中华人民共和国成立以来虽进行了多次行政改革,但都没有制定出一套严密科学的行政管理法规,缺乏用法律手段履行政府经济职能的实践经验,尤其是对于政府行使经济职能的法定程序重视不足。特别是在当前行政法实践中,在某些领域尚无法可依,在某些领域是有法不依或有法难依。这都说明了我国行政法治大环境还未达到成熟和优良的水平。

最后,行政监督相对疲软,行政责任的追究机制不健全,也严重影响到政府经济职能法治化的进程。行政监督在我国当前的政治生活和社会生活中所呈现的主要特点是比较疲弱,主要表现有②:从过程来看,监督滞后,缺乏事前和事中的监督,往往是事后才行使监督权,这种事后监督机制往往难以改变违法的不利后果;从辐射范围来看,监督缺位,存在监督真空地带;从运行来看,监督变形,由于监督关系的不顺,使监督在实践中容易产生变形走样。行政监督之所以疲弱,是监督意识淡薄、监督体制缺陷、监督法规不完备、监督主体素质不高等多种因素综合作用的结果。正是由于行政监督的乏力,再加上行政责任的追究特别是行政法律的追究不严格不及时,才导致行政随意现象的普遍存在。

总之,在我国加快完善市场经济体制的过程中,计划经济体制遗留的全能政府的管理模式、人治化的非规则传统,短期内难以完全消除,导致政府经济行为具有很大的主观随意性和自由弹性。由于法治化的缺失,政府经济职能的运行长期以来缺乏法律监督与约束,这也成为当前深化法治政府建设的重要问题。

二、政府经济职能程序的法治分析

改革开放以来,我国逐步建立了一套与市场经济体制相适应的法律制度。而且,随着市场经济体制改革的不断深入,国家对有关政府经济职能程序的法律制度建设越来越重视。"现代市场经济的中心课题是优化选择机制的形成,而公正合理的法律程序正是改善选择条件和效果的有力工具。"③当今各国法律中规定的调查制度、听证制度、告知制度、说明理由制度、公开制度等,都是政府经济职能的程序制度。我国自从确立了建立市场经济体制的目标以后,在政府经济职能程序的法治化方面取得了明显的成就。不管是政府经济职能的立法还是执法,不管是国家对经济的宏观调控还是直接规制,都有相应的程序性规范。这些

---

① 参见丁茂清:《论中国政府经济职能法定化的基本原则》,载《益阳师专学报》2002年第4期。
② 同上。
③ 季卫东:《程序比较论》,载《比较法研究》1993年第1期。

规范主要体现在以下一些法律、行政法规中:《中华人民共和国税收征收管理法》(以下简称《税收征收管理法》)、《中华人民共和国预算法》(以下简称《预算法》)、《中华人民共和国中国人民银行法》(以下简称《中国人民银行法》)、《中华人民共和国行政处罚法》(以下简称《行政处罚法》)、《中华人民共和国价格法》(以下简称《价格法》)、《中华人民共和国立法法》(以下简称《立法法》)、《中华人民共和国行政许可法》(以下简称《行政许可法》)、《中华人民共和国银行业监督管理法》(以下简称《银行业监督管理法》)、《行政法规制定程序条例》《中华人民共和国反倾销条例》(以下简称《反倾销条例》)等。此外,一些地方性法规也对地方政府经济职能的程序进行了规范。尽管如此,仍然不可否认,我国政府经济职能程序的规范化与法治化还存在许多问题,主要表现在以下方面:

首先,尚有某些政府经济职能没有纳入法治化与制度化的轨道。宏观经济调控和微观市场规制是政府经济职能的核心,但是其各自运行的程序相当欠缺。在宏观经济调控方面,少有法律对其程序进行规范。不仅国民经济和社会发展计划的制定程序,产业政策、区域经济政策的制定程序没有法律对之进行规范,而且税收的开征、停征,税率的调整程序,公开市场操作业务程序等,也没有纳入法治化轨道。即使是在微观市场规制层面,也还存在其程序法治化的许多空白。比如《中华人民共和国保险法》(以下简称《保险法》)规定,保险监督管理机构有权检查保险公司的业务状况、财务状况及资金运用情况,有权要求保险公司在规定的期限内提供有关的书面报告和资料,保险监督管理机构有权查询保险公司在金融机构的存款。但是,该法没有规定保险监督管理机构进行检查时应遵守的合法程序。[1]

其次,有关政府经济职能程序的规则绝大多数由行政主体自定。当前,法律对政府经济职能的程序规则规定得比较原则,绝大多数程序规则由相应的政府部门自己决定。比如,《中国人民银行法》第12条第1款规定:"中国人民银行设立货币政策委员会。货币政策委员会的职责、组成和工作程序,由国务院规定,报全国人民代表大会常务委员会备案。"第23条第2款规定:"中国人民银行为执行货币政策,运用前款所列货币政策工具时,可以规定具体的条件和程序。"再如,《保险法》第135条规定:"关系社会公众利益的保险险种、依法实行强制保险的险种和新开发的人寿保险险种等的保险条款和保险费率,应当报国务院保险监督管理机构批准。国务院保险监督管理机构审批时,应当遵循保护社会公众利益和防止不正当竞争的原则。"由管理主体自己制定程序规则,可能会使程序规则更容易操作,但其缺陷也是显而易见的。由于政府主体也是利益主体,出于

---

[1] 参见种明钊:《国家干预法治化研究》,法律出版社2009年版,第220页。

最大化自身利益的考虑,管理主体往往不太愿意在立法中制定一些约束自身权力的程序性规范;相反,它们更为关注的往往是自身的程序权力,而较少关注公正和民主的要求,忽视相对人的程序权利保护。①

最后,缺乏有效约束程序违法行为的法律规定。首先,有些法律、行政法规虽然规定了政府履行经济职能必须遵守法定程序,但没有规定违反法定程序的法律责任。例如,《银行业监督管理法》第 12 条规定:"国务院银行业监督管理机构应当公开监督管理程序,建立监督管理责任制度和内部监督制度。"第 24 条第 2 款规定:"国务院银行业监督管理机构应当制定现场检查程序,规范现场检查行为。"但该法没有规定银行业监督机构违反这些程序性条款的法律责任。再如,《价格法》第 23 条规定:"制定关系群众切身利益的公用事业价格、公益性服务价格、自然垄断经营的商品价格等政府指导价、政府定价,应当建立听证会制度,由政府价格主管部门主持,征求消费者、经营者和有关方面的意见,论证其必要性、可行性。"但该法也没有规定违反法定程序甚至不进行听证会的法律责任。类似的法律、行政法规还有《行政法规制定程序条例》《规章制定程序条例》《反倾销条例》《中华人民共和国反补贴条例》等。其次,有些法律虽然规定了违反法定程序的法律责任,但责任形式不明确。例如,《预算法》第 93 条规定,各级政府及有关部门、单位有未将所有政府收入和支出列入预算或者虚列收入和支出的等六种行为之一的,责令改正,对负有直接责任的主管人员和其他直接责任人员依法给予降级、撤职、开除的处分。这里的行政责任在具体认定、执行方式以及执行程序上都不明确,事实上也鲜有据此而追责的案例。由于行政处分属于行政主体内部的一种责任形式,因而较难真正落到实处。②

三、政府经济职能法律体系的运行

政府经济职能法律体系的有效运行是法治化的基本要求。法律的运行一般包括立法、执法(司法)、守法等多个环节。由于我国民主法治建设还在不断完善中,权力制约机制还不健全,加之政府经济管理部门受计划经济思维惯性的影响,政府经济职能法律体系作为权力工具的色彩还较为浓厚。③ 在经济社会发展过程中,经济职能片面等同于权力意志、长官意志的倾向还较为突出,这成为我国现阶段政府经济职能法律体系运行的主要障碍,主要体现在以下方面:

首先,过分依赖政府干预,权力超越法制。这不仅表现为政府经济管理部

---

① 参见种明钊:《国家干预法治化研究》,法律出版社 2009 年版,第 220—221 页。
② 同上书,第 221 页。
③ 参见刘厚金:《政府经济职能法治化:基本内涵、问题分析与实践路径》,载《党政论坛》2018 年第 12 期。

门,在主观认识上过分强调干预或者所谓的协调的强制性色彩,习惯于认为凡事都需干预和协调,把仅仅为了弥补市场缺陷的政府干预扩大化,以至于适得其反;而且表现在市场主体身上,也是过分依赖政府的经济干预,遇到问题习惯于找政府而不是市场,凡事都寄希望于由政府出面协调解决,缺乏独立自主的市场竞争精神和能力。① 尽管政府有权进行行业管制,但是说其不合法,是因为它严重侵犯了企业的自主经营权,侵犯了业主的财产权利;说其不合理,是因为它于事无补,不能真正解决问题。过分依赖干预的思维习惯,其实远不止表现在一些地方政府的某些干预举措上,在某些涉及全国范围的重大干预举措中也时有所见,只是程度有所不同而已。事实上,就市场秩序的正常发育而言,单靠强制性干预只能应一时之急,并不是长远的治本之策。因为要形成市场交易的正常秩序,不仅需要健全的法律保障,而且需要将信用伦理的基础建立在抽象的法律规范之上而不是建立在具体的个人连带的基础之上。只有从根本上入手,切实加强法治和道德建设,才能从市场机制中真正内生出自发秩序,使市场秩序持续稳定地正常发展。②

其次,不注重经济民主,轻视程序性法律规定。有些政府经济管理部门把经济职能直接等同于单方面的强制和服从,不体察社情民意,在行政主体与行政相对人之间缺乏交流协商,体现了经济管理部门不注重经济民主,忽视法定程序,习惯于传统计划经济模式下的经济指令。就公共政策的角度而言,一项经济决策应努力适应民众需求,让大多数行政相对人接受,这也是政府经济职能作用于社会经济生活的基本要求。一方面,行政相对人理解认可经济政策,能够减少心理上的抵触情绪,有利于把经济政策内化为自觉的经济行为,减少政府经济管理行为所带来的社会摩擦和震荡,促进政府经济职能的顺利实施;另一方面,在政府与相对人之间建立协商参与机制,是保障公民参政、议政的宪法性权利,也是在经济生活领域体现人民当家作主的基本要求。因此,政府在履行经济职能的过程中,要充分发扬经济民主,尊重群众的首创精神,形成良好的沟通协商机制,更好地促进社会经济良性发展。③

再次,政府经济职能法律体系的稳定性与可预测性较差。在我国现实经济生活中,政府经济管理部门不注重维护法律法规的稳定性与可预测性,随意干预时有发生,突击干预的现象还较为突出。从根本上讲,维护法律包括维护政府经济职能的可预测性,不仅仅是健全法制的要求,而且是由市场经济活动自身的性

---

① 参见刘厚金:《政府经济职能法治化:基本内涵、问题分析与实践路径》,载《党政论坛》2018年第12期。
② 参见种明钊:《国家干预法治化研究》,法律出版社2009年版,第142页。
③ 同上书,第142—143页。

质所决定的。正如韦伯所说:"对于那些对商品市场感兴趣的人们而言,法律的一般理性化和系统化以及在法律程序中具体的可预见性是经济活动存在,尤其是资本主义活动的最重要条件。没有法律的保障,这一切是不可想象的。"①韦伯所称的"资本主义活动"也就是市场经济中的交易活动,它与法律的可预测性是紧密相连的。市场交易是建立在市场主体合理的交易预期之上的,离开了正确预期及对未来经营的合理筹划,任何市场主体都不可能使自己在激烈的市场竞争中胜出。而市场主体要能对市场交易作出正确的预期,除了自身因素外,显然需要政府经济职能保持必要限度的可预测性。如果政府经济行为完全不可预测,国家公权力可以随意侵犯私人经济生活领域,那么,市场主体的交易预期也就失去了形成的基本前提和条件,市场经济的微观基础也就从根本上遭到了破坏。正因如此,哈贝马斯才一针见血地指出:"国家未经法律授权而进行的干预之所以应该受到指责,主要不是因为践踏了自然法所规定的公正原则,而仅仅是因为它们是不可预测的,因而完全违反了资本主义社会中私人利益的理性尺度。"②由此可见,维护政府经济职能法律体系的稳定性与可预测性,既是加快完善市场经济的基本要求,也是政府经济职能获得合法性支持的基本前提。③

最后,政府经济管理部门的独立性不强,第三部门的作用尚未充分发挥。当前,行使政府经济职能的部门独立性不强,受到地方利益、部门利益、行业利益的驱使而产生的越位、缺位甚至明显违法滥权的事件经常发生,严重影响了政府经济职能相关法规的正常运行。政府经济管理部门的独立性不强,主要表现在以下方面④:首先,一些政府经济管理部门由于在人、财、物等方面受制于地方政府或者完全由地方政府掌控,以致蜕变成地方政府的职能机构,在行使经济职能时,需要听命于地方政府的行政指令,根据地方政府的意图行事。其次,一些政府经济管理部门受部门利益、行业利益的驱动,执法犯法。一些垄断性企业与执法机关的"双重身份",使得一些管理机构在执法过程中无法保证自身的独立地位,极易滋生权力寻租的腐败现象,严重影响了政府经济职能法律体系的正常运行。最后,政府经济管理部门之间权限不清,职能交叉重叠,政出多门。在不少地方和领域盛行的"联合执法""临时工作组""临时办公室"等,实际上暴露出政府经济管理过程中权力资源配置不当。由于受利益驱动人为地分割经济管理权力,单靠某一机构分得的小块权力无法有效解决,缺乏有力的长效管理机制。对

---

① 〔德〕马克斯·韦伯:《论经济与社会中的法律》,张乃根译,中国大百科全书出版社1998年版,第307页。
② 〔德〕尤尔根·哈贝马斯:《公共领域的结构转型》,曹卫东等译,学林出版社1999年版,第89页。
③ 参见种明钊:《国家干预法治化研究》,法律出版社2009年版,第144页。
④ 同上书,第145—147页。

某些地方政府对于管理部门因利而设、因人而设的不良倾向也必须纳入法制化的轨道。此外,解决复杂的经济社会问题,政府可以弥补市场的失灵,但是政府也会失灵,而第三部门的介入会有效缓解这种两难困境。第三部门作为政府失灵的补充,能够监督和纠正政府不当的经济行为,有利于吸纳综合行政相对人的利益诉求,降低政府经济管理的成本,保证政府履行经济职能的合理方向。但是,在我国政府经济职能法律体系的实际运行中,第三部门参与社会经济管理的潜力还有待进一步发挥。

第五章 宏观调控的法治化分析

在政府经济职能的结构中,经济总量的稳定平衡和持续增长是其总体目标,宏观调控则是其实现目标的根本性政策手段。作为实现宏观经济持续稳定的调控手段,现代社会的宏观调控离不开法律在实体和程序上的规范和约束,其法治化的程度也日益成为市场经济成熟化的标志。因此,研究政府宏观调控法治化的相关理论和现实问题,就有必要以政府宏观调控的行为为核心,深入探讨宏观调控的权力属性与法规体系,分析和解释宏观调控的法治化问题,以此在完善市场经济体制的过程中不断提高宏观调控的有效性和公平性。

第一节 宏观调控法治化的价值规范

宏观调控的作用在政府主导型的市场经济中更加凸显,尤其是改革开放以来,宏观调控政策的有效实施,对于我国经济社会的长期持续发展发挥了不可替代的作用。理论上而言,法治是市场经济的本质属性,加快完善市场经济对于宏观调控法治化的要求和呼声更加迫切。作为五大政府职能之首的宏观调控,不是对于微观经济领域或者个体市场主体的干预,而是对于社会经济总量的调节。尽管如此,政府宏观调控的举措仍然关系到社会整体经济的发展和市场主体运行的经济环境,再加上对于宏观调控行为背后公共权力约束的必要性,在政治上和经济上都需要对于宏观调控进行法律控制。对于宏观调控进行法律控制,有必要深入理解其理论内涵、法律控制的要义,明确宏观调控法治化的价值诉求。

一、宏观调控的理论内涵

我国的市场经济来源于改革开放之后计划经济的转型,政府对于经济的管理也逐渐由国家计划转向宏观调控。在政府宏观调控中,仍有些领域具有计划色彩。在改革开放的实践进程中,伴随着对中国特色市场经济理论的艰辛探索,经济学界对此贡献卓著,引领时代风潮。对于宏观调控理论与实践的探索,经济学家们最为深入和广泛,他们普遍认为"宏观调控"是一条能够从东西方经济理论中找到存在基础的具有中国特色的术语,是在1985年的"巴山轮会议"上提出来的。① "宏观调控"的概念自从提出以来,无论是在经济、管理、政治、行政等领域的研究文献中,还是党和政府的文件中,其出现的频率一直居高不下。但是,理论界和实务部门似乎对于宏观调控的理解仍然比较模糊,缺乏公认的权威定义。随着市场经济的逐步完善,学者们对于宏观调控的理解也不断深化,主要可以归纳为几种情况:

第一,对于宏观调控外延比较宽泛的理解。在20世纪80年代中期提出宏观调控以后,直到90年代中期之前,特别是1992年党的十四大正式提出社会主义市场经济以前,学术界在理论和实践上逐步探索市场化改革的道路。在此期间,国内不少学者和实务界人士对于宏观调控外延的理解相当宽泛,大致上不与政府干预相区分,甚至将宏观调控等同于全部的政府经济职能。其中,著名经济学家马洪就认为,"宏观调控,严格地说,是指政府为实现宏观(总量)平衡,保证经济持续、稳定、协调增长,而对货币收支总量、财政收支总量和外汇收支总量的调节与控制。由此扩展开来,通常把政府为弥补市场失灵而采取的其他措施也纳入宏观调控范畴"②。持相同观点的一些学者还认为,在市场经济条件下,政府主要运用经济手段、法律手段以及必要的行政手段,为实现和保持宏观经济目标,维护经济健康运行所进行的调节和控制,就是宏观调控。

第二,明确以宏观总量为核心界定宏观调控。20世纪90年代中期以后,特别是党的十四大明确提出社会主义市场经济以后,学者们对于宏观调控外延的理解逐步收窄缩小,聚焦于以宏观总量为核心,旨在加快建立社会主义市场经济体制。其中,著名经济学家黄达教授就曾高屋建瓴地指出,"宏观调控是调控各经济总量的关系""不是任何范围内任何多少带有总体、全部之类含义的问题都可称之为宏观经济问题"③。在此研究导向之下,学者们深入探讨宏观调控的理论问题,大多数人认为宏观调控是政府运用宏观经济政策对于宏观经济总量进行调节以趋近经济均衡目标(即总供给与总需求均衡),实现经济持续增长的过程;"宏观调控的具体目标包括经济增长、稳定物价、充分就业和国际收支平衡"④。学者们还认为,"在这种干预方式中,政府并不直接用行政命令来指示各

---

① 参见陈共、昌忠泽:《全球经济调整中的宏观调控体系研究:新时期国家经济调节的基本取向与财政金融政策的有效组合》,中国人民大学出版社2007年版,第59页。
② 马洪主编:《什么是社会主义市场经济》,中国发展出版社1993年版,第197页。
③ 黄达:《宏观调控与货币供给》,中国人民大学出版社1997年版,第2—7页。
④ 汤在新、吴超林:《宏观调控:理论基础与政策分析》,广东经济出版社2001年版,第217页。

市场主体能够或不能够做某事,而是通过市场参数的调节来间接诱导各市场主体按政府意愿行事。通过对市场变量的调节而间接影响市场主体的行为是宏观调控的最大特色"[1]。

第三,深入探讨宏观调控的性质和界限。进入 21 世纪以来,尤其是党的十六大提出完善社会主义市场经济体制以来,针对市场对于资源配置的基础性作用,学术界深入探讨了宏观调控的基本性质以及具体界限问题,为完善社会主义市场经济体制提供了重要的理论指导。针对经济发展不断变化的实践进程,著名经济学家刘国光就曾经撰文指出,"宏观调控作为政府干预经济的总称,是一个中性的概念,它不等同于紧缩,更不是全面紧缩。宏观调控本身具有双重性,它包含了限制与发展、紧缩与扩张、后退与前进等几方面的内容"[2]。同时他还认为,宏观调控与经济发展在根本上是一致的,"宏观调控与发展的关系,体现在宏观调控既有直接刺激和促进经济发展的措施,也有间接通过限制一些领域的过度扩张为整个经济创造良好发展环境的措施"[3]。

在经济理论研究服务于完善市场经济体制的过程中,学者们还进一步探讨了宏观调控与相近的类似概念"宏观调节""市场监管"等的关系,深入分析了它们之间的联系与区别。相当一部分学者就认为,应该将宏观调控与"宏观调节"作出明确的区分,当然宏观调控也不能等同于"市场监管"。比如,经济学家何伟就认为,应该将宏观调节与宏观调控分开,政府对经济的干预要以宏观调节为主、宏观调控为辅。他进一步认为,"宏观调节与宏观调控在手段、方法、时间、对象、效果等方面都不同:宏观调节主要使用的是经济手段,宏观调控主要使用的是行政手段;宏观调节在时间上政府要作为日常工作不间断地进行,宏观调控是政府作为特殊性的工作,具有时间性;宏观调节对企业是间接调节,宏观调控对企业是直接调控;宏观调节一般采用的是软措施,宏观调控一般采用的是硬措施,往往采用'急刹车';宏观调节一般是事前调节,使矛盾在萌芽时化解,宏观调控一般是事后调控,当宏观调节不能奏效时而采取宏观调控;宏观调节是市场经济条件下政府正常的、大量的、有序的软干预,宏观调控是政府突然的、临时的、强制性的硬干预;宏观调节是政府依法行政,宏观调控是政府依政策行政;宏观调节对经济一般不会造成很大影响,有利经济协调发展,宏观调控因为是'急刹车',对经济会带来很大影响,会给经济带来很大损失。所以政府对市场的作用主要应是宏观调节,而不是宏观调控"[4]。

---

[1] 张岩鸿:《市场经济条件下政府经济职能规范研究》,人民出版社 2004 年版,第 100 页。
[2] 刘国光:《关于宏观调控若干问题的思考》,载《北京行政学院学报》2005 年第 1 期。
[3] 同上。
[4] 何伟:《应将宏观调节与宏观调控分开》,载《经济纵横》2004 年第 12 期。

对于宏观调控与市场监管的关系问题,著名经济学家钱颖一教授认为,由于人们对于宏观经济与微观经济的区分和界限还比较模糊,因而还未能有效地辨识宏观调控和市场监管这两种非常不同的职能,以至于各级政府出台的宏观调控政策往往只是微观干预政策,而不是真正的宏观调控政策。在现代经济学中,宏观是指经济体的总量指标,比如财政的总收入和总支出、货币的总供给、GDP 的总量与增长率、就业率与失业率,以及影响整个市场的价格参数利率、汇率等;微观是指市场主体个体、企业或者某一行业或者单个市场的运行状况。这一宏观经济与微观经济的区分,必然要求政府经济职能在宏观调控与市场监管上理清思路,作出明确清晰的政策界分。宏观调控指的是政府有关财政、货币、汇率等调整和控制总量的政策措施;而市场监管是政府对于个人、企业的市场行为或者某一行业与单个市场运行状况的规制。[①]

第四,全面深入地理解和把握宏观调控的理论与实践。经过十多年的探索,我国完善市场经济的进程进入了深化阶段,特别是在党的十八大之后,市场对资源配置的决定性作用日益凸显。这无疑推动了理论研究的进步和创新,学术界在政府与市场的关系上,对宏观调控的理解更加全面和深化。当前,全面深化经济体制改革的关键是围绕市场对资源配置起决定性作用处理好政府与市场的关系,其中尤为重要的是处理好宏观调控与市场作用的关系。学者们深入地认识到,所谓完善市场经济的实质就是能够保证市场有效发挥资源配置的决定性作用,"因此,宏观调控不是对市场作用的限制或替代,它是以市场充分发挥作用为基础的,是在这个基础上为达到加进了多重目标以后的某种特定的均衡而进行的总量调节"[②]。具体而言,"宏观调控要解决的是某种总量平衡问题,而结构问题需要通过市场机制的作用来解决,这是因为,结构调整的实质、基础和过程都在于资源的优化配置"[③]。如此明确了这些问题,才能处理好宏观调控与市场作用的关系,进一步完善政府宏观调控的方式并且正确地发挥其作用。

随着我国现代治理体系的逐步完善,现代经济体系发挥出了优良的经济治理效能,在坚持把经济增长、增加就业、稳定物价和保持国际收支平衡作为主要宏观调控目标的基础上,宏观调控的方式也在不断的创新之中,为经济持续稳定的增长发挥了极其重要的作用。学者们聚焦于 2019 年《政府工作报告》深入研究,认为"中国的宏观调控体系主要包括需求管理、供给管理和市场环境管理三个部分。其中,市场环境管理是宏观调控体系的核心。如果市场失灵的问题得

---

① 参见钱颖一:《宏观调控不是市场监管》,载《财经》2005 年第 5 期。
② 周为民:《把握市场经济的实质,厘清宏观调控与市场作用的关系》,载《国家行政学院学报》2013 年第 6 期。
③ 同上。

到解决，就可以减轻供给管理和需求管理的压力，甚至理论上说是可以不再需要需求管理和供给管理的。健康的市场环境是提高宏观经济运行效率的基础。相比西方的宏观调控，中国宏观调控的理论体系更为完整，政策工具箱更为丰富。在全球经济复苏缓慢、世界各国央行纷纷调低对未来的经济预期之时，中国名义GDP保持着相对稳定的增长，中国特色的宏观调控体系功不可没"①。

综上所述，对于"宏观调控"与"宏观调节""市场监管"，以及"国家干预"几个相关概念而言，笔者认为经济学界的理论梳理和认知理解具有重要的借鉴意义，可以引入公共管理与政府法治领域。宏观调控在实践中包括宏观调节、市场监管等行为，属于国家干预的内容，它们又都属于政府经济职能的范畴，只是在范围和层次上存在一定的区分。对此，法学领域的学者也基本上采用了经济领域的研究成果，作为宏观调控法律制度研究的基础和起点。比如，叶秋华教授等人就认为，"宏观调控并不是与市场经济本身同时出现的，而是在市场经济的某个阶段对政府与市场关系的一种定位。与基于市场缺陷外在地要求国家对市场运作失灵的经济领域进行一般的干预不同，宏观调控是市场经济内在机制充分发挥作用从而导致经济总量严重非均衡结果的产物。宏观调控不是为了解决宏微观层次上的市场失灵问题，而是为了解决宏观层次上的市场不稳定问题。"②

对于宏观调控的定义和特征，学者们也基本上沿用了经济学界的主流观点。例如，著名经济法学家顾功耘教授就认为，"宏观调控，是指为了保持经济总量的基本平衡，促进经济结构的优化，引导国民经济持续、迅速、健康发展，推动社会全面进步而采取的经济措施。在社会主义市场经济条件下宏观调控具有如下几个特征：1. 具有'公共物品'属性。……2. 以'间接性'为主。……3. 以'经济性'为主"③。显然，这种理论观点在经济法学界具有普遍的共识。对此，李昌麒教授也认为，"宏观调控是指国家从经济运行的全局出发，运用各种宏观经济手段，对国民经济总体的供求关系进行调节和控制"④。宏观调控的特征包括："1. 以总量平衡为调控的基本目标。……2. 以间接手段为主要的调控方式。……3. 以对经济利益的引导为实现调控的主要手段"⑤。正是在上述理解的基础上，学者们深入探讨了以宏观调控权为核心的法治框架，以期通过法治化的手段提升宏观调控的有效性和公平性。

---

① 苏剑、陈阳：《中国特色的宏观调控政策体系及其应用》，载《经济学家》2019年第6期。
② 叶秋华、宋凯利、郝刚：《西方宏观调控法与市场规制法研究》，中国人民大学出版社2005年版。
③ 顾功耘主编：《经济法教程（第二版）》，上海人民出版社、北京大学出版社2006年版，第255页。
④ 李昌麒主编：《经济法学（第二版）》，法律出版社2008年版，第395页。
⑤ 同上书，第396—397页。

二、宏观调控权的法律控制

在社会经济发展的实践中,政府对市场经济的宏观调控手段主要包括:运用经济杠杆进行调节的经济手段、运用权力强制实施的行政手段和运用法规约束经济运行的法律手段。宏观调控的经济手段、行政手段、法律手段,从理论上讲,是辩证统一的,既相互独立又相互关联,是相辅相成的;在实践上来看,是形式与内容的有机结合,经济手段与行政手段是内容,统一包容于法律手段的具体形式之中。也就是说,经济手段、行政手段、法律手段在形式上不是并列关系,而是一种包容关系,即经济手段和行政手段是包容在法律手段之中的,都必须采用法律的形式才能有效地发挥作用。① 从这个意义上来说,宏观调控法律手段的载体和依据就是宏观调控法的基本框架,那么,宏观调控法的基本框架又是以宏观调控权为核心来建构的。

宏观调控权作为政府履行经济职能的一项权能,本源于政府公权力的合法性,是现代国家权力的基本构成要素。在法治国家的背景下,政府公权力需要以法律形式予以界定和授权。从而,"在把法律仅理解为制定法的情况下,宏观调控权的确立、分配和行使等内容,要通过国家制定的法来加以体现"②。为此,对于"宏观调控权"的概念进行界定是非常必要的,也是政府宏观调控行为法治化的基础和起点。顾名思义,结合上述学术界对于宏观调控的理解,在法治观念上,概括地说宏观调控权就是指政府对于经济发展进行宏观调控的权力。当然,在具体表述"宏观调控权"的概念时,还应当阐明这一权力设定的目的、本质属性,以及权力行使的对象和手段。正是基于此种考虑,有学者把"宏观调控权"的概念表述为,"一国最高政权机构综合运用各种引导、促进方式,对社会经济结构和运行进行调控,解决市场调节的被动性和滞后性的一种国家经济调节权"③。在笔者看来,基于法治政府的立场,可以运用基本而简明的定义方法来阐述"宏观调控权"的概念。如此,完全可以说,宏观调控权即宏观经济调控权,也就是政府实施宏观调控的权力,具体而言就是,政府为了保持经济总量的基本平衡,促进经济结构的优化,引导国民经济持续、迅速、健康发展,推动社会全面进步而采取经济措施的权力。

对于宏观调控权的性质,早在1993年党的十四届三中全会上通过的《中共中央关于建立社会主义市场经济体制若干问题的决定》中就有明确界定,表述

---

① 参见刘亨隆、章峥:《宏观调控中的人治与法治》,载《法学》1995年第10期。
② 张守文:《宏观调控权的法律解析》,载《北京大学学报(哲学社会科学版)》2001年第3期。
③ 张辉:《宏观调控权法律控制研究》,法律出版社2010年版,第24页。

为:"宏观经济调控权,包括货币的发行、基准利率的确定、汇率的调节和重要税种税率的调整等,必须集中在中央。这是保证经济总量平衡、经济结构优化和全国市场统一的需要。"[1]深入理解党中央的这一重要论述后,有的学者认为,"首先,在级次上,它认为宏观调控权的享有主体只能是中央级次的国家机关,这是学术界大都承认的。其次,在阶段上,它已经认识到宏观决策权是一种决策行为,不包括其执行。宏观调控权的执行所涉及的机关不仅包括中央级次的国家机关,还包括地方国家机关,甚至其他有关社会中间层。把宏观调控权定位在决策权上,使决策与执行分离,才能使拥有宏观调控权的主体定位在中央级次的国家机关上,并把宏观调控权的执行看作一个系统,系统地加以研究"[2]。由此来看,从性质上来讲,宏观调控权是一项国家权力。

宏观调控权的特征,是由其本质属性决定的,对此学术界的理解各有不同。有的学者认为,与传统型的权力相比,宏观调控权在经济基础、享有主体、行使目标、保护法益等方面有所不同,它是一种独立的、新型的行政权力。[3] 有的学者认为宏观调控权是一种国家权力,具有专属性、法定性、双重性、目标确定性、社会公共性等几个方面的特点。[4] 还有的学者以上述的概念界定为基础,认为宏观调控权是区别于市场强行干预规制权、国家参与直接投资经营权的一种国家经济调节权,也有别于地方经济调控权。[5] 可见,宏观调控权具有自身的特点,是国家履行经济职能的一项重要国家权力,既需要法律来确定,又需要法律来规范。对现代法治国家而言,运用法律来控制和约束公共权力是其治国理政的根本特征。也就是说,法律控权是现代法治的基本手段。作为一项国家权力的宏观调控权,必然需要以法律的手段来加以控制。

在人类文明史上,法律控权的思想源远流长。近代英国思想家洛克就认为:"无论国家采取什么形式,统治者应该以正式公布的和被接受的法律,而不是以临时的命令和未定的决议来进行统治"[6],并且"法律一经制定任何人也不能凭他自己的权威逃避法律的制裁;也不能以地位优越为借口,放任自己或任何下属胡作非为,而要求免受法律的制裁"[7]。法国启蒙思想家孟德斯鸠在阐述三权分立相互制约时就提出:"从事物的性质来说,要防止滥用权力,就必须以权力制约

---

[1] 《中共中央关于建立社会主义市场经济体制若干问题的决定》,http://www.china.com.cn/chinese/archive/131747.htm,2019 年 11 月 15 日访问。
[2] 邢会强:《宏观调控权运行的法律问题》,北京大学出版社 2004 年版,第 20 页。
[3] 同上书,第 22 页。
[4] 参见杨三正:《宏观调控权论》,厦门大学出版社 2007 年版,第 50 页。
[5] 参见张辉:《宏观调控权法律控制研究》,法律出版社 2010 年版,第 25—29 页。
[6] 〔英〕洛克:《政府论(下篇)》,叶启芳等译,商务印书馆 2009 年版,第 85—86 页。
[7] 同上书,第 59 页。

权力"①。当然,这里以权力制约权力就是要诉诸立法机关,通过法律的手段来制约权力。马克思主义经典作家对此也有深入的论述,法律专业出身的马克思就曾经指出,"在社会发展的某个很早的阶段,产生了这样一种需要:把每天重复着的产品生产、分配和交换用一个共同规则约束起来,借以使个人服从生产和交换的共同条件。这个规则首先表现为习惯,不久便成了法律。随着法律的产生,就必然产生出以维护法律为职责的机关——公共权力,即国家"②。可见,国家作为一种公共权力,其职责就是要维护法律。同时,恩格斯还提出,"为了防止国家和国家机关由社会公仆变为社会主人——这种现象在至今所有的国家中都是不可避免的——公社采取了两个可靠的办法。第一,它把行政、司法和国民教育方面的一切职位交给由普选选出的人担任,而且规定选举者可以随时撤换被选举者。第二,它对所有公职人员,不论职位高低,都只付给跟其他工人同样的工资。……这样,即使公社没有另外给代表机构的代表签发限权委托书,也能可靠地防止人们去追求升官发财了"③。这就意味着,人民要普遍参与立法来制约国家权力。当代美国法律哲学家博登海默也指出,"法律的基本作用之一乃是约束和限制权力,而不论这种权力是私人权利还是政府权力。在法律统治的地方,权力的自由行使受到了规则的阻碍,这些规则迫使掌权者按一定的行为方式行事"④。因此,宏观调控权作为一项国家权力,对其进行法律控制具有深厚的思想基础和理论渊源。

在现代国家治理中,法治理念已经深入人心,法律控权的实践日趋完善。宏观调控权,作为国家宏观调控机构在市场经济条件下,为了实现经济持续稳定的发展,综合运用各种方式和手段对社会经济的总量和结构进行调节和控制的一项国家权力,理应被纳入到法律框架之内,受到法律法规的规范和约束。概括地说,宏观调控权的法律控制,是指通过法律对宏观调控权进行积极动态的管控和制约,其核心是内容法定与行为规制。具体而言,宏观调控权法律控制的含义包括以下几方面:"第一,宏观调控权应来源于宪法和法律的授予或规定;第二,宏观调控权的存在应有益于促进社会经济协调、稳定和发展,以及社会经济利益分配的公平与正义;第三,宏观调控权的大小、方向、作用点应由法律明确规定;第四,宏观调控权的行使应遵循法律原则和法律规则,有必要的法律监督和制衡;第五,宏观调控权的不正当行使和不充分行使应为法律所规制;第六,由于宏观

---

① 〔法〕孟德斯鸠:《论法的精神(上册)》,张雁深译,商务印书馆1961年版,第154页。
② 《马克思恩格斯选集》第3卷,人民出版社2012年版,第260页。
③ 同上书,第55页。
④ 〔美〕埃德加·博登海默:《法理学:法律哲学与法律方法》,邓正来译,中国政法大学出版社2004年版,第372页。

调控权不正当行使和不充分行使而引致负面后果的,宏观调控权主体应承担相应的法律责任"①。现代市场经济是法治经济,必然要求对宏观调控权实行法律控制,需要对权力的内容与边界予以法定化,同时积极动态地约束和规范宏观调控机构依据合法程序和方式正当地行使宏观调控权。

三、宏观调控法治化的价值诉求

对宏观调控权予以法律控制的目的是推进和完善宏观调控的法治化水平。所谓法治,即是指法的统治,也就是说,"法在国家与社会生活中是统治权威和行为基准,居于支配一切的地位,任何社会主体都必须遵守法律,在法律面前人人平等,不得有超越法律的特权"②。进一步而言,"法治的真谛不在于强调国家政权机构应执行法律或者维护法律秩序,而在于国家政权机构本身应服从法律"③。法治化作为趋近于法治的行进状态,体现在宏观调控领域,必然是以关涉宏观调控权的各主体及其行为的法律控制为核心的,尤其是对于具有宏观调控权的主体进行法律约束和规范。因此,宏观调控法治化,就是指在宏观调控领域实现法治,具体地说就是在宏观调控活动中调控主体以及被调控主体的设定及其行为,都必须以法律法规为基本依据。对于国家宏观调控的行为而言,从宏观调控权的法律控制到实施宏观调控的法治化,必然要求健全和完善宏观调控的法律体系。

在宏观调控的法律体系之中,宏观调控法是其基本构成部分,居于核心的地位,它是以国家宏观调控的法律手段为背景和基础的。如上所述,法学领域宏观调控法的概念是建立在对经济学领域政府宏观调控的理论理解之上的。何谓宏观调控法?对于该概念,学者们从不同的角度提出了比较有见地的阐述,其中具有普遍代表性的一种观点,立足于国家宏观调控机构的视角,简明扼要地指出,"宏观调控法是指宏观调控体系、宏观调控程序、宏观调控手段(措施)的法制化"④。另一种得到学术界广为认可的观点,从宏观经济调控关系出发来界定宏观调控法的概念,认为"宏观经济调控法是调整国家在宏观经济调控过程中与其他社会组织所发生的各种社会经济关系的法律规范的总称"⑤。结合上述对于"宏观调控"的概念以及宏观调控权法律控制实质的理解,笔者认为,在现代国家

---

① 张辉:《宏观调控权法律控制研究》,法律出版社2010年版,第58页。
② 郭道晖:《法理学精义》,湖南人民出版社2005年版,第340页。
③ David M. Walker, *The Oxford Companion to Law*, Oxford University Press, New York, 1980, pp. 1093-1094.
④ 顾功耘主编:《经济法教程(第二版)》,上海人民出版社、北京大学出版社2006年版,第256页。
⑤ 李昌麒主编:《经济法学(第二版)》,法律出版社2008年版,第400页。

治理体系中,宏观调控法就是调整宏观调控关系,界定宏观调控主体和被调控主体的权力(利)义务并规制其相互关系及其行为的法律规范。

在明确了"是什么"之后,推进对于宏观调控法的认识,就需要探讨宏观调控法的理论基础。宏观调控法的理论基础,就是指宏观调控法的理论依据。作为经济法的宏观调控法,其理论依据来源于经济和法治两个方面。从经济方面而言,宏观调控法的经济根源就是市场经济条件下宏观调控的必要性。对此,在市场经济条件下,为什么要进行宏观调控?前面已经作了详细的论述,此处不再重复。在法治方面,宏观调控的法治基础就是宏观调控的法治根源。首先,是建设法治国家,提升现代治理能力的需要。在现代法治国家,法治本身要求法律具有稳定性、确定性和可预期性。而完善宏观调控的法律体系,实现宏观调控权的法律控制,就可以使市场主体对国家的宏观经济政策进行预测,使政府的宏观调控行为稳定合法,最大化地减少宏观经济调控机构的行政权力滥用行为。其次,是建设有限政府、责任政府和法治政府的现实需要。宏观调控法的完善和实施,可以有效地监督和约束政府的经济行为,以便形成国家权力机关监督之下的有限政府,而非计划经济时代的全能政府,为市场主体营造更加便利的营商环境。宏观调控法还可以对政府的违法行为进行法律责任与政治责任的追究,有助于形成一个问责制体系下的责任政府。最后,是实现社会公平正义的需要。市场机制在竞争的驱动下追求效率,强调优胜劣汰,它本身无法满足社会公平正义的需要。因此,市场的缺陷需要国家的干预,通过二次分配协调收入差距,以实现社会公平和社会正义。作为政府经济职能的国家干预,需要法律的控制和规范,以避免由于行政权力滥用而出现的政府失灵,进而保障市场主体的合法权益。

基于对"宏观调控法"概念的理解,有学者认为,宏观调控法具有调整范围的整体性和普遍性、调整方法的指导性和调节性、调整手段的综合性和协调性的特征。① 对此,还有学者认为,宏观调控法具有社会法的特点;宏观调控法具有很强的整体导向性;宏观调控法是一种政策性法;宏观调控法是一种固定的程序法与变化的实体法相结合的法律。② 由此可见,宏观调控法在特征上明显有别于其他法律规范,具有自己内在的规定性,以下三个方面仍然需要突出强调。首先,宏观调控法是一种社会政策法。宏观调控的目标、方式以及相关行为的责任机制都决定了宏观调控法对社会公共利益的整体性关怀。同时,宏观调控的政策性又决定了宏观调控法的政策性,需要随着社会经济状况的变化而不断地因

---

① 参见李昌麒主编:《经济法学(第二版)》,法律出版社 2008 年版,第 400—401 页。
② 参见顾功耘主编:《经济法教程(第二版)》,上海人民出版社、北京大学出版社 2006 年版,第 256 页。

应调整。其次,宏观调控法具有法律控权的整体导向性。在现代经济体系中,社会经济发展要发挥市场对资源配置的决定性作用,就必须对政府的宏观调控行为进行法律界定和约束,对调控主体的行为进行引导和控制,以实现经济持续稳定的发展。最后,宏观调控法是实体法与程序法相结合的法律,并且是变动不居的实体法与相对固定的程序法的交融。宏观调控法的社会政策属性,以及法律控权的整体导向性,决定了宏观调控法对于调控主体权利义务及其行为在实体上的时效性和不稳定性,而对于宏观调控行为的程序和步骤又具有相对固化的详细规定。

宏观调控法的结构是宏观调控法的法律体系的基本构成,也就是说宏观调控法是由哪些具体的法律组成的。对此,我国法学界依据宏观调控的主体、对象、手段等角度的不同作出了不同的划分。这些观点都从不同的侧面反映了宏观调控法的调整范围及其性质,对于建立完备的宏观调控法律体系具有重要的理论价值和实践意义。但是,大多数学者认为,"对于宏观经济调控法结构的研究,应从宏观经济调控法的调整对象入手"[1]。尽管有的学者明确按照宏观调控的主要措施来划分宏观调控法的结构体系,[2]但实际上也是依据宏观调控的调整对象来划分的,这主要是因为宏观调控措施本身就是依据调整对象来实施的。某一具体的宏观经济调整对象实质上就是一系列法律关系的联结点,具有围绕调整对象的同一性,对其权责和行为的界定和规制又具有一致性。从调整对象入手来研究宏观调控法律体系的结构,既可以避免调整对象在法律关系中实体与程序的割裂,又便于进行具体法律的分类研究。为此,我们可以把宏观调控法的结构体系划分为计划规划法、金融调控法、财税调节法、产业政策法四大类。具体而言,计划规划法是政府制定国民经济与社会发展的目标任务以及配套政策的规划的法律规范;金融调控法是中央银行利用货币政策进行宏观调控的法律依据;财税调节法是政府实行财政和税收政策的法律依据;产业政策法是指政府着眼于社会经济总量的调节,引导、促进和调节各种产业健康发展的法律规范。在宏观经济调控领域,这些将不同法律关系作为调整对象的法律规范就构成了宏观调控法的结构体系。

依据传统的结构功能主义的制度分析框架,宏观调控法的结构体系是为了更好地实现宏观调控法的功能而服务的。宏观调控法的基本原则就是宏观调控法在调整宏观调控法律关系的主体和行为过程中所坚持的基本的行为准则,是

---

[1] 李昌麒主编:《经济法学(第二版)》,法律出版社2008年版,第407页。
[2] 参见顾功耘主编:《经济法教程(第二版)》,上海人民出版社、北京大学出版社2006年版,第258—259页。

宏观调控法治化的价值导向和基本诉求。从这个意义上说,宏观调控法治化的基本价值诉求,应该涉及经济民主、权力法定、可持续发展等经济法治的核心价值。首先,宏观调控法治化应坚持经济民主的原则。在现代社会经济发展中,宏观调控是维护经济总量平衡持续的必需,市场失灵是政府干预的内在动因。这一信条内在地假设了政府的经济理性和宏观调控的必要能力。然而,理论和实践都已证明政府也会失灵,这就为法律控制提供了发挥作用的空间。所以,宏观调控法治化应该坚持经济民主的原则,在充分保障市场主体合法权益的前提下,鼓励市场主体积极参与宏观调控政策和法规的制定,以法律手段有效避免政府失灵的风险。其次,宏观调控法治化应坚持权力法定的原则。权力法定是法治国家的前提和基础,其核心要义在于约束权力,避免权力异化。宏观调控权的时效性和不稳定性尤其需要坚持权力法定的原则。一方面,任何针对宏观调控对象的权力都必须以法律界定和限制,法无明文即无权力。另一方面,宏观调控权力的行使包括实体权力的法定,也包括程序权力的法定,坚持无合法程序即无正当权力。最后,宏观调控法治化应坚持可持续发展的原则。在经济社会发展中,可持续发展意味着生态持续、经济持续和社会持续,意味着既要满足当代人的发展需要,又能够顾及后代人的利益及其发展的需要。综上所述,宏观调控法治化是实现人类社会可持续发展的最可期待的有效手段。为此,"要实现宏观调控法治化,必须建立完善的宏观调控法律体系,依法明确宏观调控的主体及其宏观调控权范围,划定宏观调控的领域,明确宏观调控的手段、程序、法律责任等等"[①]。

第二节 宏观调控法治化的实践进程

改革开放四十多年来,随着社会经济的发展,我国逐步形成了政府主导的市场经济发展模式。其中,作为政府主导经济发展根本性手段的宏观调控,取得了良好的成绩,功不可没,有力地支撑了长期性的经济高速增长,熨平了经济的周期性波动,为当前经济高质量的发展奠定了坚实的基础。市场化改革以来,我国已经历了八次宏观调控:"一是'计划式'宏观调控;二是'双紧式'宏观调控;三是'硬着陆式'宏观调控;四是'软着陆式'宏观调控;五是'激励式或扩张式'宏观调控;六是'未雨绸缪式'宏观调控;七是应对国际金融危机的宏观调控;八是经济新常态下的宏观调控。前四轮是收缩型宏观调控,后四轮是扩张型宏观调控。"[②]在此过程中,随着宏观调控政策措施的逐步科学和规范,宏观调控在制度

---

① 徐澜波:《规范意义的"宏观调控"概念与内涵辨析》,载《政治与法律》2014年第2期。
② 王健、王立鹏:《中国改革开放40年宏观调控》,载《行政管理改革》2018年第10期。

化法治化方面的进展令人瞩目,在计划规划法、金融调控法、财税调节法、产业政策法等领域都取得了良好的法治进步,体现了以法治手段促进经济发展的制度优势。

一、计划规划法

国家对经济社会发展的总体设计,对经济总量的宏观调控,离不开对于经济发展总体指标的计划和规划。一般而言,计划规划是人们在采取行动之前进行的设计和筹划,包括行动的具体内容和实施步骤等,是集体行动理性的谋划和指南。如此,对于经济社会总体的发展而言,计划就更为必要。在宏观调控领域,国家的计划规划就是,"一国对其经济和社会事业发展所做出的预测及其希望实现的政策目标,以及为实现政策目标所采取的相互协调的政策措施"[①]。国家的计划规划是政府宏观调控的核心手段,主要承担着预测发展、引导行动、协调政策等重要职能,发挥着对社会经济发展的主要状况进行宏观调控的作用。在传统计划经济时代,国家的计划规划在社会经济生活中,居于绝对的统治地位,与之相关的计划规划法也在政府经济职能的法律体系中居于主导地位。随着社会主义市场经济改革目标的确立,人们对于计划规划的认识发生了颠覆性的变化,甚至开始质疑市场经济条件下是否还需要计划以及相关的法规政策。我国市场经济体制确立与完善的实践表明,社会主义市场经济中,计划作为宏观调控的基础性手段可以弥补市场调节的不足和缺陷,作为资源配置的必要手段仍然是非常重要的。从这个意义上说,计划规划法仍然是宏观调控法的必要组成部分。然而,在完善市场经济体制的背景下,计划规划在宏观上为经济社会的总体发展提供了行动指南和目标,为实现政策目标进行协调和引导,这就决定了计划规划法的指导思想要向市场化转变,要以反映市场状况,保障和引导市场健康运行为宗旨。

在宏观调控过程中,对于宏观调控权的法律控制当然包括对于国家计划规划行为的法律规制,从而也就产生了计划规划法。计划规划法,就是关于国家计划规划的法律规范,即是指国家通过制定经济社会发展战略,编制和实施中长期计划规划方案,引导经济运行,调控经济发展的法律规范的总称。在考察了世界各国经济运行的现状和我国市场经济的实际情况之后,有学者更为具体地认为,"计划法是调整国民经济和社会发展计划在编制、审批、执行和监督过程中发生的社会关系的法律法规的总称"[②]。这一表述得到了大多数学者的认可,类似

---

① 顾功耘主编:《经济法教程(第二版)》,上海人民出版社、北京大学出版社2006年版,第301页。
② 李昌麒主编:《经济法学(第二版)》,法律出版社2008年版,第413页。

的,还有学者认为,"计划法是调整在制定和实施国家计划的过程中发生的社会关系的法律规范的总称"①。大多数学者认为,计划法是宏观调控法的重要部门法,在宏观调控过程中具有重要的作用。

　　法律不外乎是对于社会关系的调整规范,那么,计划规划法的调整对象简言之就是计划关系。具体而言,计划规划法的调整对象就是在制定和实施国家经济社会发展计划的过程中产生的各类社会关系。所谓计划关系,就是计划规划主体在制定和实施计划规划的行为活动中发生的社会关系。在国家经济社会发展计划的制定和实施过程中,权力机关作为审批主体、各级政府部门作为管理主体、企事业单位作为计划规划的实施主体等都是这里所指的计划主体;计划的行为活动则是指计划规划制定和实施的所有行为,即计划规划的编制、审批、执行、监督、检查以及调整与修改的全过程。依据行为手段,计划关系可以分为两大类别:一类是间接计划关系,即政府运用各种经济政策和手段间接引导激励计划执行主体的经济活动所产生的社会关系;另一类是直接计划关系,即计划执行主体在直接执行国家计划规划的过程中所产生的社会关系。在计划关系的基础上,计划主体之间的权利义务关系形成了法律上的计划法律关系。由此,依据法律规范的形式,计划法律关系又可以分为两大类:一类是计划实体关系;另一类是计划程序关系。在我国经济社会发展过程中,传统计划经济时代,政府主要通过下达命令性计划管理国民经济活动,计划法的主要调整对象是直接计划关系,在法律上侧重于计划实体关系;在市场经济时代,作为宏观调控手段的国家计划规划仅仅承担导向性作用,计划法的调整对象主要集中于间接计划关系,在法律规范上聚焦于计划程序关系的调整。

　　从世界范围来看,二战后,随着政府干预经济的实践以及凯恩斯宏观经济学理论的发展,计划规划法逐步产生并且不断发展起来。许多欧美国家虽然具有市场经济的传统,为了应对市场的失灵也借助于计划规划的手段,编制和实施中长期经济社会发展规划,并进行相关的立法。例如,法国从1947年到1992年就连续实施了10个中长期计划,1982年还颁布了《计划改革法》;日本在二战后相继推行了12个全国性的经济计划;联邦德国还在1967年颁布了《经济稳定与增长促进法》等。在计划经济时代,我国非常重视对于计划关系的法律调整和规范,出台了一些系列政府规章类的办法和文件;在改革开放后,为了适应市场经济探索的实际需要,先后于1984年10月颁布了《关于改进计划体制工作的若干暂行规定》、1991年7月颁布了《关于试编两年滚动计划暂行办法的通知》等。②

---

①　顾功耘主编:《经济法教程(第二版)》,上海人民出版社、北京大学出版社2006年版,第301页。
②　参见李昌麒主编:《经济法学(第二版)》,法律出版社2008年版,第414页。

在此基础上，我国基本上依据党和国家机关的工作方式、工作惯例以及党内的一系列规章制度和法规，继续编制和实施国民经济与社会发展的"五年计划"，成功地促进了我国四十多年经济高速稳定的增长。

当前我国正处在"十四五"规划(2021—2025 年)和 2035 年远景目标的实施过程中，回顾该规划的制定过程能够比较明确地了解我国计划规划制定和实施的基本情况。"十四五"规划和 2035 年远景目标编制、公布、实施、评估以及监督的基本步骤如下：(1)国务院职能部门国家发展和改革委员会负责具体编制工作，在国务院全体会议上讨论通过；(2)中共中央负责起草"十四五"规划和 2035 年远景目标的建议稿，广泛征求意见，中央政治局常委会、中央政治局会议多次审议后，再提交中共中央全会讨论、修改、通过[①]；(3)中共中央、国务院根据《中共中央关于制定国民经济和社会发展第十四个五年规划和二〇三五年远景目标的建议》编制"十四五"规划纲要，提交全国人大审议批准；(4)依据规划实施的程序，中共中央、国务院还将制定和印发建立健全纲要实施机制的意见，明确规划实施的责任主体，实施监测评估，建立年度监测评估机制，完善中期评估和总结评估机制，健全动态调整修订机制；(5)依据中央印发的实施机制的意见，依法向全国人大常委会报告纲要实施情况和中期评估报告，自觉接受人大监督，完善社会监督机制，加大国务院督查力度，实施专项督查机制，加强规划实施的领导干部绩效考核评价机制。由此可见，在我国经济社会发展规划的制定和实施过程中，党中央、国务院已经形成了成熟完备的工作机制，比较注重相关党内法规和政府规章的制定和实施。但是为了深入完善法治国家建设和提升现代治理能力，建立和完善现代经济体系，编制和实施国家计划规划的工作仍然需要进一步法治化，形成比较完备的计划规划部门法律体系。

计划规划法既要注重实体内容，又要强调程序规范。总体来说，计划规划法应包括立法的基本原则、计划规划的性质和任务以及内容和形式、计划主体的权利义务以及法律责任等内容。计划规划的实体法律制度，"主要体现为有关计划管理体制、宏观调控目标体系、宏观调控政策体系、计划主体的实体权利义务及法律责任等方面的规定"[②]。同时，计划规划必须遵循一定的国家权力运作程序，它主要包括计划规划编制、审批、实施、评估、考核以及监督等具体的程序，这些程序的法定化就构成了计划规划的程序法律制度。在实体和程序上，计划规划法的立法模式主要有三种："(1)法典式，即颁布计划基本法，规范所有的计划

---

① 参见习近平：《关于〈中共中央关于制定国民经济和社会发展第十四个五年规划和二〇三五年远景目标的建议〉的说明》，载《人民日报》2020 年 11 月 4 日第 2 版。
② 顾功耘主编：《经济法教程(第二版)》，上海人民出版社、北京大学出版社 2006 年版，第 302 页。

关系。(2)分散式,即没有制定计划基本法,计划关系分别规定在一些行政、经济法规中。(3)结合式,即既颁布单独的计划法,以规范计划活动中的一般性问题,如计划体制、计划的基本原则等,同时又在行政法、经济法中规定一些具体的计划问题。"[1]大多数学者主张采取综合折中的立场,认为既有计划规划基本法又有具体专门法规的结合式立法模式,比较适合我国现阶段完善市场经济的实际状况。值得强调的是,依据上述"十四五"规划编制与实施的过程分析,我国深入完善市场经济、健全宏观调控的手段和绩效,应该有一个法典形式的计划规划基本法,即"国民经济与社会发展规划法"。这是我国改革开放以来就具有强烈现实需要的法律,通过这部法律把有关国民经济与社会发展规划的基本制度、规划主体的权利和义务、规划行为的程序和步骤、规划活动的法律责任等内容明确规定下来。[2]

二、金融调控法

在政府的宏观经济调控中,货币政策是控制和调节经济总量平衡的最重要手段之一。政府正是通过货币政策的制定和实施来实现金融调控的。所谓金融调控,就是金融宏观调控,即国家通过监督管理金融业的专门机构中央银行制定和实施货币政策来实现宏观调控,是政府为促进金融领域健康发展所采取的政策、措施、手段的总和。具体而言,金融宏观调控就是中央银行运用货币、信贷、利率等政策工具和手段,通过调节和控制货币供应量,实现总需求与总供给基本平衡的对经济总量进行管理、控制和调节的活动。随着我国市场经济体制的深度完善,传统商品经济逐步向货币信用经济转化,金融已在经济生活中的各个领域深度发展,金融调控也就成了经济宏观调控中最重要、最有效的手段之一。为此,结合我国经济社会发展的实际,中国人民银行(中央银行)在党的十九届四中全会以后就提出,"改进和完善金融宏观调控,强化宏观审慎管理,加快推动金融供给侧结构性改革,不断扩大高水平金融开放,继续打好防范化解重大金融风险攻坚战,牢牢守住不发生系统性风险的底线"[3]。

纵观西方发达国家的情形,对金融调控目标的法律表述虽然不尽一致,但是其调控目标却是与宏观经济调控的目标相一致的,即稳定物价、充分就业、国际收支平衡和经济持续增长。为了实现这些目标,各国政府都非常注重金融调控政策手段与宏观经济目标的相机抉择与权衡融通的问题。经济发展的实践证

---

[1] 李昌麒主编:《经济法学(第二版)》,法律出版社2008年版,第414页。
[2] 参见杨紫烜主编:《经济法》,北京大学出版社1999年版,第425页。
[3] 《人民银行党委、外汇局党组学习传达贯彻党的十九届四中全会精神》,http://www.pbc.gov.cn/goutongjiaoliu/113456/113469/3913096/index.html,2019年11月1日访问。

明,发挥金融调控在宏观调控中的作用,实现金融宏观调控的目标,有赖于货币供应量、公开市场操作、利率汇率、存款准备金率以及再贴现率等货币政策的中介指标的变动调节。这就需要中央银行在市场经济条件下适时、适度、恰当地运用这些货币政策工具,有效地进行金融调控,以实现最终宏观经济目标。由此可以看出,金融调控具有以下特征[①]:(1)金融调控的主体是中央银行。在我国,中国人民银行承担着中央银行的职能,其他任何组织都不能成为金融调控的主体,这是最高权力机关全国人民代表大会通过立法授予的权力。(2)金融调控的主要手段是货币政策。中央银行为了实现金融调控的目标,调节和控制货币总量以及处理货币事务所采取的路线、方针、规范和措施就是货币政策。由于货币政策在经济领域是具有宏观性、间接性与长期性的经济政策,因此也就决定了金融调控也具有宏观性、间接性和长期性的特点。(3)金融调控的手段虽具有灵活性与适应性,但金融调控须在法治的范围内运行。货币政策的突出特点是处理现实货币问题的灵活性和适应性,然而法律一般具有确定性和稳定性。但是,制定和实施货币政策是法律赋予中央银行的一项权力,必须在法律的框架内运行。因此,中央银行的金融调控实质上是在法律授权的范围内灵活运用权力的行为,它不能脱离法定宗旨恣意行事。

通过对于"金融调控"概念的理论梳理,我们能够更好地深入研究金融调控法。一般而言,法学界认为,金融调控法,即金融法,"是调整金融关系的法律规范的总称。它是国家领导、组织金融业和保障金融秩序的基本手段和基本方法,是国家宏观调控法的重要组成部分"[②]。但是,这里有必要进一步区分金融法律关系中涉及金融宏观调控的关系和平等主体间资金融通的商事关系。所以,从对于法律关系的调整这个意义上来说,金融调控法应该是调整金融领域宏观调控关系的法律规范的总称,主要针对的是中央银行通过制定和实施货币政策调节经济总量而产生的法律关系。从这个意义上来讲,金融调控法所调整的金融调控关系是涉及中央银行货币总量调节的金融法律关系,涵盖中央银行金融调控权力的行使,以及金融机构之间及其与其他组织、个人等市场主体之间在资金融通过程中所发生的金融监管关系和资金融通关系。因此,金融调控法并不模糊地等同于所有与金融有关的法律,即宽泛意义上的金融法,也不能仅仅局限于中央银行法。从各国法制建设过程的实践来看,金融调控的法律体系是由调整以货币政策为中心的金融宏观调控关系的法律规范所构成的有机联系的统一整体。如此,依据金融宏观调控关系来划分,金融调控法的科学体系应包括中央银

---

① 参见陈晓:《中央银行法律制度研究》,法律出版社 1997 年版,第 319 页。
② 李昌麒主编:《经济法学(第二版)》,法律出版社 2008 年版,第 454 页。

行法、商业银行法、货币外汇法以及金银管理法等法规。

在人类商业文明的进程中,银行是商品货币经济发展的产物,早期银行是在经营借贷业务中产生的。由此起源,现代银行则是依法成立的经营存款、贷款、汇兑、储蓄等业务的金融机构。银行业在我国的历史比较悠久,但是直到中华人民共和国成立以后便走上了现代化的法治之路。银行体系及其法治化主要经历了三个标志性的发展阶段[①]:

第一阶段为1949年至1982年,是我国开创和确立高度集中的银行体系的时期。中华人民共和国成立后,人民政府接管国民党政府的银行,合并解放区银行,按照行政区划设立银行分支机构,逐步建立起以中国人民银行总行为中心的全国统一的银行体系。此后,虽然成立了管理固定资产投资的中国人民建设银行、经营农村金融业务的中国农业银行、经营国家外汇的中国银行等三家专业银行和其他一些金融机构,但基本上仍是中国人民银行对金融业的"大一统"。这一时期高度集中的银行体制,适应并服务于当时的计划经济体制,为中华人民共和国成立后经济恢复和发展起到过积极作用。但是,中国人民银行具有双重职能,既作为中央银行发行货币和管理金融业,又经营商业银行业务。银行与政府没有分离,致使银行调节经济的职能难以发挥,没有竞争机制而缺乏发展动力。

第二阶段为1983年至1993年,是我国银行体制改革的初步探索时期。1983年,国务院颁布《国务院关于中国人民银行专门行使中央银行职能的决定》,明确中国人民银行为我国的中央银行,开始了中央银行制度的法制化建设之路。1984年成立了中国工商银行承办原中国人民银行承担的城市工商信贷和存款业务,它和已建立的三大专业银行一起构成以中国人民银行为中心,以各专业银行为主体的银行体系。这期间,还组建了一批股份银行和非银行金融机构,并设立了一些外资金融机构。这一时期,我国银行体系的改革对"大一统"式的金融体制有所突破,给金融业注入了活力。但由于体制没有根本转变,银行缺乏自我约束机制,金融行为缺乏规范,信贷资产质量不高,影响了金融市场的发展。

第三阶段始于1994年,是我国在明确市场经济体制改革目标后,开始建立和完善与市场经济相适应的以商业银行为主体的新银行体系的时期。1993年11月党的十四届三中全会通过《中共中央关于建立社会主义市场经济体制若干问题的决定》,同年12月国务院发布《国务院关于金融体制改革的决定》,1995年3月18日和5月10日,全国人大和全国人大常委会先后审议通过了《中国人

---

① 参见顾功耘主编:《经济法教程(第二版)》,上海人民出版社、北京大学出版社2006年版,第267—268页。

民银行法》和《中华人民共和国商业银行法》(以下简称《商业银行法》),开始了以建立"统一、开放、竞争、有序"的金融市场为目标,以转变专业银行为商业银行为核心内容的金融体制深化改革。经过二十多年,在市场经济的建设和逐步完善的背景下,当前一个以中国人民银行为中心,以商业银行为主体,以政策性银行为补充的银行体系已经日益成熟,其法治化的进展对于金融稳定和经济发展起到了至关重要的作用。

在当前的金融法律框架下,《中国人民银行法》规定了中国人民银行的性质、地位和职责,依法明确了我国的中央银行就是中国人民银行。在现代市场经济中,中央银行具有特殊的地位和作用,它不同于一般的商业银行,是一种特殊的金融机构,也与一般性的政府机构不同。因此,中央银行办理金融业务的目标、原则和业务不同于一般银行,其受控于政府的政策目标;虽然代理国家行使金融管理职能,但主要依靠货币供应量、利率、贷款等经济手段,而非行政手段。《中国人民银行法》第2条规定:"中国人民银行是中华人民共和国的中央银行。中国人民银行在国务院领导下,制定和执行货币政策,防范和化解金融风险,维护金融稳定。"根据《中国人民银行法》第4条,中国人民银行还履行下列职责:(1)发布与履行其职责有关的命令和规章;(2)依法制定和执行货币政策;(3)发行人民币,管理人民币流通;(4)监督管理银行间同业拆借市场和银行间债券市场;(5)实施外汇管理,监督管理银行间外汇市场;(6)监督管理黄金市场;(7)持有、管理、经营国家外汇储备、黄金储备;(8)经理国库;(9)维护支付、清算系统的正常运行;(10)指导、部署金融业反洗钱工作,负责反洗钱的资金监测;(11)负责金融业的统计、调查、分析和预测;(12)作为国家的中央银行,从事有关的国际金融活动;(13)国务院规定的其他职责。同时,中国人民银行为执行货币政策,可以依法运用下列货币政策工具,并规定其条件和程序:(1)要求银行业金融机构按照规定的比例交存存款准备金;(2)确定中央银行基准利率;(3)为在中国人民银行开立账户的银行业金融机构办理再贴现;(4)向商业银行提供贷款;(5)在公开市场上买卖国债、其他政府债券和金融债券及外汇;(6)国务院确定的其他货币政策工具。在我国的经济治理体系中,中国人民银行全部资本由国家出资,归国家所有,并实行独立的财务预算管理。因此,中国人民银行独立于财政,但受国务院领导,是国务院的组成机构。在机构设置和权力运行上,中国人民银行不按行政区划设置分支机构,其活动不受地方政府和其他机关、社会团体和个人的干涉。

现代市场经济中,商业银行的基本职能是为各类市场主体从事商品生产和流通提供所需的货币资金和信用工具,促进国民经济的发展。在我国,商业银行是指依照《商业银行法》和《公司法》设立的吸收公众存款、发放贷款、办理结算等业务的企业法人。作为调整商业银行在市场经营中各种社会关系的法律规范，《商业银行法》第3条规定："商业银行可以经营下列部分或者全部业务：（一）吸收公众存款；（二）发放短期、中期和长期贷款；（三）办理国内外结算；（四）办理票据承兑与贴现；（五）发行金融债券；（六）代理发行、代理兑付、承销政府债券；（七）买卖政府债券、金融债券；（八）从事同业拆借；（九）买卖、代理买卖外汇；（十）从事银行卡业务；（十一）提供信用证服务及担保；（十二）代理收付款项及代理保险业务；（十三）提供保管箱服务；（十四）经国务院银行业监督管理机构批准的其他业务。经营范围由商业银行章程规定，报国务院银行业监督管理机构批准。商业银行经中国人民银行批准，可以经营结汇、售汇业务。"在我国市场经济深度完善的过程中，商业银行的法律规范不断发展和完善，为经济持续平稳的发展贡献了巨大的法治力量。

为了适应调控宏观经济以及实施产业政策的需要，20世纪以来，美国、德国、日本、韩国等各主要市场经济国家先后设立了各自的政策性银行。我国在确定建立社会主义市场经济以后才开始筹划和成立政策性银行。1993年的《国务院关于金融体制改革的决定》，提出深化金融体制改革，建立中央银行制度，组建政策性银行。此后，我国先后成立的国家开发银行、中国进出口银行、中国农业发展银行均属于政策性银行。"政策性银行是专门为配合政府的社会经济政策，贯彻政府的经济意图而设立的。它是政府发展经济、调整产业结构、进行宏观经济调控的金融机构。"①政策性银行的功能与运行，决定了其与商业银行相比具有不同的法律特征：首先，政策性银行是属于政府所有，由政府创办和经营的金融机构。政策性银行的所有权和经营权由相关法律法规或者银行的基本章程来加以规定。我国的《国家开发银行章程》第7条规定，国家开发银行注册资本为500亿元人民币，由财政部核拨。其次，政策性银行主要以经济调控和产业开发性业务为主，不以营利为目的。政策性银行的宗旨是贯彻和执行政府的社会经济政策，主要是为国家重点建设和产业政策扶持的行业及企业提供政策性贷款，实行自主保本经营。最后，政策性银行不像商业银行一样吸收存款，主要从事贷款业务。政策性银行的资金来源包括政府提供的资本金、各种借入资金和发行金融债券筹措的资金，其资金运作多为长期贷款和资本贷款。我国政策性银行法律体系主要由各个政策性金融机构的章程、相关公司法规组成，规定了政策性银行的性质、地位、资金来源和运作、业务范围、组织形式和组织机构设立、变更和终止等。②

---

① 李昌麒主编：《经济法学（第二版）》，法律出版社2008年版，第470页。
② 参见李昌麒主编：《经济法学（第二版）》，法律出版社2008年版，第470页。

第五章　宏观调控的法治化分析

此外,我国在建立和深化市场经济的过程中,逐步形成了比较成熟和完善的货币外汇法律制度。人民币作为我国的法定货币,在1948年12月中国人民银行成立时发行,随着中华人民共和国的建立,开始在全国流通。其后,国务院又发布了《国务院关于发行新人民币和收回现行的人民币的命令》《国务院关于发行新版人民币的命令》等,使人民币制度得以建立和逐步健全。《中国人民银行法》首次从法律上确定了人民币的法律地位,《中华人民共和国人民币管理条例》则健全和完善了我国人民币法律制度。在外汇管理的法制化方面,《中华人民共和国外汇管理暂行条例》及其后公布的一系列实施细则和其他外汇管理办法,初步建立了我国外汇管理法规体系。此后,随着市场化的进程,我国不断进行外汇体制改革。1996年1月29日,国务院发布了《中华人民共和国外汇管理条例》,取代了原来的暂行条例,借鉴了国际惯例,巩固了改革成果。此后,国家有关部门又发布了一系列相关法规规章,主要有:《境内居民因私兑换外汇办法》《银行外汇业务管理规定》《境内居民个人外汇管理暂行办法》等,这些法规规章构成了我国现行外汇管理的法律体系。[①]

三、财税调节法

在现代市场经济的宏观调控中,财政政策与货币政策是两大根本性的政策手段。由于我国市场经济的发展程度以及政府在市场中的作用,财政政策往往比货币政策对于经济的调控作用更为明显。财政政策是关于国家财政管理活动的一系列公共政策。财政,即理财之政,是政府对于公共资金的管理与分配、收入与支出、积累与使用等方面的经济管理活动。恩格斯在阐述国家的基本理论时指出,"为了维持这种公共权力,就需要公民缴纳费用——捐税。捐税是以前的氏族社会完全没有的。但是现在我们却十分熟悉它了"[②]。可见,任何国家的生存、发展和强大都离不开一定的物质基础——财政。当然,财政的维持也离不开国家,没有国家强制力的保障,财政活动也是无法实现的。国家的财政管理活动是通过目的导向的财政政策来实现的。财政政策是国家参与国民收入分配和再分配,调节税收和支出影响总需求,进行刺激和收缩经济的重要手段,在宏观调控方面具有重要经济作用。财政政策工具主要包括预算、税收、国债、购买性支出和财政转移支付等手段。从法治意义上而言,这些财政政策手段在实际运行中都需要法律法规的规范和保障。

财政政策制定和实施的法治化逐步形成了调整财政关系的法律规范,即财

---

① 参见李昌麒主编:《经济法学(第二版)》,法律出版社2008年版,第474页、第477页。
② 《马克思恩格斯选集》第4卷,人民出版社2012年版,第188页。

税调节法,是国家财税调节政策在法律上的反映。财税调节法调整的是财税关系,主要包括预算关系、税收关系、国债关系、政府采购关系、财务管理关系、财政信用关系以及财政监督关系等。具体而言,我国财税调节法主要调整下列财税关系:"(1)调整国家预算的编制、审查、批准、下达、执行程序方面和国家决算的编制、审批程序方面的财政关系;(2)调整国家机关、企事业单位在资金收入方面的财政关系;(3)调整与企事业单位和公民缴纳税收有关的财政关系;(4)调整国家机关、企事业单位在资金使用方面的财政关系;(5)调整与财政监督有关的财政关系。"[①]财税调节法的主要内容包括预算法、税收法、国债法、政府采购法以及财政管理法和财政监督法等。

预算是依照法定程序编制的基本财政收支计划,是国家有计划地集中和分配资金,进行宏观经济调控的主要财政手段。国家预算包括预算收入和预算支出两部分,有中央预算也有地方预算,一般应当做到收支平衡,特定条件下也允许与经济发展相适应的赤字财政。预算法是财政调节法的重要组成部分,是国家调整预算收支关系的法律体系。我国调整预算关系的法律规范主要是《预算法》及随后公布的实施条例,其目的是规范政府收支行为,强化预算约束,加强对预算的管理和监督,建立健全全面规范、公开透明的预算制度,保障经济社会的健康发展。我国《预算法》规定,政府的全部收入和支出都应当纳入预算,预算由预算收入和预算支出组成,该法第 27 条规定:"一般公共预算收入包括各项税收收入、行政事业性收费收入、国有资源(资产)有偿使用收入、转移性收入和其他收入。一般公共预算支出按照其功能分类,包括一般公共服务支出,外交、公共安全、国防支出,农业、环境保护支出,教育、科技、文化、卫生、体育支出,社会保障及就业支出和其他支出。"此外,《预算法》还规定了预算与决算的管理体制、管理程序以及监督制度等,在法律上有效保障了我国各级政府的预算与决算的秩序,发挥了良好的经济调控功能。

税收是公民为国家和社会的公共生活所付出的经济代价,其实质是一国政府凭借公共权力,为了社会公共需要向社会吸取经济资源,参与国民财富的分配,无偿征收货币或者实物的经济性国家管理活动。税收体现的是在一定的政治经济制度条件下,国家与纳税人以及全体国民在税务管理上的公共利益分配关系,也是政府管理宏观经济的一个重要的调节机制和政策工具。税收是国家公共财政最主要的收入形式和来源,它与其他财政收入形式相比,具有强制性、无偿性和固定性等特征,因此尤其需要国家法律规范来确定和实施。税法是调整国家与纳税人之间征纳税关系的法律规范的总称,即税法的调整对象是税收

---

① 李昌麒主编:《经济法学(第二版)》,法律出版社 2008 年版,第 428 页。

关系。"所谓税收关系,是指代表国家行使其职权的各级财税机关在向负有纳税义务的单位和公民个人征收税款(或实物)的过程中所形成的征纳税关系。"①其中包括财税机关与企业、国家行政机关、事业单位及其他预算外单位、个体工商户、农村专业户与承包户以及个人所得税缴纳者之间的税收关系;还包括国家权力机关、国家行政机关、各级财税机关以及他们各自的上下级之间因税收监督而发生的关系。一般来说,税法文本的基本构成要素包括纳税主体、征税客体、税率、税种、税目、减税免税、纳税期限、违法处理等内容。

当前我国的税收法律法规体系是以征税客体逐步建立和完善起来的。我国税法体系的征税客体即征税对象,包括流转税、所得税、财产税、行为税和资源税五大类。在我国,流转税包括增值税、土地增值税、消费税、营业税和关税。《中华人民共和国增值税暂行条例》《中华人民共和国土地增值税暂行条例》和《中华人民共和国消费税暂行条例》具体规定了增值税的纳税主体、征税对象、征税税率和征收办法等。我国调整关税方面的法律规范主要是国务院发布的《中华人民共和国进出口关税条例》及《中华人民共和国海关进出口税则》。在所得税方面,2007年颁布的《中华人民共和国企业所得税法》(以下简称《企业所得税法》),统一了我国企业所得税制度,向税收法定迈出了关键一步,在税收立法史上具有十分重要的意义。我国规范个人所得税的基本法律制度是《中华人民共和国个人所得税法》(以下简称《个人所得税法》)。财产税的法律规范主要是国务院发布的《中华人民共和国房产税暂行条例》及其相关规定、《中华人民共和国资源税暂行条例》,以及《中华人民共和国契税法》等。此外,《中华人民共和国国库券条例》《中华人民共和国政府采购法》等,健全了国债发行以及政府采购的法律制度。在税收征收管理方面,《税收征收管理法》《中华人民共和国税收征收管理法实施细则》对于税务管理、税务登记、账簿凭证管理、纳税申报、税款征收、税务检查、违反税法的行为及其处理以及税务争议的解决程序都作出了细致规定,标志着我国税收法治化的程度不断提高。

四、产业政策法

产业政策是国家对经济进行宏观调控的重要手段之一。所谓产业政策,就是国家为实现宏观调控的总体目标,制定和实施的引导产业方向,对产业结构、产业组织、产业布局进行优化协调,促进社会经济资源合理配置的政策措施的总称。如此,产业政策主要由产业结构政策、产业组织政策、产业技术政策以及产业布局政策等组成。产业政策主要通过制订国民经济计划和规划、产业扶持计

---

① 李昌麒主编:《经济法学(第二版)》,法律出版社2008年版,第433页。

划、产业结构调整计划、财政投融资措施、项目审批手段等来实现。改革开放以来,我国逐步形成了以政府为主导的市场经济发展模式,其中政府采取的适当产业政策对于经济长期持续的增长起到了重要的支撑作用。在市场经济条件下,产业政策的功能主要是弥补市场缺陷,有效配置资源,熨平经济波动,保持经济总量的供需平衡。正是由于产业政策对于经济发展的重要作用才担负起了宏观调控的基本功能,对此显然需要进行制度化和法制化建设,进而逐步走向法治化的道路。

产业政策的制度化和法制化逐步形成了产业政策法,主要调整国家产业政策方面的法律关系。因此,产业政策法是"调整产业政策制定和实施中发生的经济关系的法律规范的总称"[1]。产业政策法是以国家为产业政策主体,对产业结构、产业组织、产业技术和产业布局进行宏观调控的法律手段,是宏观调控法中的基本法。从而,产业政策法具有综合性、指导性、协调性、灵活性等特点,在制定和实施过程中,依据宏观经济调控的需要,还需要坚持优化产业结构、经济效率优先以及依法合理调节的原则。我国产业政策法规体系,很少以全国人大立法的形式出现,主要表现为国务院以及各级地方政府出台的政府规章及其实施细则与办法等。改革开放以来,我国先后出台过一系列关于产业政策的行政规章以及实施办法等,其中最为重要的是国务院颁布的《国务院关于当前产业政策要点的决定》《九十年代国家产业政策纲要》《促进产业结构调整暂行规定》以及国家发展和改革委员会以此为依据公布实施的《产业结构调整指导目录》(2005年本、2011年本、2013年本、2019年本)。这些政策措施,对我国近年来加强和改善宏观调控,引导社会投资方向,促进产业结构调整和优化升级发挥了重要作用。

当前,我国产业政策发展和结构调整的政策性文件主要是《促进产业结构调整暂行规定》以及据此实施的《产业结构调整指导目录(2019年本)》(以下简称《目录(2019年本)》)。依据这些政策规定,我国产业政策发展与调整的基本导向是:以习近平新时代中国特色社会主义思想为指导,全面贯彻党的十九大和十九届二中、三中全会精神,坚持稳中求进工作总基调,坚持新发展理念,坚持推动高质量发展,坚持以供给侧结构性改革为主线,优化存量资源配置,扩大优质增量供给,促进我国产业迈向全球价值链中高端。产业政策调整的重点主要表现在以下方面:一是推动制造业高质量发展。把制造业高质量发展放到更加突出的位置,加快传统产业改造提升,大力培育发展新兴产业。《目录(2019年本)》制造业相关的条目共900多条,占总条目数的60%以上。二是促进形成强大国

---

[1] 顾功耘主编:《经济法教程(第二版)》,上海人民出版社、北京大学出版社2006年版,第305页。

内市场。重点是加强农业农村基础设施建设,改善农村人居环境,促进农村一二三产业融合发展;提高现代服务业效率和品质,推动公共服务领域补短板,加快发展现代服务业;促进汽车、家电、消费电子产品等更新消费,积极培育消费新增长点。三是大力破除无效供给。适度提高限制和淘汰标准,新增或修改限制类、淘汰类条目近100条。同时,对现有条目不能完全覆盖,且不符合法律法规和行业标准的,在限制类和淘汰类中分别设置了兜底条款。四是提升科学性、规范化水平。对限制类、淘汰类条目,明确品种和参数,突出可操作性;对鼓励类条目,发展方向比较明确的领域,尽可能明确指标参数,方向尚不明确的新产业新业态,则"宜粗不宜细",仅作方向性描述。同时,把市场能有效调节的经济活动从限制类删除。①

《目录(2019年本)》共涉及行业48个,条目1477条,其中鼓励类821条、限制类215条、淘汰类441条。与上一版相比,从行业看,鼓励类新增"人力资源与人力资本服务业""人工智能""养老与托育服务""家政"等4个行业,将上一版"教育、文化、卫生、体育服务业"拆分并分别独立设置,限制类删除"消防"行业,淘汰类新增"采矿"行业的相关条目;从条目数量看,总条目增加69条,其中鼓励类增加60条、限制类减少8条、淘汰类增加17条;从修订面看,共修订(包括新增、修改、删除)822条,修订面超过50%。② 在实施过程中,各相关主体要发挥市场在资源配置中的决定性作用,更好发挥政府作用,对鼓励类项目,按照有关规定审批、核准或备案;对限制类项目,禁止新建,现有生产能力允许在一定期限内改造升级;对淘汰类项目,禁止投资并按规定期限淘汰。各级政府和有关部门建立协同推进和监督检查机制,切实加强政策协同,依照有关法律法规严格监督执法,各司其职、密切配合、形成合力,切实增强产业政策的执行效力。

此外,国家还采取一些非权力性或者市场化的手段对于产业发展进行干预和调整,其中包括行业企业的发展规划、金融信贷、税收减免、行业补助、政策指导和劝告等。上述产业政策明确规定,国务院是国家产业政策的制定者,产业结构调整指导目录由发展和改革委员会同国务院有关部门依据国家有关法律法规制定,经国务院批准后公布实施。这些产业政策的实施,对于我国经济发展和宏观经济调控起到了重要作用,其制度化法制化也在不断提高和完善。

---

① 参见《国家发展改革委产业发展司负责人就〈产业结构调整指导目录(2019年本)〉答记者问》,http://www.tzxm.gov.cn/xwzx/201911/t20191106_12489.html,2019年11月6日访问。
② 参见《产业结构调整指导目录(2019年本)》。

第三节 宏观调控法治化的问题分析

宏观调控的法治化是以宏观调控的法律控制为中心的,它主要包括宏观调控主体的法律规制、宏观调控领域的法律规制、宏观调控手段的法律规制等方面。改革开放以来,随着我国宏观调控政策工具制定和实施的制度化科学化,宏观调控法律体系也不断完善,但是在理论上和实践中仍然存在一些突出的问题。从法律属性上来讲,"宏观调控是国家调节经济的职能活动,其调控对象具有公益性和公共物品属性,与权力所具有的公益性和处分公共产品的能力性特点具有天然的契合性。国家经济调节职能的实现在客观上需要以国家公权力的方式予以保障,对宏观调控职能的不可放弃特性亦强化了宏观调控权的权力属性"①。在此基础上,学者们依据我国宏观调控的成效及其法治化的进展状况展开了深入的讨论,主要涉及宏观调控权的配置与行使、法定程序、行为责任以及可诉性问题。

一、宏观调控权的配置与行使

宏观调控权的配置是指宏观调控权按照一定的权力配置原则在中央国家机关之间、中央国家机关与地方国家机关之间进行具体的分配。关于宏观调控权的配置与行使问题,早在二十年前著名经济法学者张守文教授就指出,"如果(宏观)调控权的配置不明晰,或配置失当,就会产生如同私人产权配置不清一样的问题,而私人的交易成本的加大,在一定程度上只会影响到相关私人主体的私人利益;但若调控主体的权力配置出现问题,则会直接影响国家利益和社会公共利益,其负面影响无疑是非常巨大的"②。因而,宏观调控策略和手段的完善,调控效果的提升,有效避免权力行使的无序和混乱,都离不开宏观调控权恰当合理的配置。

宏观调控权作为一项国家调节经济的权力,在权力配置上,"宏观调控决策权的配置应实行集权原则,由中央国家机关独享;而宏观调控执行权的配置应实行分权原则,由中央政府与地方省级政府在各自的职能范围内分享"③。宏观调控权的合理配置涉及纵向配置和横向配置两个基本方面:一方面,宏观调控权的纵向配置是指宏观调控权在中央国家机关与地方国家机关之间的分配,主要是

---

① 徐澜波:《宏观调控权的法律属性辨析》,载《法学》2013年第6期。
② 张守文:《宏观调控权的法律解析》,载《北京大学学报(哲学社会科学版)》2001年第3期。
③ 杨三正:《宏观调控权配置原则论》,载《现代法学》2006年第6期。

实行宏观调控决策权集中和执行分权原则,即宏观调控决策权集中在中央,而执行权在地方;另一方面,宏观调控权的横向配置是指宏观调控权在中央国家机关之间的分配,即中央机关在宏观调控决策上分工负责。

对于宏观调控权的纵向配置主要涉及宏观调控决策权的归属问题。目前,学术界一般认为只有中央才享有宏观调控权,地方不享有宏观调控权,这里其实说的是宏观调控的决策权。该观点的主要依据是《中共中央关于建立社会主义市场经济体制若干问题的决定》所指出的:"宏观经济调控权,包括货币的发行、基准利率的确定、汇率的调节和重要税种税率的调整等,必须集中在中央。这是保证经济总量平衡、经济结构优化和全国市场统一的需要。我国国家大、人口多,必须赋予省、自治区和直辖市必要的权力,使其能够按照国家法律、法规和宏观政策,制订地区性的法规、政策和规制;通过地方税收和预算、调节本地区的经济活动;充分运用地方资源,促进本地区的经济和社会发展。"[①]同样,也有人据此认为,地方政府也享有宏观调控权。对此,我们认为这里没有明确细分宏观调控权的决策和执行两个方面,但是根据我国中央集权的体制以及发挥地方积极性的实践,该文件之本意应该是宏观调控的决策权集中在中央,执行权在地方,地方可以依据区域特点在坚持中央精神的前提下创造性地执行中央决策,发挥中央和地方两方面的积极性。从这个意义上,也可以说中央和地方均享有宏观调控权,但是必须强调的是,中央与地方在宏观调控的决策和执行上是有着根本性区别的,地方在区域内的财税、投资、产业等经济行为并不涉及整体性的社会经济总量的调节。

对于宏观调控权的横向配置主要涉及中央国家机关之间的权力分配问题,主要涉及宏观调控的决策权、执行权和监督权的分工负责。在中央层面,宏观调控的执行权在于国务院及其各职能部门,其监督权在于全国人大及其常委会。宏观调控的决策权主要涉及三个方面的问题:一是宏观调控的立法权。对于宏观调控的立法权在全国人大及其常委会,例如银行法、预算法以及税法等。二是国民经济和社会发展规划的编制。国民经济和社会发展规划通常在国务院领导下,由发展和改革委员会编制,经过党中央、国务院通过,全国人大审议、批准。三是财政和金融调控措施的决定。如果不涉及重大的立法问题,国务院及其职能部门即可依法对财政金融调控措施作出决定,对此国务院及其职能部门拥有宏观调控决策权。在立法权上,国务院行政立法居于主导地位,在数量上远远大于全国人大及其常委会的立法。这种情况,有利的方面是有效回应市场经济的

---

① 《中共中央关于建立社会主义市场经济体制若干问题的决定》,载《人民日报》1993年11月17日第1版。

相机抉择,发挥了政府决策和执行的积极性;不利的方面是政府既是决策者又是执行者,角色存在冲突,自由裁量权过大,法律约束不足。因此,长期来看,宏观调控权配置的灵活性原则与法定原则还需要继续加强,法治化的道路还需要继续探索和完善。此外,国务院组成部门内部如何配置宏观调控权力也是近年来学术界和实务界普遍讨论的话题。就宏观经济调控而言,当前国家发展和改革委员会、财政部和中国人民银行作为国务院的宏观调控职能部门享有宏观调控决策权,其他部门不应当享有宏观调控决策权。但是,在宏观调控的决策以及执行中,国务院其他职能部门的权限和边界在法治的角度上并不明确,导致在政策制定和实施上存在职责不清、分工与配合不足的问题。

宏观调控权的行使在实际运行中,由于法治化程度还不够完善,还存在中央与地方利益博弈加剧、调控主体滥用权力、调控效果缺乏监督等问题。个别地方政府、企事业单位以及既得利益者,为了自己局部的利益,力图挣脱中央宏观调控政策的束缚,变相执行甚至抵制中央的政策,与中央政府在宏观调控中的利益博弈日益加剧,使调控政策的效果大打折扣,严重影响了国家政策的权威性和严肃性。近二十年来,在房地产宏观调控政策的实施中,中央与地方的利益博弈就展现得淋漓尽致,反反复复、时急时缓。当然,宏观调控中巨大的利益以及政策刚性化的"一刀切"与地方上的多样性相冲突,也加剧了中央与地方博弈冲突的程度。在中央与地方利益博弈的大环境中,宏观调控的相关主体和客体也在利益驱动之下滥用权力,选择性地执行政策,在调控中捞取不当利益。由于宏观调控政策的制定和执行由政府部门主导,本身需要灵活性和适时性,在执行效果评估和监督上比较滞后,监督力度和密度都不够,外部监督尚需进一步加强和完善。

二、宏观调控的法定程序问题

宏观调控的程序在理论上和实践上都引起了极大的关注,实务部门在行使宏观调控权的过程中离不开一定的程序作为依据,学术界也寄望于通过程序的规范提升宏观调控的合法性和有效性。而对于宏观调控的法律程序,学者们普遍认为,"宏观调控法律程序是法治化了的宏观调控程序,是指由法律所规定的,宏观调控过程中,调控主体和受控主体所必须遵守或履行的法定的时间、空间和程式。宏观调控法律程序具有其他法律程序的一切特征,即由时间、空间和仪式要素构成"[①]。在法学的视域中,依据程序正义的理论,只有将宏观调控的程序法治化,才能保障宏观调控行为的合法性、正当性和有效性,才能避免宏观调

---

① 颜运秋、贺运生:《宏观调控程序法治化分析》,载《求索》2005年第8期。

主体的恣意行为,在维护市场主体合法权益的基础上依法实现宏观调控的总体目标。

宏观调控权的法定程序,也就是宏观调控权行使程序的法定化,它在具体政策工具的实施中有相关专门规定,比如银行法、预算法、税法、贸易法等,这里重点讨论宏观调控程序的总体性问题以及专门法尚未明确的程序性问题。在现代治理与现代经济体系的运行中,这些宏观调控的法定程序需要建立健全民主参与、民主监督以及激励制度,以法律的形式固定下来,作为宏观调控主体和客体的行为规范,以确保国家宏观经济调控行为的公正性和有效性。当前,由于宏观经济形势的综合性复杂性以及把握宏观调控手段的时机与力度的灵活性,学术界和实务界普遍认为,法律法规对于宏观调控具体内容和手段的规制不宜过细过严,但是对于宏观调控的程序则可以也能够予以进行具体的法律规定。

显然,对于宏观调控程序的法定化是以厘清宏观调控法律程序的基本框架为基础和前提的。一般而言,国家的宏观调控行为都需要采取一定的程序和步骤,那么,宏观调控的法律程序自然也需要据此来设定。因此,多数学者认为,宏观调控的法律程序应该包括以下几个方面①:

(1) 宏观调控决策法律程序。宏观调控决策是指国家(宏观调控主体)在其他主体的参与下,依法定程序就宏观调控所要解决的一定事项,确定目标,拟定、选择方案,并在宏观调控方案执行过程中调整、修正方案的行为,包括制定宏观调控法律法规及规章和做出重大事项决策两个层面。宏观调控决策程序一般包括:① 确定目标。决策目标的确定应当合法、科学、民主。② 拟定备选方案。决策是一个系统过程,没有对多个方案的比较和筛选就无所谓决策。③ 论证方案。论证方案是对备选方案进行比较、鉴别和评价,就其实施条件、经济效益、优缺点发表意见并作出结论。④ 选择方案。选择方案是在对方案进行论证后并得出各方案的结论的基础上,选择最优方案,同时也吸收其他方案的合理成分。⑤ 调整方案。在特殊情况出现(如不可抗力因素)时,可能会导致既定方案的不足,这就需要对决策作出调整,更能符合宏观调控实际需求。

(2) 宏观调控执行法律程序。执行是宏观调控主体将有关决策付诸实施以达到预期决策目标的活动。执行程序一般包括:① 方案阐释。决策作出后,需要将决策内容、精神转化为人们能够理解的信息,并通过各种传媒渠道将决策传播到各个方面,从而使作为决策的执行者和决策对象的广大公众充分理解和支持决策的内容,认识到决策和他们自身利益的关系,从而产生对决策的认同,支持决策的执行。② 制订执行计划。执行计划是对决策的具体化,是在时间上、

---

① 参见颜运秋、贺运生:《宏观调控程序法治化分析》,载《求索》2005年第8期。

空间上及有关人、财、物上的统筹安排和规定,明确职位、职权和职责及相关程序。③ 组织落实和实施。宏观调控决策的落实和实施是根据宏观决策及执行计划,就具体宏观调控事务的实现所进行的具体调控行为,是宏观调控主体及其公务人员依法履行职责、行使职权,推动宏观决策实现的过程。

(3) 宏观调控监督法律程序。建立和完善宏观调控监督程序,实现宏观调控从决策到执行的全过程监督,是宏观调控顺利进行的重要保障。宏观调控监督程序是指宏观调控各方民主参与监督宏观调控各主体行为的程序。其基本构成要素一般应包括:① 宏观调控监督的主体。包括国家权力机关、政府机关、社会组织、舆论媒体和广大人民群众。② 宏观调控监督的客体。宏观调控的核心内容就是宏观调控过程中各方主体特别是国家的行为,而建立宏观调控程序的目的就是规范各方主体的行为,并对其进行严格的监督。③ 宏观调控监督的内容。宏观调控监督的内容是宽泛的,只要是涉及监督对象的行为是否合法的问题都是监督的内容。④ 宏观调控监督的时限、方式和渠道。

(4) 宏观调控后果处理程序。人具有趋利避害的本能和社会性,所以激励能够激发人的行为动机,提供持续动力,惩罚则可以使人避免违法行为。但是在现有的宏观调控法律体系中,对于宏观调控主体的行为既缺乏相应的制裁,也少有必要的激励。因此,完善宏观调控法体系就不能不增设激励程序和惩罚程序。此外,违法审查与诉讼救济程序也是宏观调控后果处理程序,也是需要有待完善的法治领域。

在我国宏观调控法治化的过程中,宏观调控的法律关系中有关宏观调控主体、权利义务、职责等实体法规范,已经有相关法律法规的详细规定,但是对于相关程序性的规定比较零散,缺乏系统性,约束力也相当不足,进而导致了政令不够畅通,地方上政策走样的现象。比如,在规划计划、预算、财税、货币政策等方面主要是行政权力的自由裁量,甚至存在宏观调控权的恣意行为,缺乏稳定系统的程序法来规范和约束。在宏观调控程序立法的研究方面,学术界普遍认为宏观调控程序的法定化是非常必要的,但是对于如何将程序法定化的研究并不多,主要是关于宏观调控程序的理论和原则的探讨,缺少具体的立法制度建议。可见,对于宏观调控程序的法定化而言,在实践中和理论上都存在重实体轻程序的现象,这严重影响了宏观调控程序的制度化和法制化,阻碍了宏观调控法治化的进程。

三、宏观调控的责任与可诉性

在现代民主政治中,无论在理论上还是实践中,权责一致都已经成为深入人心的社会权力法则。从这个意义上来说,作为一项国家权力的宏观调控权,也必然附着与之相一致的责任体系。从法学上来讲,法律责任意味着法律关系的主体违反法律规定的权利义务所导致的不利的法律后果。"法律责任是与法律义务相关的概念。一个人在法律上要对一定的行为负责,或者他为此承担法律责任,意思就是,他作相反行为时,他应受制裁。"①所以,法律责任最基本的功用在于通过对违法行为设立否定性负担以恢复被侵害的权利和维持合法秩序,是连接违法行为与法律惩戒之间的桥梁,也是法治的关键所在。

在宏观调控法的体系中,宏观调控的责任也就是宏观调控权的责任,属于经济法律责任的主要构成部分。对于经济法上的法律责任即经济法律责任的认识,学术界有不同的看法,有的学者认为,"经济法律责任是指经济法主体因实施了违反经济法律法规的行为而应承担的由法律规定的具有强制性的法律义务"②。也有学者指出,"经济法责任是指人们违反经济法规定的义务所应付出的代价"③。还有学者认为,"经济法律责任是指违法者对其经济违法行为所应承担的具有强制性的法律后果"④。显然,这是从经济法整体的概念出发去界定法律责任的,还需要从责任主体、责任内容等方面进行具体的宏观调控责任探讨。

宏观调控的主体因违反相关宏观调控的法律法规而产生的不利的法律后果就是法律责任,这里包括宏观调控主体的责任和被宏观调控主体的责任。实际上,由于宏观调控主要采用间接性、指导性的工具手段,针对被调控主体的规范多是提倡性规范很少有义务性规范,所以被调控主体违反宏观调控法规很难使其承担法律责任。因此,有学者认为,"被调控主体并非宏观调控法律责任的主体,也就是说,宏观调控责任主体仅指调控主体的法律责任"⑤。还有学者认为,即使被调控主体违反宏观调控的法规而应负相关责任,也难以进行法律上的界定,无论是宏观调控法在总体上的规定,还是各专门法的相应规定都难以明确。有鉴于此,我们在这里主要讨论宏观调控主体的法律责任。"宏观调控主体的法律责任是指调控主体因损害法律上的义务关系所产生的对于调控受体所应当承担的法定强制的不利后果。"⑥

依此进行深入讨论,显然宏观调控的法律责任来源于宏观调控行为的权利义务的履行性。因此,宏观调控法律责任也包括实体和程序两个方面,正如前述

---

① 〔奥〕汉斯·凯尔森:《法和国家的一般理论》,沈宗灵译,中国大百科全书出版社1996年版,第73页。
② 李昌麒:《经济法——国家干预经济的基本法律形式》,四川人民出版社1995年版,第482页。
③ 漆多俊:《经济法基础理论》,武汉大学出版社1996年版,第187页。
④ 吕忠梅、刘大洪:《经济法的法学与法经济学分析》,中国检察出版社1998年版,第164页。
⑤ 张德峰:《宏观调控主体法律责任的性质》,载《政法论坛》2009年第2期。
⑥ 李西臣:《宏观调控主体可问责制度构建》,载《海南大学学报(人文社会科学版)》2011年第4期。

的讨论,其关键内容在于程序方面的法律责任。宏观调控实体方面的法律责任,主要是指宏观调控政策工具的具体选择;其程序方面的法律责任,主要是指宏观调控政策工具制定与实施过程和步骤。一般来说,对于宏观调控的实体而言,法律责任的设定必然要考虑调控产生的负面后果。但是,由于宏观调控政策的制定和实施涉及对于宏观经济形势的判断、经济的复杂变化以及政策的时效性问题,如果直接以调控政策的经济效果来推定宏观调控主体的法律责任,往往是不合理的,反倒是对于宏观调控程序设定严格的法律责任更加合乎实际。在经济实际运行中,宏观调控实体方面的效果评价比较困难,成本也非常高,主要是由于宏观调控政策工具制定和实施的高度专业性与经济传导性。对此,在实体上施加严苛的法律责任往往损害宏观调控主体的积极性和主动性甚至会诱发不作为的现象。然而,通过法律的制定和实施在程序上设定法律责任则能够提升调控程序的稳定性和预期性,以更好地保障实体效果的实现。此外,宏观调控作为一种国家权力的集体决策,对其公共利益担当的法律责任设定在程序上远比实体上更具有实际意义。然而,宏观调控主体在实体上的责任也并非虚无,而是更多地体现在政治责任以及道德责任方面。

  从法学理论上来讲,宏观调控法律责任的内容明确界定以后,就需要对于违反宏观调控法规的行为进行责任判断,即归责。一般来说,法理学认为,法律责任的归责应当遵循合法、公正、有效、合理四个基本原则。[①] 为了发挥法律责任的法治功能,宏观调控主体法律责任的归责也应该坚持这些原则。鉴于宏观调控自身及其法治化的特点,学者们普遍认为,宏观调控主体法律责任的归责应采取"过错推定"原则,由于宏观调控权的公共性和复杂性,被调控主体处于信息劣势难以监督,那么由调控主体来自证无过错也就更加公平合理。

  在确定了宏观调控法律责任的内容、归责原则之后,其构成要件就成为法规制定和实施的关键性问题。依据法学理论关于责任要件的分析,宏观调控法律责任主要由宏观调控的主体、违法行为、损害事实以及行为与结果之间的因果关系等几个方面构成[②]:首先,具备宏观调控职能和责任能力的主体。在我国,宏观调控的主体主要包括全国人大及其常委会、国务院、国家发展和改革委员会、财政部、中国人民银行、国家税务总局等政府职能部门。从主体的形式上看,有宏观调控机关,即法人主体,也有具体履行宏观调控职务,参与宏观调控过程的公务员。其次,宏观调控主体行为违法。宏观调控主体行为违法包括违反实体

---

  ① 参见沈宗灵主编:《法理学》,北京大学出版社2003年版,第372页。
  ② 参见李西臣:《宏观调控主体可问责制度构建》,载《海南大学学报(人文社会科学版)》2011年第4期。

法和程序法,主要有以下三类:一是调控主体不履行法定调控职责,消极的不作为状态使社会公共利益得不到保障而减损;二是调控主体履行职责违反宏观调控实体和程序法律规定;三是调控主体的职务行为超越法律规定。再次,具有损害事实。此要件有以下特点:(1)损害事实必须是被调控主体遵从调控政策而发生的。(2)损害是直接的财产损害。过于扩大的损害赔偿范围往往损失宏观调控主体的积极性和主动性,导致更大的社会福利损失。(3)损害应当是客观存在的,能够予以公平认定。最后,因果关系采盖然性推论。宏观调控法律责任的认定需要宏观经济领域的专业知识和信息,对于相关损害事实和违法行为之间的因果关系进行严格的证明需要专业机构,超出了仅具有常识的普通监督主体的能力。因此,宏观调控主体承担法律责任的因果关系宜采用盖然性推定。

在法治化的过程中,厘清法律责任的目的就是责任的追究,也就是法律救济。对于宏观调控的责任而言,其政治责任以及道德责任显然是可以追究的,但是对于其法律责任如何追究,是否可以进行司法诉讼,就成为学术界争议的焦点。法学界尤其经济法学者对于宏观调控责任的可诉性形成了肯定与否定截然相反的两派观点。对此,学者们作出了学理分析。坚持宏观调控法律责任不可诉性的观点认为,"宏观调控行为的不可诉性是指宏观调控行为即宏观调控决策不具有可审查性。法院既不能撤销、变更或废止宏观调控行为,也不能判决宏观调控机关对宏观调控决策给受控主体造成的损害承担赔偿责任。承认宏观调控行为的不可诉性实质上是在承认'司法失灵'前提下的一种'司法克制主义'。宏观调控行为的不可诉性要求拓展经济法的追责模式,建立宏观调控复议制度、政治责任制度和'经济法上的国家赔偿'制度。此外,宏观调控决策的程序还需优化,以更多的'法定'、更多的透明、更多的参与、更多的回应、更多的问责来制约和规范宏观调控权"[1]。坚持宏观调控法律责任可诉性的观点认为,"主张宏观调控不具可诉性的观点,其实并未能准确地把握国家行为不可诉性的本质,也与法的可诉性内涵不符。宏观调控行为的可诉性所内含的是宏观调控的法律责任。法院对宏观调控司法审查的内容并非是指宏观调控的内容及其结果,而是指出台的宏观调控决定是否与宪法或其上位法有冲突、是否违反了宏观调控的程序规范、是否损害在先的合法个人权益和集体权益等。宏观调控的可诉性可通过宏观调控立法的法律责任规范和宏观调控主体法律责任规范得到构建,并通过宏观调控行为的司法审查来实现"[2]。以上对于宏观调控责任可诉性的争论,都有自己充分的学理上和实践上的理由,都对于宏观调控法治化的进程提供

---

[1] 邢会强:《宏观调控行为的不可诉性再探》,载《法商研究》2012年第5期。
[2] 徐澜波:《宏观调控的可诉性之辩》,载《法学》2012年第5期。

了现实指导。

  深入考察上述争论和背后的基础,我们总体上来说,更加倾向于宏观调控责任的可诉性,这也是完善宏观调控的手段,推进以法治为核心的现代治理体系的必然要求。当然,这并不意味着就可以全方位地对于宏观调控行为进行司法诉讼,对于宏观调控职能部门的抽象行政行为以及自由裁量权的合理利用,在司法诉讼上仍然要坚持审慎保守的态度,甚至完全可以依法明确不予诉讼的具体情形。但是,随着社会经济的发展以及市场主体权益保护的深化,在政府宏观调控行为具体侵害了被调控主体合法权益的领域,我国也完全可以探索司法救济的途径,引入司法诉讼和司法机关的裁判权。通过诉讼等司法救济手段,法院等司法部门依法合理确定被调控主体被侵害的经济权益,裁决宏观调控主体承担相应的财产责任,进一步完善宏观调控法律责任方面的国家赔偿制度。

第六章 市场监管的法治化分析

在政府经济职能的结构中,既需要针对经济总量和总体性目标的宏观调控,也需要针对微观经济有序运行的市场监管。在微观经济运行中,市场机制的有效发挥还需要对市场秩序与市场主体的行为进行有效的规范,市场监管就是实现这一目标的主要手段。在完善市场经济的过程中,各级政府要充分发挥政府经济职能,在宏观经济领域实现有效的宏观调控,在微观经济领域实现有效的市场监管。当然,从政府经济职能的意义上而言,市场监管是建立在宏观调控的基础之上的,二者相互交融和促进。为此,宏观调控法治化也必然要求市场监管的法治化,市场监管的法治化又会促进宏观调控的法治化。市场监管作为政府的核心经济职能,需要纳入法治政府的建设框架,对于各级政府市场监管的权限、行为、程序、执行以及法律责任等要素进行法治化的系统性规范。

第一节 市场监管法治化的价值规范

市场监管的目的在于维护正常的市场交易秩序和竞争秩序,市场监管法治化就是要约束市场主体的经济行为,保障市场主体的合法权益。作为调整市场监管关系的法律规范,既要依法监管市场主体的经济行为,又要规范监管主体的权责和行为,保障市场主体合法经营的同时,维护公平的市场秩序。为此,市场监管法治化要坚持以社会整体利益为核心,对于市场主体及其经济活动进行合法适度地监管,通过法治化水平的提高,尽快完善市场经济体制。

一、市场监管与规制的理论内涵

在公共经济学看来,政府经济职能包括两大基本要素,即宏观调节和微观规制。在我国社会主义市场经济条件下,宏观调节体现为政府对经济总量的宏观调控;微观规制则体现为各级各类政府部门对于经济活动进行的市场监管。如果我们把政府经济职能看作政府运用公共权力对于经济活动进行的监督和管理,即经济监管,那么,无疑宏观调节与微观规制都是属于经济监管的范畴。依此分析理路,我们有必要进一步理清"经济监管""市场监管""市场规制"这几个相关核心概念的逻辑递进关系。如此,也将有利于完善市场监管的行为与法治化的路径。

一般认为,经济监管即经济监督管理的简称。对此,著名经济法学家李昌麒教授就采纳此说,并进行了广义与狭义的区分。他认为,"广义的经济监督管理是国家宏观调控的一项重要内容,是指对宏观经济调控过程以及宏观经济决策和有关政策法规的实施具有重要意义的经济管理活动,其基本内容是检查和考核经济活动是否符合国家经济发展的目标和有关政策法规规定,查明偏差的程度和原因,并采取措施纠正偏差,引导经济活动按正常秩序进行"①。显然,在这里他是把广义的经济监管等同于宏观调控而言的。从国民经济监督管理活动的实践来看,经济监管的对象必然包含经济发展规划、宏观经济决策与实施、经济结构调整和区域经济合作等宏观经济活动,以及微观经济主体及其经济行为的监督管理。由此,"狭义的经济监督管理仅指对市场活动的监督管理,是指在市场经济条件下,政府依法对各种市场行为进行的监督管理,其主要目的是通过对各类市场行为实施主体资格认证、交易行为和秩序的规范约束、权益的保护等管理活动,来规范市场主体的交易行为,以维护公平竞争的市场秩序提高市场竞争的效率"②。至此,在厘清广义和狭义经济监管具体内涵的基础上,李昌麒教授在论述经济监管法律制度时明确说明,"本章采用的是狭义的经济监督管理的概念,且仅对一些特殊的要素市场监管进行分析"③。可见,在这里经济监管法律制度就是指的市场监管法。也可以说,这是一个从广义经济监督管理(经济监管)到狭义市场监管的理性认识过程,市场监管法律体系也以此为理论的逻辑起点。但是有意思的是,李昌麒教授在上述同一本书里又分列专编论述了市场秩序规制法。对此,似乎可以如此理解,上述经济监管法即市场监管法,仅仅是对一些特殊的要素市场监管进行分析,而市场秩序监管法则是对市场秩序、市场主体及其行为进行监督管理的法律体系。

与此同时,也有学者认为,虽然"监管通常含有监督和管理的内容,但并不是监督与管理二词内涵的简单叠加,监管有其特定含义"④。如此看法的依据是,有学者认为监管是监管者运用各种监管手段对被监管者采取的一种有意识的、

---

① 李昌麒主编:《经济法学(第二版)》,法律出版社2008年版,第531页。
② 同上书,第532页。
③ 同上。
④ 顾功耘主编:《经济法教程(第二版)》,上海人民出版社、北京大学出版社2006年版,第723页。

主动的干预和控制活动。从而推论出,监管无法涵盖和包容经济监督和管理的全部内容,因此监管应该是一个独立的领域和概念。在论述市场监管法时,顾功耘教授还提出,在现代市场经济条件下,政府的经济管理活动,还包括宏观调控、微观规制和市场监管等诸多方面。他进一步论述和界定了"市场监管"的概念和内涵,认为"市场监管是指市场监管主体对市场活动的主体及其行为进行限制、约束等直接干预活动的总和"①。这一概念的具体内涵表明,市场监管的主体是有权实施监管的政府机关、机构和团体组织等;监管对象是市场活动的参与者及其市场行为;监管目标是控制市场风险、保障市场安全。显然,这里对于市场监管的理解与李昌麒教授的界定在实质上是一致的,都强调了监管部门对于市场主体及其行为的规范和约束。市场监管不同于宏观调控是显而易见的,那么其与微观规制的关系如何呢?顾功耘教授认为,"微观规制是指政府为维护市场竞争秩序、保障市场机制正常发挥作用,而对经营主体的市场行为进行规范、控制的活动"②。可见,这里把微观规制限定在对于市场经营主体关涉市场竞争秩序的行为,可以说微观规制包含于市场监管,是狭义的市场监管。如此,作为狭义市场监管对象,"市场秩序的核心就是强调市场主体行为的规则性和竞技状态的稳定性"③。正是基于此种分析,经济法学界比较一致的观点是,将市场监管法与市场秩序规制法分开来研究和论述。

  通过对经济法学界比较有代表性和一致性观点的梳理,就多学科促进市场监管法治化的角度而言,我们还有必要进一步在学理上深入分析"市场监管"和"市场规制"这两个核心概念。从经济学上来看,如同政府干预的合法性来源于市场失灵一样,市场监管作为政府监管的必要组成部分,其正当性也来源于自由市场无序竞争带来的失灵现象。在前文中对于市场失灵的表现与政府干预的必要已经作了说明,这里需要强调的是制度经济学对于市场监管的论述。制度经济学认为,制度是秩序的源泉,降低交易成本是制度的生命力。因此,市场监管可以节约私人部门的交易成本,也是具有生产性的。市场本身无法克服过大的交易成本,因而为政府的市场监管提供了必要性和实践诉求。早在初版于1973年的《法律的经济分析》一书中,美国著名法律经济学家理查德·A.波斯纳就专门论述了市场的公共管制、企业组织和金融市场的法律等,④适用经济学的方法研究和解释了市场监管法规的效果。显然,在这里他沿袭了制度经济学的交易

---

  ① 顾功耘主编:《经济法教程(第二版)》,上海人民出版社、北京大学出版社2006年版,第723页。
  ② 同上书,第724页。
  ③ 同上书,第321页。
  ④ 参见〔美〕理查德·A.波斯纳:《法律的经济分析》,蒋兆康译,中国大百科全书出版社1997年版,第355—592页。

成本理论,认为交易成本的高低是决定政府监管发生的根本要素。当交易成本比较低,市场化配置符合利益最大化原则时,资源所有权的分配就留给市场来决定;反之,当交易成本比较高,市场配置代价比较高昂时,资源所有权的配置就由政府通过法律手段来进行。

在市场经济建立和完善的过程中,市场监管一直是我国各级政府的核心经济职能之一。早在1993年,《中共中央关于建立社会主义市场经济体制若干问题的决定》中就明确提出,必须培育和发展市场体系,改善和加强对市场的管理和监督。当时,在培育和发展市场体系方面,"要着重发展生产要素市场,规范市场行为,打破地区、部门的分割和封锁,反对不正当竞争,创造平等竞争的环境,形成统一、开放、竞争、有序的大市场"。在市场监管方面,"建立正常的市场进入、市场竞争和市场交易秩序,保证公平交易,平等竞争,保护经营者和消费者的合法权益。坚决依法惩处生产和销售假冒伪劣产品、欺行霸市等违法行为。提高市场交易的公开化程度,建立有权威的市场执法和监督机构,加强对市场的管理,发挥社会舆论对市场的监督作用"。[①] 这一表述,首次确定了社会主义市场经济条件下市场监管的基本内涵,在我国市场经济发展过程中具有重要理论意义和实践意义。经过十多年的发展,中央在完善市场经济体制的决定中又再次明确提出,要完善市场体系,规范市场秩序,"完善行政执法、行业自律、舆论监督、群众参与相结合的市场监管体系,健全产品质量监管机制,严厉打击制假售假、商业欺诈等违法行为,维护和健全市场秩序"[②]。显然,这是党和政府最高执政纲领对于发展成就的总结,也是未来实践的指南,标志着我国政府的市场监管职能正在逐步深入和完善。在新时代,党和政府为了全面推进改革,实现经济社会高质量发展,提出"构建更加系统完备、更加成熟定型的高水平社会主义市场经济体制"。对此,党和政府立足于加快完善市场经济的战略高度,精准施策,明确提出要"加强市场监管改革创新,健全以'双随机、一公开'监管为基本手段、以重点监管为补充、以信用监管为基础的新型监管机制"[③]。

在当前我国实务界和学术界的话语表述中,与"市场监管"概念的广泛使用且在语义理解上比较一致的情形不同的是,市场规制无论在定义内涵还是在适用范围上都存在较大的差异。从经济学的溯源来看,市场规制与市场监管一样,

---

① 参见《中共中央关于建立社会主义市场经济体制若干问题的决定》,载《人民日报》1993年11月17日第1版。
② 《中共中央关于完善社会主义市场经济体制若干问题的决定》,载《人民日报》2003年10月22日第1版。
③ 《中共中央、国务院关于新时代加快完善社会主义市场经济体制的意见》,载《人民日报》2020年5月19日第1版。

其合理性与必要性都是来自于市场失灵的种种表现。一般认为,"规制"一词来源于英文"regulation"的意译,从英语词典的注解来看,作为名词一是指章程、规章制度、规则、法规;二是指运用规则条例的管理、控制。① 在政府法令和学者著作中,自从 20 世纪 30 年代以来,"规制"这一概念在市场经济国家得到广泛使用,在 90 年代日本学者植草益的《微观规制经济学》一书传入我国后得以普遍传播。在植草益看来,"通常意义上的规制,是指依据一定的规则对构成特定社会的个人和构成特定经济的经济主体的活动进行限制的行为。进行规制的主体有私人和社会公共机构两种形式。由私人进行的规制,譬如私人(父母)约束私人(子女)的行动(称为'私人规制');由社会公共机构进行的规制,是由司法机关、行政机关以及立法机关进行的对私人以及经济主体行为的规制(称为'公的规制')"②。在我国语境下,经过转译和传播,"规制之语义有'规整''制约'和'使有条理'的含义,是利用外部一定的强制力量对某一事物(或行为)偏离应有的状态的矫正和规范"③。

从词源与词义上来看,规制与监管(监督管理)、管制(管理控制)等相关语汇具有相通性。我国学界大多数学者认为,市场规制有广义和狭义之分,广义上的市场规制是指拥有公共权力的组织对于市场失灵现象依据法规进行的管理和控制;狭义的市场规制是指政府部门通过相关法规和制度的执行来实施市场主体及其运行机制的约束和激励。美国经济学家丹尼尔·F.史普博详细分析了市场规制的问题,提出三种类型的管制(市场规制):"第一,直接干预市场配置机制的管制,如价格管制、产权管制及合同管制。在某些市场里,价格体系可能完全或部分由商品的行政性配置来取代,如公共企业的行政性定价。第二,通过影响消费者决策而影响市场均衡的管制。消费者的预算组合受税收、补贴或其他转移性支付的制约。对消费者选择的直接管制有汽车尾气排放量限制及购买保险条件等。第三,通过干扰企业决策从而影响市场均衡的管制。此类约束包括施加于产品特征(如质量、耐久性和安全等)之上的限制。对企业投入、产出或生产技术的限制导致企业产品组合方面的制约。例如,环境管制就牵涉到投入约束(低硫燃料油的使用)、产出约束(排污配额)及技术约束(治理污染所需的最有效技术)。"④在这一分类的基础上,史普博认为,"管制(规制)是由行政机构制定并

---

① 参见〔英〕霍恩比:《牛津高阶英汉双解词典(第 8 版)》,赵翠莲等译,商务印书馆 2014 年版,第 1730 页。
② 〔日〕植草益:《微观规制经济学》,朱绍文、胡欣欣等译校,中国发展出版社 1992 年版,第 1 页。
③ 李昌麒主编:《经济法学(第二版)》,法律出版社 2008 年版,第 227 页。
④ 〔美〕丹尼尔·F.史普博:《管制与市场》,余晖等译,上海三联书店、上海人民出版社 1999 年版,第 44—45 页。

执行的直接干预市场配置机制或间接改变企业和消费者的供需决策的一般规则和特殊行为"①。可见,在规制经济学中,所谓市场规制也就是对市场秩序与市场主体及其行为的监督和管理,与此前我们关于市场监管含义的理解是一致的,在时间上基本上也是相同的。在多学科的研究中市场规制与市场监管完全可以作为同义语来理解和使用,在下文中笔者也将把市场规制与市场监管方面的法治化论述统一称为市场监管法治化。

二、市场监管法治化的法律规制

市场监管作为公共权力对于市场主体与行为的监督、管理和规制,在法治政府的背景下,必然是依据法规、制度以及公共政策来进行的约束和控制。为此,无论是宏观意义上的市场监管,还是微观理解的市场规制,都必须纳入市场治理法治化的轨道,也是在新时代加快完善社会主义市场经济体制的迫切需要。对于经济监管、市场监管以及市场规制的法律概念、功用与体系,经济法领域分别进行了深入的研究。

在市场监管法的含义与特征方面,经济法学界主要是立足于对经济和市场的监管与规制等核心领域来展开研究的。一个比较权威性的观点认为,"经济监管法是一个概括名词,是指为了解决市场失灵问题,依据市场经济规律而制定的有关政府介入市场行为的各种法律规范的总称"②。同时,"经济监管法不是集中在具体法律文件中的部门法或者法律规范的总和,而是学者们对于具有同类功能的经济法律、法规予以学理概括后的表述,与经济法的其他法律制度相比,经济监管法具有微观性、强制性、基础性与前提性等特征"③。这里我们不难看出,对于经济监管法的含义与特征的论述,同样也适用于市场监管法,关键词替代以后,在理论和实践上都是可行的,从而也可以理解为是市场监管法的内涵和特征。另一个具有广泛代表性的观点更加直接与具体,依据其对市场监管内涵的理解,明确提出了"市场监管法"的概念,认为"市场监管法是调整在市场运行过程中,监管主体对市场活动主体及其行为进行制约所产生的经济关系的法律规范的总称"④。同时,该观点认为市场监管法的构成规范,"既包括专门规定监管内容的法律法规(如《审计法》),也包括与商法内容结合在一起的监管规范(如《保险法》中的监管部分);除法律法规外,大量的规章和规范性文件是市场监管

---

① 〔美〕丹尼尔·F.史普博:《管制与市场》,余晖等译,上海三联书店、上海人民出版社1999年版,第45页。
② 李昌麒主编:《经济法学(第二版)》,法律出版社2008年版,第533页。
③ 同上书,第533—534页。
④ 顾功耘主编:《经济法教程(第二版)》,上海人民出版社、北京大学出版社2006年版,第727页。

第六章　市场监管的法治化分析

法的重要渊源"①。此外,经济法学者邱本认为,"市场监管法是调整市场监管关系的法律规范的总称,概括地说,市场监管法具有微观性、强制性、标准化、针对性、直接性等特征"②。显然,这里所指的市场监管法也很难在学理上或者实践中区别于市场规制的行为与法律问题。换言之,这里的市场监管法实际上也是指的市场规制法,更具体地说其中也包含了关于市场秩序的规制问题,从中剥离单论市场秩序规制法也会带来理论和实践上不必要的歧义和困扰。

在市场规制法的研究方面,经济法学界主要集中于对于市场秩序的规制方面,主要是基于市场秩序的理解而展开的。从经济学的视野来看,市场秩序是市场主体即市场交易活动中的组织和个人,在进行市场交易活动的过程中所形成的错综复杂而又紧密联系的各种各样的关系,可以界定为"市场参与者按照特定的市场交易规则安排行为而产生的个人利益与公共利益之间的协调状态"③。从法律的角度而言,"市场秩序是指在特定时空范围内形成的一系列法律制度和习俗惯例的总和,以公开、公正、公平为目标,旨在保障市场交易顺利进行的一种有条不紊的状态"④。完善市场经济体制就是要发挥市场在资源配置中的决定性作用,那么,良好的市场秩序是市场机制发挥作用的根本前提。社会经济发展的历史表明,良好的市场秩序取决于市场主体的自我约束和市场主体行为的外部规制,二者缺一不可。对此,著名经济学家哈耶克有过精彩的论述,对于市场本身而言,"鉴于种种原因,自生自发的发展过程有可能会陷入一种困境,而这种困境则是它仅凭自身的力量所不能摆脱的,或者说,至少不是它能够很快加以克服的"⑤。因此,对于市场自身的这种内在缺陷,就有必要引入外部规制,掌握公共权力的政府组织就成为最合适的选择。当然,正如"诺斯悖论"所指出的,国家力量干预经济有可能导致两种后果:对经济的促进作用和对经济的阻碍或破坏作用。所以,对于市场运行而言,既需要政府的干预,也需要对政府干预进行规制,以市场失灵为限度,有效而不过度地保障市场机制作用的正常发挥。

对此,经济法学界普遍认为,市场秩序规制法针对的就是政府干预的必要性和适当性,是保证政府对市场秩序进行适度干预的法律制度。李昌麒教授认为,"市场秩序规制法是指国家从社会整体利益出发,为维护市场机制的正常运行,对影响市场秩序、偏离市场经济要求的行为进行规制的法律规范的总称"⑥。顾

---

① 顾功耘主编:《经济法教程(第二版)》,上海人民出版社、北京大学出版社2006年版,第728页。
② 邱本:《论市场监管法的基本问题》,载《社会科学研究》2012年第3期。
③ 王根蓓:《市场秩序论》,上海财经大学出版社1997年版,第37页。
④ 李昌麒:《经济法——国家干预经济的基本法律形式》,四川人民出版社1995年版,第333页。
⑤ 〔英〕哈耶克:《法律、立法与自由(第一卷)》,邓正来等译,中国大百科全书出版社2000年版,第135页。
⑥ 李昌麒主编:《经济法学(第二版)》,法律出版社2008年版,第227页。

功耘教授也认为,"市场秩序规制法是国家从社会经济的整体出发,为了维护市场机制的作用,对影响市场秩序,偏离市场经济基本原则的行为进行规制的法律规范的总称"①。此外,经济法学者胡小红综合考察了实体法与程序法、调整对象、调整方法、调整原则、调整目标等要素,认为"市场规制法是以社会利益为本位,综合运用民事方法、行政方法、刑事方法调整具有直接社会性的平等主体内部的组织经营关系、平等主体之间的经济关系以及纯粹公共性经济关系的法律规范的总称"②。

由此可见,经济法学界在对于市场秩序规制法的基本内涵上认识是一致的,都强调了其以社会整体利益为本位,以社会经济的整体协调为目的,对一定的市场行为进行引导和限制,集中体现了现代经济法治的本质和宗旨。市场秩序法可以从广义和狭义上来理解,从广义上来说,国家为了市场经济的稳定发展和资源的有效利用,所采取的一切干预措施都可理解为是市场秩序的法治化行为,这里既包含了宏观经济调控的法律又包含了微观经济规制的法律;但是,在经济法领域,市场秩序规制法主要是从狭义上来理解的,普遍认为市场秩序规制法是规制市场交易秩序和市场竞争秩序的各项法律制度的总称,其中又以对市场竞争秩序的规制为主要内容,即以市场竞争法为主。③ 很明显,这里的市场秩序规制法主要针对的是市场主体的行为而非市场主体本身,并且在市场主体的诸多行为中仅仅针对的是其市场上的竞争行为。

正如前文对于关键概念的理解,我们可以采取中观而综合的逻辑维度,把市场监管理解为其核心就是公共组织对于包括个人和组织在内的各类市场主体本身及其行为进行的依据法规的约束和限制。如此理解的市场监管,显然涵盖了狭义上的经济监管,也囊括了市场主体的交易秩序和竞争秩序,当然也把市场主体自身设立、经营等活动纳入监管范围。因此,在如此理解市场监管的基础上,市场监管法实际上涵盖统合了经济法领域习惯上所指的经济监管法、市场监管法、市场秩序规制法等相关内容。虽然有的经济法学者在理论上区分市场监管法与市场的基础上,深入分析了二者同属于经济法、有共同的理论基础、倾向于国家干预、有共同的调整方式等共性,也存在价值目标、调整对象、干预范围、干预主体、干预时间、干预方式、政府定位以及对消费者的保护程度等方面的不

---

① 顾功耘主编:《经济法教程(第二版)》,上海人民出版社、北京大学出版社2006年版,第323页。
② 胡小红:《市场规制法基本理论探究》,载《安徽大学学报(哲学社会科学版)》2003年第6期。
③ 参见李昌麒主编:《经济法学(第二版)》,法律出版社2008年版,第228页;顾功耘主编:《经济法教程(第二版)》,上海人民出版社、北京大学出版社2006年版,第323—324页。

同,①但是这一观点并不影响对于二者在中观综合上的理解,反而更突出了在法律调整对象上的同一性和实践中的便利性。

因此,笔者认为,市场监管法是指公共组织为了实现社会的整体利益,维护市场机制正常发挥作用,对于包括个人和组织在内的各类市场主体的设立、运营等自身管理行为及其交易、竞争等外部市场行为,进行的协调、约束和限制,为此所依据的法律法规和特定规范性文件的总称。从法律规范上来看,市场监管法的主要内容,既包括适用于各具体市场的市场分类监管法,如金融(银行)监管、保险监管、证券监管、期货监管、房地产监管、技术市场监管和信息市场监管的法律规范等;也包括适用于各市场的市场综合监管法,如会计、审计、工商企业监管的法律规范等。② 从法律构成要素上来看,市场监管法的核心要素,主要包括市场监管体制、市场准入与进入、市场运营风险控制、关联交易监管、危机处理与市场退出、对交易场所和中介机构监管,以及对监管者的监管等基本内容。③ 具体到市场秩序的监管而言,市场监管法对于市场秩序的调整,其对象是政府在矫正市场主体为追求个体利益而损害社会公共利益的行为时所产生的各类社会关系,主要包括三个方面④:一是对特殊交易主体、特殊交易方式以及市场体系等特殊市场行为的规制;二是对于垄断、限制竞争、不正当竞争等市场竞争行为的规制;三是对消费者合法权益的保护。

三、市场监管法治化的价值诉求

市场监管法是政府的市场监管行为以及市场主体从事市场活动的法律依据,是市场经济法治化的核心标志,依法维护市场机制作用的正常发挥是其根本目标。从法的价值理论来看,法的价值与法的基本原则有着内在的必然联系,法的基本原则表明它是其他规则的渊源和根基,是任何部门法的基础,具有根本地位;法的价值以法律原则的形式体现出来,是法的基本原则的提炼和升华。⑤ 进一步而言,对于法律基本原则的探讨又是以法律的设定权力以及法律的功能为前提的。因此,在法律价值论的逻辑上,法律的权力设定、法律的功能,反映和体现了法律的基本原则,法律的基本原则进而彰显了法律的价值诉求。

---

① 参见罗刚、徐清:《论市场监管法的地位——以市场监管法与市场规制法的关系为视角》,载《天津法学》2011年第2期。
② 参见顾功耘主编:《经济法教程(第二版)》,上海人民出版社、北京大学出版社2006年版,第728页。
③ 同上书,第730—732页。
④ 参见李昌麒主编:《经济法学(第二版)》,法律出版社2008年版,第228—230页;顾功耘主编:《经济法教程(第二版)》,上海人民出版社、北京大学出版社2006年版,第324—326页。
⑤ 参见刘大洪、廖建求:《论市场规制法的价值》,载《中国法学》2004年第2期。

对于市场监管法的权力设定而言,学术界主要集中讨论了市场监管权问题。李昌麒教授没有专门论述市场监管权问题,但是依据其对于相关概念的区分和界定,详细阐述了经济监管权。他认为,"经济监管权,是指政府作为监管者依据法律授权取得的对各类市场进行监督管理的权力。从市场监管者的角度来看,经济监管权是规范市场交易行为,预防、查处、惩罚危害市场环境的不正当行为,保护市场主体的合法权益,维护经济秩序和公共利益所必需的工具和手段。从市场主体的角度来看,经济监管权是他们参与市场竞争时所不得不考虑的一种制度约束"①。很显然,依据上述笔者对于市场监管的理解以及对于市场监管法的界定,这里的经济监管完全可以用市场监管来替换,此处对于经济监管权的论述实际上就是关于市场监管权的理解。因此,市场监管权就是法律法规授予公共组织对于各类市场主体及其行为进行限制、约束和管理的权力。市场监管权属于公共组织的经济职能,既具有一般行政权的特征,也具有经济管理权的属性。

市场监管权可以溯源到市场失灵的经济原因和私法不完备性的法律原因,作为介入市场而形成的一种权力,它行使权力的主体是法律授权的公共组织,内容是对市场主体及其行为的规制。从法律地位上而言,获得法律法规授权的公共组织就是行使公共权力的部门,视同政府机关的一部分;从行为性质上而言,市场监管行为是政府或者代表政府而行使的一种公共管理行为,属于具体行政行为的一种;所以说,市场监管权的行使必须遵循依法行政、法治政府的原则,不得越权和不作为;同时,市场监管权也是对市场失灵的弥补和干预,监管行为要有限度,不得违背市场规律。因此,经济法学界普遍认为,市场监管权具有以下特性②:一是法定性,是指作为市场监管部门的行政主体享有的行政权只能由法律法规所设定,即市场监管权的取得具有法定性。二是专属性,一方面市场监管主体的监管权只能由具有行政主体资格的组织依法享有,其他组织和个人不得拥有这种权力,其行使不受其他组织和个人的非法干涉;另一方面市场监管主体系统内部有明确的职权范围和分工,不得超越其职权范围。三是优益性,是指在行使市场监管权时依法所获得的职务上或物质上的各种优越条件的特性。四是权责统一性,是指监管主体职权与职责的统一性。五是不可自由处置性,是指监管主体对于体现国家意志的监管权不能按照自己的私益任意处分,即监管权一般不得转让或放弃。六是市场约束性,是指市场监管权必须受市场机制的约束,以不破坏市场机制的作用的正常发挥为限。

---

① 李昌麒主编:《经济法学(第二版)》,法律出版社 2008 年版,第 537 页。
② 同上书,第 537—538 页。

依据结构功能主义的分析视角,法律的功能也是由其内涵及其特征所决定的。市场监管法的核心功能就是通过法治手段保障政府市场监管职能的良性运行。我国四十多年改革开放的历程,也是市场经济体制发展和完善的过程,其间政府市场监管也历经演进,逐步发展和完善。当前,市场起决定作用的资源配置机制正在逐步完善,市场主体日益规范,市场交易秩序和竞争秩序的法治化的程度日益提高。当然,在加快完善市场经济体制和优化营商环境的大背景下,市场监管的法治化还需要进一步完善和提高。市场监管法的实质是政府公权力通过法定化的方式干预市场运行,实现对市场主体资格、行为以及状态等有效监管的法律机制。所以,市场监管法的主要功能在于市场监管主体依据法律法规的授权对市场主体及其行为制定政策规范、开展监督检查、纠正违法违规行为、维护市场主体合法权益等;同时为市场监管主体设定权力行使的边界,避免其干扰市场机制的正常运行和侵害市场主体的合法权益。

经济法学界普遍认为,市场监管法的核心职能包括三个方面[①]:第一,严格监管市场准入,确保市场主体的合法性。现代市场经济的国际化、专门化、技术化程度日益加深,各类市场的要素准入对于市场主体资格提出了不同的要求。市场主体的合法性是其市场行为合法有序的法律基础。因此,政府监管部门必须对不同性质不同类别的市场主体采取不同的资格限制和要求,采取不同的市场准入制度。为此,市场监管法首先应该对各类市场主体资格取得的条件、程序作出明确的规定,由市场监管部门依法对各类市场主体进行资格审查,依据科学的标准判断其是否具有进入市场开展交易活动的资格,以确保各类市场主体都能成为合法的市场主体,从源头上防止违法市场行为的发生。第二,监管市场交易行为,维护弱势群体利益。关注弱势群体,是经济法作为公法特性的一贯追求。这里的弱势群体,主要是指市场活动中的弱势一方,市场监管法需要以现实生活中各市场主体的治理水平、获取信息的能力以及经济实力规模的差异作为衡量标准。市场监管法要注重对于特殊身份的消费者以区别对待,对于消费环节、产品和服务的流转关系进行特别调整,尤其是对于特殊的要素市场要进行强势审慎的监管,对消费者的合法权益以特殊制度安排和法律保障。第三,维护公平竞争秩序,提高市场竞争效率。在现代市场经济运行中,市场监管部门只有保证竞争机制的有效运作,才能确保市场主体的优胜劣汰,实现经济发展的效率与公平。维护秩序是法的基本价值,维护市场秩序则是市场监管法的基本任务。从这个意义上来说,市场监管法承担着国家对市场主体及其行为以及各项权益的保护职责,确保公平竞争的市场秩序是市场监管法追求的目标。从法治政府

---

① 参见李昌麒主编:《经济法学(第二版)》,法律出版社2008年版,第535—536页。

的运行逻辑而言,政府职能的履行要实现法治化,政府及其行为本身也要实现法治化,核心在于政府自身的法治化。因此,市场监管法既要保证政府监管主体依法实施市场监管职能,确保市场机制的正常运行,又要依法规范市场监管主体及其行为的界限与程序,赋予被监管主体在法律上的救济权利,避免市场监管主体滥用权力,妨害市场机制的有效运行。

法律原则是法律价值诉求的反映和凝练,对于法律的实施和法治化进程具有重要的导向和统合作用。法律的基本原则既是制定法律的基础,可谓具体法律规范的来源和依据,又是实施法律过程中作为根本准则对具体法律规范的有益补充,以涵盖成文法难以顾及的情况。对于市场监管法的基本原则,经济法学界也是依据其对于市场监管与市场秩序规制的分离来论述的,总体上对于市场监管法基本原则的论述倾向于宏观与公共利益,对于市场秩序规制法基本原则的阐述则偏于微观市场主体和市场秩序的维护。比如,李昌麒教授就没有专门论述经济监管法的基本原则,但是详细论述了在监管体制设置方面独立高效的原则;[①]对于市场秩序规制法的基本原则作了充分的论述,认为应包括维护市场活动中的经济民主原则、保障市场活动中的实质公平原则、维护市场运行的整体效率原则等。[②] 顾功耘教授则认为,市场监管法的原则是体现在市场监管法律规范中的基本准则,是对市场监管立法、司法、执法有普遍意义的指导思想,他详细论述了公正监管、审慎监管、有效监管、协调监管等原则;[③]同时,还深入阐述了市场秩序规制法的基本原则,包括维护经济民主原则、保障实质公平原则、社会整体效率优先原则以及倾向保护弱者原则等。[④]

通过对研究资料的梳理,我们可以看出,从宏观格局到微观视角,从社会利益到组织资格再到个人权益,市场监管法的基本原则主要体现在社会整体利益、市场主体资格、市场主体行为等几个方面。[⑤] 概括而言,市场监管法的基本原则包括以下三个方面:第一,在社会整体利益方面,坚持公共利益最大化原则。市场监管法的法律过程要以社会整体利益为根本依据,把追求公共利益最大化作为基本目标和最终归宿。也就是说,市场监管法对于市场主体及其行为的规制要以公共利益最大化作为根本目标,既要坚持公共利益至上,又要坚持社会整体效益优先的原则,依此作为缓冲经济效率与社会公平之间冲突的法治路径。第

---

① 参见李昌麒主编:《经济法学(第二版)》,法律出版社2008年版,第545—547页。
② 同上书,第236—239页。
③ 参见顾功耘主编:《经济法教程(第二版)》,上海人民出版社、北京大学出版社2006年版,第728—730页。
④ 同上书,第332—335页。
⑤ 参见王继军、张钧:《论市场规制法的基本原则》,载《山西大学学报(哲学社会科学版)》2003年第3期;彭彩虹:《论市场规制法问题研究》,载《前沿》2011年第4期。

二,在政府干预市场方面,坚持适时适度干预原则。市场监管作为政府对于市场机制干预的手段,应选择适当的时机,采取适当的方式和力度。所谓适时,是指市场监管法的作用需要以市场失灵为前提,针对的是市场失灵的消极后果,以挽回社会损失为目的;所谓适度,是指市场监管法的适时力度要以挽回市场失灵的消极后果为限,以修复市场机制的作用的正常发挥为目的。第三,在市场主体与秩序方面,坚持维护公平竞争原则。市场监管法的根本目的就是创造和维护公平竞争的市场环境,平等对待各类市场主体,引导各类市场主体依据市场规律合法有序竞争,规范和约束市场主体的经营行为和交易行为,避免不法经营和不正当竞争行为,维护市场竞争机制作用的正常发挥。总之,市场监管法的三大基本原则是辩证统一的,在理论上和实践中相辅相成,公共利益最大化原则是市场监管法治化的根本要求和最终归宿,适时适度干预原则是市场监管法治化的基础和前提,维护公平竞争原则是市场监管法治化的手段和过程。

第二节 市场监管法治化的实践进程

政府市场监管职能的法治化必然涉及市场监管的各个领域,依据笔者对"市场监管"概念的理解以及对于市场监管法的界定,应该包含涉及市场主体自身运营和交易与竞争行为的诸多法律规范。依据多学科的考察角度,概括而言,市场监管法可以分为四大部分:一是要素市场监管法,包括银行、证券、保险、期货等金融市场监管法、劳动力市场监管法、房地产市场监管法、技术和信息市场监管法等;二是市场秩序监管法,包括反垄断法、反不正当竞争法、反倾销和反补贴法等法律制度;三是产品质量监管法;四是消费者权益保护法。伴随着市场导向的改革开放进程,我国市场监管法在这些领域取得了令人瞩目的成就,为有效发挥市场机制配置资源的决定作用,加快完善市场经济体制奠定了坚实的基础,提供了良好的法律保障。

一、金融市场监管法

我国四十多年市场化改革的过程,就是各级各类市场培育、发展和逐步完善的过程。要素市场,即生产要素市场的有效运行,是发挥市场机制在资源配置中起决定性作用的必要条件,完善要素市场化配置是建设统一开放、竞争有序市场体系的内在要求,是坚持和完善社会主义基本经济制度、加快完善社会主义市场经济体制的重要内容。党的十九大报告提出,经济体制改革必须以完善产权制度和要素市场化配置为重点。党的十九届四中全会提出,推进要素市场制度建设,实现要素价格市场决定、流动自主有序、配置高效公平。2020年3月,中央又专门出台了构建更加完善的要素市场化配置体制机制的意见,提出"坚持深化市场化改革、扩大高水平开放,破除阻碍要素自由流动的体制机制障碍,扩大要素市场化配置范围,健全要素市场体系,推进要素市场制度建设,实现要素价格市场决定、流动自主有序、配置高效公平,为建设高标准市场体系、推动高质量发展、建设现代化经济体系打下坚实制度基础"①。依据中央对于要素市场的规划分类,我国的要素市场建设涵盖土地、劳动力、资本、技术、数据等生产要素。鉴于理论研究和法治实践中的考量以及我国不同要素市场发展的非均衡性,笔者在此有选择性地深入探讨资本要素市场,即金融市场监管领域的法治化进程。

金融是指货币资金的融通,是社会经济发展的血脉,金融市场是资本市场化配置的主要场所。金融市场作为以资本为交易对象的要素市场,自身存在复杂性和不确定性,更容易引发市场失灵带来的金融风险,这也为政府权力干预的金融监管提供了正当性与合理性。一般来说,金融风险是由市场不确定性引发的产生金融损失的可能性,通常包括利率风险、汇率风险、交易风险等市场风险,以及管理风险、信用风险、政策风险、法律风险等体制风险。新时代金融全球化和金融创新的勃兴,使金融市场的不确定性更大,风险更加频繁,风险传染力更强更迅猛。1994年墨西哥金融危机、1997年东南亚金融危机、2007年美国次贷危机等都猛烈冲击了相关国家的国家安全、社会稳定以及世界经济的健康发展。因此,世界各国为了实现经济的长期持续发展,致力于防范和化解金融危机,都诉诸强有力的金融监管手段。金融监管,即金融市场监管,是金融监管机构依法利用公权力对金融市场主体及其金融活动进行限制和约束的行为的总称。② 金融监管的机构是履行金融监管的政府部门,金融监管的对象是金融市场的各类主体及其市场行为,金融监管的依据是金融法律规范,金融监管的目的是防范金融风险、确保金融安全。

金融市场的复杂性和高风险性,要求政府实施强有力的金融监管手段,对此必须建立规范的制度体系,逐步提高金融监管的法治化水平。作为金融监管基本准则和依据的金融法监管,"顾名思义就是调整国家对金融市场进行监督和管理的过程中所形成的权利义务关系的法律规范的总称"③。顾功耘教授认为,"金融监管法是调整国家在监管金融市场主体及其活动过程中的经济关系的法

---

① 《中共中央、国务院关于构建更加完善的要素市场化配置体制机制的意见》,载《人民日报》2020年4月10日第1版。
② 参见刘飏等:《金融安全与法制建设》,法律出版社1999年版,第100—101页;张忠军:《金融监管法论》,法律出版社1998年版,第2页。
③ 李昌麒主编:《经济法学(第二版)》,法律出版社2008年版,第548页。

律规范的总称"①。可见,对于金融监管法的界定,经济法学界的观念是比较一致的,其核心在于监管金融市场主体及其行为的法律规范的总称,调整的是金融监管行为所产生的法律关系。对于金融监管法律关系而言,学术界作出了广义与狭义之分,广义的金融法律关系是指金融监管法调整的在金融监管活动过程中形成的具有权利义务内容的社会关系,包括资金融通关系、金融服务关系、金融监管关系以及金融调控关系,②关于此类金融宏观调控的法律关系在之前宏观调控法一章已有详细论述;狭义的金融法律关系是指政府金融监管机构行使监管权对金融机构等市场主体及其行为进行监督管理的过程中形成的权利义务关系,③即本章所讨论的主要是狭义的金融监管法律关系。

金融监管法的根本目的在于防范金融风险,通过规定金融机构等市场主体的资格、市场行为、退出机制以及金融监管机构的职能、权限来对整个金融市场进行监督和管理。大多数学者认为,金融监管的实施能够实现如下目标④:一是确认金融机构的法律地位,建立健全金融机构组织体系;二是培育和完善金融市场体系,规范金融市场行为,协调、确保金融市场各参与者的合法权益,提高资金运营效益,实现资金融通的个体效益和社会整体效益目标;三是确定金融宏观调控目标,规范金融调控、管理、监督行为,完善金融宏观调控、监督体系。这也是金融监管法立法的根本意义所在,也只有建立完备的金融监管法律体系,不断推进金融监管的法治化水平才能实现这三个方面的目标。为此,学术界在研究中对于金融监管法的内容基本达成了共识,认为我国金融监管法律体系的构成包括如下层次⑤:第一层次是金融法律,是指国家立法机关全国人大及其常委会依据立法程序制定的有关金融活动的规范性文件,如《中国人民银行法》《商业银行法》《中华人民共和国证券法》(以下简称《证券法》)、《保险法》等;第二层次是金融行政法规,是由国家行政机关即国务院依法制定的各种有关金融活动的规范性文件,如《外汇管理条例》《外资金融机构管理条例》《证券交易管理办法》《外资保险公司管理条例》《金银管理条例》《企业债券管理条例》等;第三层次是专门的金融监管行政规章,是由作为行政机关职能部门的金融监管机构根据金融法律和金融行政法规制定的规范性文件,如中国人民银行制定的《金融机构管理规定》;第四层次是自律性规范,是由金融机构行业协会如银行业协会、证券业协

---

① 顾功耘主编:《经济法教程(第二版)》,上海人民出版社、北京大学出版社 2006 年版,第 744 页。
② 参见朱大旗:《金融法》,中国人民大学出版社 2000 年版,第 13 页;何立慧主编:《金融法原理》,兰州大学出版社 2004 年版,第 11 页。
③ 参见刘定华主编:《金融法教程》,中国金融出版社 1999 年版,第 48 页。
④ 参见朱大旗:《金融法》,中国人民大学出版社 2000 年版,第 8 页。
⑤ 参见顾功耘主编:《经济法教程(第二版)》,上海人民出版社、北京大学出版社 2006 年版,第 745 页。

会、证券交易所等机构制定约束其会员的带有自治性质的规范性文件和金融机构自己制定的章程、内部规章以及各项业务规程等。

我国政府金融监管逐步建立和完善的过程,也是金融监管法治化不断进步的过程。由于金融业的复杂性与重要性,再加上我国经济起步阶段资本的严重稀缺,我国政府历来高度重视金融市场的发展,金融监管从严格的行政管理逐步过渡到依法监管的法治化时代。当然,改革开放前在计划经济与全能政府的大背景下,金融监管还谈不上市场化与法治化,虽然出台了一些金融监管的法规政策,但主要是为权力运作计划经济服务的。尽管此时的金融监管还不是建立在市场规律之上的,应该说在政府管理计划经济的过程中,金融行业也是法规政策相当密集的领域,称其为法制化程度最高的经济领域之一也是毫不为过的。比如,在1948年12月1日就成立了中国人民银行,其主要职责之一就是履行政府金融监管的职能;此后不久,在1950年11月经政务院批准颁布了《中央人民政府中国人民银行试行条例》,规定在中国人民银行总行设立检查处,专门负责国家对金融业开展的监督管理。[①] 改革开放以后,随着市场经济的建立和完善,探索市场经济发展规律的金融监管进程都伴随着法规政策的制定和实施,在市场实践中逐步提高金融监管的效能,推进金融监管法治化的进步。

随着市场经济体制的完善和金融市场的发展,我国金融监管也经历了从人民银行统一监管到多部门分业监管再到部际协调统一监管的过程,其间金融法规不断丰富和完善,金融监管法治化的程度逐步提高。对此,宏观金融的研究或者经济法与金融法的研究,都比较一致地依据监管模式的更替划分为如下几个时期[②]:

第一,中央银行统一监管时期(1978—1991年)。改革开放之初,我国金融体制改革开始启动,成立了四大专业银行,推进银行业务专业化;成立体制外金融机构,尝试混业经营;开始探索金融监管的法治化问题。1982年,中国人民银行设立了金融机构管理司,专责金融机构的管理事务,后又从该司分设条法司、非银行金融机构管理司和保险司,原金融机构管理司改称银行司,另外新成立了外资金融机构管理司。1983年9月,国务院决定中国人民银行专门行使中央银行职能,人民银行从经营与监管合一到放弃经营功能,成为一个行使金融监管职能的政府机关。1984年1月,中国工商银行从中国人民银行分离,承担了原有中国人民银行办理的储蓄、结算和贷款等金融经营业务。1986年1月7日,国

---

① 参见陈红:《中国金融监管制度的发展历程及问题剖析》,载《财政监督》2011年第23期。
② 同上;吴志攀:《中国银行业和银行法发展四十年的本土经验》(上、下),载《金融博览》2019年第1、2期;顾功耘主编:《经济法教程(第二版)》,上海人民出版社、北京大学出版社2006年版,第758—827页;李昌麒主编:《经济法学(第二版)》,法律出版社2008年版,第554—567页。

务院颁布《中华人民共和国银行管理暂行条例》,第5条明确规定,中国人民银行是国家的中央银行,是国务院领导和管理全国金融事业的国家机关,其金融监管职责是:研究拟订全国金融工作的方针、政策,报经批准后组织实施;研究拟订金融法规草案;制定金融业务基本规章;审批专业银行和其他金融机构的设置或撤并;领导、管理、协调、监督、稽核专业银行和其他金融机构的业务工作;经理国库,代理发行政府债券;管理企业股票、债券等有价证券,管理金融市场;中国人民银行按照国家法律、行政法规的规定,管理全国的保险企业。中央银行作为金融监管的主体,其监管体系分为四个层次,即总行、省级分行、地市级分行、县级支行,它们分别对辖区内的银行和非银行金融机构进行监管,具体落实监管任务。

第二,分业监管的发展与完善时期(1992—2003年)。1992年中国证券监督管理委员会(以下简称"证监会")的正式成立是我国金融分业监管的标志,1998年中国保险监督管理委员会(以下简称"保监会")的成立是金融分业监管的发展,2003年中国银行业监督管理委员会(以下简称"银监会")的成立则表明了中国金融分业监管体制的正式确立,也为金融监管法治化的完善建立了基本框架。金融分业监管法治化的发展和完善,又可以分为如下几个阶段:

(1) 分业监管的初步提出(1992—1994年)。随着20世纪90年代中国股票市场的建立和发展,我国证券市场的监督管理体系也逐步建立起来。1992年10月,国务院成立了国务院证券委员会和证监会,负责对股票发行上市的监管,而中国人民银行仍然对债券和基金实施监管。这标志着我国的金融分业监管体制与法规建设的开端。1993年12月25日,《国务院关于金融体制改革的决定》,明确规定:"国有商业银行不得对非金融企业投资。要明确规定各类非银行金融机构的资本金数额、管理人员素质标准及业务范围,并严格审批,加强管理。对保险业、证券业、信托业和银行业实行分业经营。""国有商业银行在人、财、物等方面要与保险业、信托业和证券业脱钩、实行分业经营。"这一决定的实施为我国的金融分业监管奠定了现实基础,也为金融监管法治化指明了方向。

(2) 分业监管的确立阶段(1995—1998年)。在这一阶段,分业监管逐步确立,金融监管法治化建设发展迅速,金融监管法律规范的基本框架逐步形成。1995年以来,金融监管立法比较集中,全国人大及其常委会通过了"四法一决定"(《中国人民银行法》《商业银行法》《保险法》《中华人民共和国票据法》《全国人民代表大会常务委员会关于惩治金融犯罪的决定》)等;国务院发布和批准了多部金融行政法规;中国人民银行发布有关金融监督管理、业务命令和金融规章近百件,使中国金融监管逐步走上了依法监管的轨道。1996年8月22日,国务院出台了《国务院关于农村金融体制改革的决定》,提出强化中国人民银行对农村信用社的监管,"中国人民银行县支行要指定一名副行长专门负责对农村信用社的监管工作,中国人民银行总行和分支行要根据监管任务需要内设职能机构,并从中国农业银行信用合作管理部门调入业务骨干"。为贯彻此项决定,加强对农村的金融监管,1997年中国人民银行增设了农村合作金融监督管理局,并正式将农村合作金融机构纳入专业监管的范围。1998年7月,中国人民银行撤销了稽核监督局和外资金融机构管理司,调整为银行监管一司、银行监管二司、非银行金融机构监管司、合作金融机构监管司,从而改变了过去对同一法人金融机构由多个部门分割监管的格局,实行由同一职能部门负责对同一个法人机构从市场准入到市场退出、从现场到非现场的全过程监管。1998年11月15日,中央作出决定,对中国人民银行管理体制进行了重大改革,撤销了多家省级分行,跨省区组建九家分行,以增强金融监管的独立性和有效性。同时建立了金融监管责任制,明确了总行、分行、中心支行和支行在金融监管方面的权力和责任,并将金融监管任务落实到具体各部门、各个监管人员。正是1998年,我国在加快金融体制改革的基础上,积极推进分业监管机构的分设,6月国务院决定将证券委员会并入证监会,将中国人民银行的证券监管权全部移交给证监会,至此证监会开启了对证券市场统一而专业的监管进程;11月国务院决定将中国人民银行的保险监管权分离出来,成立保监会,由它统一行使中国保险市场的监管权。此后,由中国人民银行专门负责货币政策和对银行业的监管。至此,中国金融业分业监管"一行两会"的体制得以初步确立。

(3) 分业监管的完善阶段(1999—2003年)。1998年的亚洲金融危机加速了我国金融立法的进程,1999年7月1日开始实施的《证券法》是中华人民共和国成立以来第一部按国际惯例、由国家最高立法机关而非由政府某个部门组织起草的金融监管法,是金融立法的又一次重大突破。《证券法》进一步明确了我国金融业分业经营、分业管理的原则,其中第6条规定:"证券业和银行业、信托业、保险业分业经营、分业管理。证券公司与银行、信托、保险业务机构分别设立。"2003年3月,十届全国人大一次会议作出的政府体制改革决定,将中国人民银行对银行业的监管职能分拆出来,从而成立专门的银监会。银监会于2003年4月28日正式挂牌并履行职责,依法对银行、金融资产管理公司、信托公司以及其他存款类机构实施监督管理。2003年年底,全国人大常委会通过了《银行业监督管理法》,第2条明确规定,"国务院银行业监督管理机构负责对全国银行业金融机构及其业务活动监督管理的工作。本法所称银行业金融机构,是指在中华人民共和国境内设立的商业银行、城市信用合作社、农村信用合作社等吸收公众存款的金融机构以及政策性银行。对在中华人民共和国境内设立的金融资产管理公司、信托投资公司、财务公司、金融租赁公司以及经国务院银行业监督管理机构批准设立的其他金融机构的监督管理,适用本法对银行业金融机构监督管理的规定。"至此,"银行三法"(《中国人民银行法》《商业银行法》《银行业监督管理法》)的银行业监管法律框架正式确立,国家依法赋予银监会对于银行业金融机构统一的监督管理权。

  银监会的成立,改变了中国人民银行宏观调控和银行监管合一的管理模式,进一步增强了中央银行的独立性,使其能有更多的时间和空间来履行制定和执行货币政策的职能,从而有助于不断提升货币政策水平,更好地发挥中央银行在宏观调控方面的作用。至此,在我国金融监管体制中明确了银行、保险、证券分业监管的框架,形成了独具特色的"一行三会"的监管格局。在这样的金融监管格局之下,相关金融监管法规的制定和实施对提高和改善我国金融业监管水平和监管效率起到了极大的促进作用。

  第三,混业经营基础上统一监管的发展时期(2004年至今)。在我国"一行三会"的金融分业监管体制得到进一步完善的同时,国外金融混业经营的发展异常迅猛,在经济全球化的推动下,国内金融混业经营的趋势也日趋明朗。在此背景下,央行、银监会和证监会共同制定的《商业银行设立基金管理公司试点管理办法》出台,推动商业银行通过设立基金公司的试点工作进入了混业经营的实质性操作阶段。随着市场化的进展,我国金融机构的产品不断创新,很多金融业务横跨多个行业,国内金融业混业经营的趋势在不断加强。为应对国内金融改革的纵深化发展,中国金融监管机构也相应出台了一些新的法律法规,以适应国内金融混业经营的潮流。2005年新修订的《证券法》,修改了金融混业经营的限制条款,在第六条分业经营的限制后面增加了"国家另有规定的除外"之例外条款,从而为混业经营预留了制度接口。2007年,银监会修订《金融租赁公司管理办法》,允许符合条件的商业银行设立或参股金融租赁公司,同时允许保险公司投资设立银行。2008年,银监会和保监会签订《中国银监会与中国保监会关于加强银保深层次合作和跨业监管合作谅解备忘录》,原则上同意了银行投资入股保险公司。这些新举措的出台,都涉及多个金融监管机构对金融市场的协同监管,中国金融监管开始在机构性监管模式的基础上向功能性监管模式转变。

  与此同时,我国的金融法律规范,也在探索在立法内容上逐步向功能性监管转变。2008年全球金融危机爆发后,国际金融监管改革浪潮风起云涌,我国也在加速推进监管机构之间统一协调的制度建设,"2003年央行设立金融稳定局,2013年8月国务院批准建立由央行牵头的金融监管协调部际联席会议制度,2017年11月成立金融稳定发展委员会,旨在加强金融监管协调、补齐监管短板。这三个协调机制的发展演进和行政级别的逐步提升可以反映出对金融稳定和发展越来越强的重视,但从国内外经验来看,建立真正有效协调机制的核心则是更需要从制度层面将其法定化"①。2018 年 3 月,国务院机构改革方案决定,将银监会与保监会合并,成立中国银行保险监督管理委员会。由此,我国金融监管机构由"一行三会"整合为"一行两会",逐步实现金融监管由机构分业监管迈向市场统一监管,以打破行业与产品分割管理的局面,解决金融子行业间存在的监管漏洞。这是我国金融监管体制由分业监管向统一监管的模式转型迈出的坚实一步,未来统一监管模式将成为金融监管法治化完善的主导方向。

此外,2019 年年底我国重新修订了《证券法》,在系统总结证券市场改革发展、监管执法与风险防控的实践经验,在深入分析证券市场运行规律和发展阶段性特点的基础上,作出了一系列新的制度改革和完善:全面推行证券发行注册制度;显著提高证券违法违规成本;完善投资者保护制度;进一步强化信息披露要求;完善证券交易制度;落实"放管服"要求取消相关行政许可;压实中介机构市场"看门人"法律职责;建立健全多层次资本市场体系;强化监管执法和风险防控;扩大证券法的适用范围。②《证券法》第 2 条明确规定:"在中华人民共和国境内,股票、公司债券、存托凭证和国务院依法认定的其他证券的发行和交易,适用本法;本法未规定的,适用《中华人民共和国公司法》和其他法律、行政法规的规定。政府债券、证券投资基金份额的上市交易,适用本法;其他法律、行政法规另有规定的,适用其规定。资产支持证券、资产管理产品发行、交易的管理办法,由国务院依照本法的原则规定。在中华人民共和国境外的证券发行和交易活动,扰乱中华人民共和国境内市场秩序,损害境内投资者合法权益的,依照本法有关规定处理并追究法律责任。"

在此,新《证券法》将存托凭证明确规定为法定证券,扩展了证券法的适用范围;将资产支持证券和资产管理产品写入证券法,授权国务院按照证券法的原则规定资产支持证券、资产管理产品发行、交易的管理办法,实质上是扩大了证监会统一监管的范围和权力;明确在我国境外的证券发行和交易活动,扰乱我国境内市场秩序,损害境内投资者合法权益的,依照证券法追究法律责任,以法律形式明确了证监会跨境监管的权力,扩大了证券法实施的主权范围,赋予了证监会在金融监管领域的长臂管辖权③。这意味着,在新时代金融混业经营的基础上,我国金融市场在部级协调的基础上,市场化统一监管模式的发展又向前迈进了

---

① 宋晓燕:《论有效金融监管制度之构建》,载《东方法学》2020 年第 2 期。
② 《新修〈证券法〉要点解读》,载《河北日报》2020 年 4 月 1 日第 16 版。
③ "长臂管辖权"是源于美国司法实践中的一个概念,美国学者布赖恩·加纳主编的《布莱克法律词典》仅仅从法院管辖权的角度把"长臂管辖权"界定为"法院对不在法院地居住,但与法院具有某种联系的被告所享有的管辖权"。近年来,无论在美国的实践中,还是在中国的语境中,延展到国际事务中的长臂管辖权其实质都是"域外管辖权的一种形式"。参见肖永平:《"长臂管辖权"的法理分析与对策研究》,载《中国法学》2019 年第 6 期。

一大步,也标志着金融监管法治化的进展又跃上了一个全新的台阶。

二、市场秩序监管法

政府凭据公共权力实施的市场监管,涉及经济主体、经济要素、经济行为等诸多方面,在以商品性质分类的要素市场监管之外,必然涵盖对于市场秩序良性运行的监督和管理。在前文中,笔者详述了在对市场监管法总体性理解的框架下,市场秩序监管的对象主要涉及市场上经济主体的竞争秩序和交易秩序,从而形成了调整市场秩序监管行为及其关系的法律规范体系。从法律史的角度来看,政府代表国家对于市场中竞争行为的限制、交易行为的干预与管制现象,可以追溯到古代社会的律例之中。《唐律·杂律》中就有反垄断的内容,其中规定,为了保障正常的交易,由市场主管机关评定物价,评定为价格不公的,依法予以处罚;而操纵市场、垄断价格的行为,将受到严厉打击。[①] 在国外,最早规范竞争关系的法律可以在古罗马时代发现,当时就有禁止粮行抬高粮价的规定;英国在17世纪的判例中也有明确反对垄断和限制竞争行为的规定。[②] 当然,这些古代反垄断法的萌芽并非现代经济法意义上反垄断法制的源头。一般来说,现代市场秩序监管法产生的土壤是资产阶级革命以来市场经济的快速发展。学术界一致认为,市场秩序监管法诞生于19世纪末叶,以美国1890年颁布的《谢尔曼法》和德国1896年颁布的《反不正当竞争法》为标志[③],从此市场秩序监管的法治化进程开始走向科学化与国际化的轨道。有鉴于此,对于市场秩序监管法的发展进程,笔者在这里主要探讨和概述反垄断法与反不正当竞争法的法治化形态。

1. 反垄断法的法治化形态

反垄断法的基本法治目标是市场经济运行中产生的垄断问题。从经济史的角度来看,垄断现象是经济发展到一定阶段的产物,是资本主义经济发展的高级阶段的成果,也是阻碍自由竞争的恶果。经过二百多年的发展,在19世纪末与20世纪初,随着科技的巨大进步和大工业生产的飞速发展,资本主义从自由竞争阶段走向了垄断阶段。此时,欧美资本主义国家卡特尔、辛迪加、托拉斯等垄断性质的企业组织大量出现,它们通过市场优势地位、独占或控制生产和销售排斥竞争,或者通过联合定价、划分市场、共同抵制交易等限制竞争,获取超额的市场利润。因此,不断攫取垄断利润的垄断组织逐渐失去了技术创新和提高劳动

[①] 参见徐永康主编:《中国法制史》,华东理工大学出版社1994年版,第146页。
[②] 参见李昌麒主编:《经济法学(第二版)》,法律出版社2008年版,第232页。
[③] 同上;顾功耘主编:《经济法教程(第二版)》,上海人民出版社、北京大学出版社2006年版,第328页。

生产率的压力和动力,削弱了自由竞争带来的市场活力,更为严峻的是,垄断也会影响国家的经济稳定和社会安全。因此,从维护资本主义国家整体利益以及稳定社会经济秩序的立场出发,欧美国家都针对垄断现象出台政策与法规,对于过度的市场竞争行为进行强制性干预,市场秩序监管法由此应运而生。

反垄断法的主要渊源来自于英美法系的一项判例法原则,即"限制贸易应受谴责"的法律原则,早在17世纪初即由英国以判例的形式予以确认。[1] 1890年,美国国会通过了《保护贸易与商业免受非法限制与垄断法令》(又称《谢尔曼法》),开创了反垄断立法的先河,标志着反垄断法治化的开端。该法旨在严厉打击市场竞争中的垄断行为,确立了"任何以契约、联合或共谋等形式对贸易或商业进行限制的行为是非法的""任何人垄断、企图垄断或与他人共谋垄断贸易和商业的行为是严重犯罪"[2]等重要的法律原则,在国际上产生了深远的影响。在此后的几十年里,各国或地区相继制定了类似的法律,其中德国在1923年制定了旨在限制卡特尔垄断行为的《卡特尔法》。从国际上来看,二战以后反垄断法进入了逐步快速发展的时代。在发达国家中,反垄断立法进一步加强,日本、德国在战后走向民主化道路,大力排除经济力量过度集中的现象。1947年,日本通过了《关于禁止私人垄断和确保公正交易的法律》,意图遏制法西斯经济力量复活的同时,以促进市场竞争机制的活力为宗旨;同一时期德国的《反限制竞争法》,在非纳粹化经济改造的基础上,对于工业发展中的竞争原则进行了保障经济运行的创新。[3] 与此同时,随着经济的发展,以美国为首的各发达国家不断修改和补充反垄断法的具体规定,逐步走向灵活性和可操作性的精细化发展道路。

在这一时期,转型发展中的国家和地区也开始注重对于竞争机制的依法保护问题。"韩国于1980年制定了《限制垄断及公平交易法》,我国台湾地区于1991年制定了'公平交易法',苏联于1990年制定了《苏联部长会议反经济垄断措施决议》,罗马尼亚于1991年制定并实施了《制止不正当竞争法》,保加利亚于1991年制定了《保护竞争法》,波兰于1987年制定并实施了《反国民经济垄断法》,我国也在1993年制定了《反不正当竞争法》以规制某些垄断行为,2007年8月我国正式颁布了《反垄断法》。"[4]此外,随着世界经济全球化的进展,反垄断法的国际化进程日益加速,反垄断在立法和执法方面的冲突与合作越来越频繁,国际经济贸易合作性的条约与协议,尤其是世界贸易组织的规则体系,逐步承担起了国际经济贸易领域竞争规则的核心地位。

---

[1] 参见〔英〕约翰·亚格纽:《竞争法》,徐海等译,南京大学出版社1992年版,第2—6页。
[2] 尚明主编:《主要国家(地区)反垄断法律汇编》,法律出版社2004年版,第186页。
[3] 参见李昌麒主编:《经济法学(第二版)》,法律出版社2008年版,第246页。
[4] 同上书,第247页。

第六章　市场监管的法治化分析

垄断是经济发展到一定阶段的产物,反垄断是建立和完善市场经济的必然要求。随着我国改革的深入和经济的飞速发展,市场化程度不断提高,反垄断的重要性日益凸显,反垄断立法的要求更加迫切。1980年国务院发布了《关于开展和保护社会主义竞争的暂行规定》,首次提出了反垄断的任务,并宣布采取行政手段保护落后、抑制先进、妨碍商品正常流通的做法是不合法的,应当予以废止;此后1982年的《广告管理暂行条例》、1987年的《价格管理条例》、1990年的《国务院关于打破地区间市场封锁进一步搞活商品流通的通知》等,都直接或者间接地涉及反垄断的内容,有的规定还比较具体,对相关妨碍竞争的行为明确予以禁止。[1] 在上述法制建设与市场改革的基础上,经过多年反复酝酿、多方研讨,《中华人民共和国反垄断法》(以下简称《反垄断法》)于2007年8月30日获全国人大常委会审议通过,于2008年8月1日正式实施。我国的《反垄断法》结合我国经济社会发展实际,在充分借鉴国际上反垄断先进立法理念和实践的基础上,为了预防和制止垄断行为,保护市场竞争,提高经济的运行效率,吸收了各国反垄断法一般所具备的主要内容,确定了反垄断法律制度三大支柱,即禁止垄断协议、禁止滥用市场支配地位和控制经营者集中。此外,根据我国经济发展的现状,《反垄断法》对滥用行政权力排除、限制竞争行为,即行政性垄断行为也作了禁止性规定。相应地,在借鉴国际经验和充分考虑我国实际情况的基础上,《反垄断法》确立了垄断协议豁免制度、市场支配地位推定制度、经营者集中申报制度、经营者承诺制度等,为反垄断法治化的进展奠定了坚实的基础。

《反垄断法》作为市场经济条件下体现政府经济职能的基础性政策工具,又被称为"经济宪法",实施十多年来成效卓著,为保护市场公平竞争,提高经济运行效率,维护消费者利益和社会公共利益,促进社会主义市场经济健康发展发挥了重要作用。近年来,中国竞争政策的地位和作用不断增强,反垄断法治化水平不断提高,统一开放竞争有序的市场体系不断完善。具体体现在以下四个方面[2]:

一是建立了中国特色的竞争政策和反垄断法规体系。反垄断法实施以后,国务院出台了《关于经营者集中申报标准的规定》,反垄断执法机构出台《经营者集中审查办法》《反价格垄断规定》《工商行政管理机关禁止垄断协议行为的规定》等12份部门规章、3份规范性文件、10份办事指南和指导意见,国务院反垄断委员会颁布了《国务院反垄断委员会关于相关市场界定的指南》《国务院反垄

---

[1] 参见王先林:《以法律为基础的反垄断战略问题论纲——兼论我国〈反垄断法〉的修订与完善》,载《法学评论》2020年第4期。
[2] 参见《国新办就中国〈反垄断法〉实施十周年有关情况及展望举行新闻发布会》,http://www.china.com.cn/zhibo/content_72615279.htm,2020年10月4日访问。

断委员会关于知识产权领域的反垄断指南》等 4 份指南,给予经营者更加清晰的指引。同时,2018 年 4 月正式成立国家市场监督管理总局,承担反垄断统一执法职能,消除多部门的职能交叉,提高执法效率。近年来,我国反垄断法治化的进展,切实提高了法律的可操作性,推动反垄断工作全面纳入法治轨道,为法律的有效实施和依法行政提供了制度保障,对于促进中国经济的持续健康发展发挥了重要作用。

二是推动形成统一开放、竞争有序的市场体系。对于垄断行为严格执法,截至 2018 年 10 月底,共查处垄断协议案件 165 件、滥用市场支配地位案件 55 件,累计罚款金额超过 110 亿元;审结经营者集中 2437 件,审结交易总金额超过 40 万亿元;依法禁止设立网络中心案 2 件;附条件批准 37 件经营者集中案件,维护了相关市场的公平竞争;查处了 12 个省区市政府滥用行政权力排除限制竞争案 193 件;建立并组织实施了公平竞争审查制度,各地区各部门共对 12.2 万份文件开展了公平竞争审查。通过不断提高执法水平,反垄断执法部门促进了全国统一开放、竞争有序的市场体系形成。

三是保护消费者和经营者合法权益。我国反垄断法治化的进程紧紧围绕消费者和经营者的合法权益,严厉查处民生领域价格垄断行为、滥用行政权力排除、限制竞争的案件,开展公用事业限制竞争和垄断行为的专项整治。同时,按照"放管服"改革要求,强化监管的成本意识和效能观念,完善执法程序,优化办案机制,提高执法效率。以经营者集中执法为例,2017 年简易案件基本在初步审查阶段(30 天)内审结,案件在初步审查阶段审结率较 2008 年提高 85% 以上,2017 年案件平均审结时间较 2013 年缩短 50% 以上。此外,反垄断执法部门还大力推进信息公开制度建设,提升监管执法的透明度,大力推进竞争倡导和市场竞争状况评估等工作,以法治化建设促进市场经济的深化和完善。

四是服务构建开放型经济新体制。反垄断法治化的进步,大大提升了我国营商环境的国际竞争力水平。近年来,我国政府积极参与国际竞争规则的谈判和调整,推动国际竞争规则相互衔接与融合,为投资贸易活动的顺利进行提供规则保障。在中国-瑞士等 8 个自贸协定中已经设立竞争政策与反垄断执法合作专章,正在进行多个自贸协定竞争政策议题的谈判。与美国、欧盟、澳大利亚等 28 个国家和地区反垄断执法机构商签 55 个竞争政策与反垄断执法合作文件,推动金砖国家等开展竞争合作。反垄断执法获得了国际社会的充分认可,中国已经成为与美国、欧盟并列的全球三大反垄断司法辖区之一。

在反垄断法治化快速推进的过程中,我国反垄断的法律框架也表现出了对于现在和未来经济发展形势的不适应,还存在许多有待改进和完善的环节,比如竞争政策作用发挥不平衡、不充分,执法体制不完善,执法标准不统一,执法程序也有不规范的地方,特别是队伍能力还不足。因此,未来进一步推进反垄断法治化的重点,是要通过机构改革构建统一、权威、高效的反垄断执法体系,完善中国特色反垄断执法体制机制,加强反垄断执法,深化反垄断国际合作与交流,强化竞争政策的基础性作用,推动竞争文化的广泛传播。

2. 反不正当竞争法的法治化形态

反不正当竞争法是市场秩序监管法的重要内容,它与反垄断法共同构成了现代市场竞争与交易的完整法律规范体系。为了维护社会主义市场经济的竞争秩序,我国于1993年9月颁布了《中华人民共和国反不正当竞争法》(以下简称《反不正当竞争法》),开启了依法保障市场秩序的法治化进程。反不正当竞争法所规制的行为对象是市场经济活动中的不正当竞争行为,是依靠国家力量制止不正当竞争行为的法律手段。对于何为不正当竞争行为,学术界的理解比较一致,普遍认为:"不正当竞争行为,是相对于市场竞争中的正当手段而言的,它泛指经营者为了争夺市场竞争优势,违反法律和公认的商业道德,采用欺诈、混淆等手段扰乱正常的市场竞争秩序,并损害其他经营者和消费者合法权益的行为。"[①]在利润最大化与人性贪婪的驱动下,经营者在激烈的市场竞争中,倾向于运用各种手段获取竞争优势以谋取超额利益,当所采用的竞争手段损害了竞争对手的利益,严重影响了市场秩序的稳定,就需要依法对此类不正当的竞争行为予以规范和约束。

我国在决定建立市场经济之初,政府部门就高度重视依法规范市场竞争秩序,几乎与此同步实施了《反不正当竞争法》,这也是我国市场经济法治化的标志之一,对于市场经济的建立和完善起到了极其重要的法治保障作用。从国际上的立法经验来看,对于反不正当竞争的立法体例,各国大都采用了概括性界定和列举式的补充界定相结合的方法。我国1993年的《反不正当竞争法》对不正当竞争行为的界定也采用了这种做法。[②] 一方面,对于竞争行为是否正当作了概括性规定。该法第一章总则部分第2条规定,"经营者在市场交易中,应当遵循自愿、平等、公平、诚实信用的原则,遵守公认的商业道德。本法所称的不正当竞争,是指经营者违反本法规定,损害其他经营者的合法权益,扰乱社会经济秩序的行为。"这实际上规定了市场交易的基本准则,概括了正当竞争行为的基本原则,把违背这些原则的行为界定为不正当竞争行为;同时,在吸收现代竞争法理论和实践发展成果的基础上,明确了不正当竞争行为不仅是侵害其他经营者合

[①] 李昌麒主编:《经济法学(第二版)》,法律出版社2008年版,第298页;顾功耘主编:《经济法教程(第二版)》,上海人民出版社、北京大学出版社2006年版,第401页。

[②] 参见李昌麒主编:《经济法学(第二版)》,法律出版社2008年版,第299页。

法权益的行为,而且更是一种危害社会利益、扰乱社会经济秩序的行为。另一方面,对于不正当竞争行为作了列举式的详细规定。该法第二章从第 5 条到第 15 条共 11 条详细列举了 11 种不正当竞争行为。它们分别是仿冒混淆行为、公用企事业单位排除竞争、行政垄断、商业贿赂行为、虚假广告行为、侵犯商业秘密行为、倾销、不当附加搭售、不当有奖销售、损害对手商业信誉、串通招投标。这种列举式规定明确了各种具体不正当竞争行为的定义、构成要件以及针对性的处罚措施,对于反不正当竞争行为的法治化具有重要的实质性推动作用。

随着市场经济的逐步完善,《反不正当竞争法》在实施 24 年后于 2017 年进行了修订,进一步明确规定了实践中新出现的不正当竞争行为,完善了对于不正当竞争行为的规制和治理机制,协调与其他现行法规的一致性等。这些修订主要体现在以下方面[①]:一是进一步准确界定不正当竞争行为,增强法律的现实适应性。对已经存在的不正当竞争行为作出明确界定,为查处未来可能出现的不正当竞争行为提供法律依据。《反不正当竞争法》第 2 条第 2 款修订为:"本法所称的不正当竞争行为,是指经营者在生产经营活动中,违反本法规定,扰乱市场竞争秩序,损害其他经营者或者消费者的合法权益的行为。"二是补充完善应予禁止的不正当竞争行为规定。增加规定经营者不得贿赂可能影响交易的第三方,对员工商业贿赂行为的认定作出了特别规定。增加规定商业秘密权利人的员工、前员工侵犯商业秘密的情形,增加规定国家机关工作人员,律师、注册会计师等专业人员对其履职过程中知悉的商业秘密的保密义务。增加互联网不正当竞争行为条款,规定经营者不得利用技术手段在互联网领域从事影响用户选择、干扰其他经营者正常经营的行为,并具体规定应予禁止的行为。三是理顺本法与相关法律制度的关系,保持法律规定的协调一致。删除有关公用企事业单位排除竞争、行政垄断、倾销、串通招投标的规定,上述条文规定的行为分别由《反垄断法》《招标投标法》予以规制。与《商标法》的规定相衔接,增加规定将他人注册商标、未注册的驰名商标作为企业名称中的字号使用,误导公众的,也属于不正当竞争行为。四是完善民事赔偿责任优先、与行政处罚并行的法律责任体系。明确规定,经营者违反本法规定,给他人造成损害的,应当依法承担民事赔偿责任。经营者同时承担民事赔偿责任和缴纳罚款,其财产不足以同时支付时,优先承担民事赔偿责任。增加了对违法行为人的信用惩戒,补充规定行政强制措施,建立社会举报机制,加大行政处罚力度,增加规定有关违法行为的法律责任。在

---

① 参见张茅:《关于〈中华人民共和国反不正当竞争法(修订草案)〉的说明——2017 年 2 月 22 日在第十二届全国人民代表大会常务委员会第二十六次会议上》,载《中华人民共和国全国人民代表大会常务委员会公报》2017 年第 6 期。

反不正当竞争法的完善过程中,立法机关又根据具体执法的实际情况,为了加强对侵犯商业秘密违法行为的查处,在 2019 年又对《反不正当竞争法》中有关商业秘密、罚则以及举证程序等作了详细的修改,以增强法律的适应性,不断提高反不正当竞争行为的法治化水平。

三、产品质量监管法

产品是市场经济主体相互交易的对象,而产品质量则既关系到经营主体的生产能力与竞争优势,又涉及消费者的基本权益和生活品质。现代市场交易和竞争的载体是产品,竞争优势的获得又取决于产品质量。激烈的市场竞争往往导致经营者以虚假的产品质量谋取竞争优势,从而产生不正当竞争行为,危害正常的市场竞争秩序,损害消费者的合法权益。因此,产品质量与市场竞争密切相关,市场监管法对于竞争秩序的规范必然蕴涵着对于产品质量的依法约束。从立法的角度来看,依法加强对产品质量的监督管理,提高产品质量水平,明确产品质量责任,保护消费者的合法权益,维护社会经济秩序,要实现这些立法宗旨的基本前提是如何在法律上界定产品以及产品质量。

产品,顾名思义是指人类经过生产过程制造出来的物品,它天然地具有自然物质属性和社会法律属性。从自然物质属性来讲,产品是指劳动力通过劳动工具对劳动对象进行加工所形成的、适合人类生产生活需要的一定的劳动成果,包括生产资料和生活资料,是人类生存和发展的物质条件;从社会法律属性来讲,产品是经过某种程度和方式的加工用于消费和使用的物品,但是并不包括所有的物品。[①] 随着经济社会的发展,人类在社会生活中可以加以利用的资源和制造出的产品门类越来越多,世界各国的立法和司法实践也趋向于对"产品"做广义宽泛的界定。我国的法律在借鉴国际惯例的基础上,结合我国市场经济快速发展的实际情况,也对产品进行了宽泛的解释。

1993 年首次颁布的《中华人民共和国产品质量法》(以下简称《产品质量法》)第 2 条第 2 款规定:"本法所称产品是指经过加工、制作,用于销售的产品。建设工程不适用本法规定。"在 2000 年该条款修订为:"本法所称产品是指经过加工、制作,用于销售的产品。建设工程不适用本法规定;但是,建设工程使用的建筑材料、建筑构配件和设备,属于前款规定的产品范围的,适用本法规定。"我国法律关于产品的界定,体现了理论与实践的结合,推动了产品质量监管法治化的进程。一般而言,产品质量则是指在正常使用的条件下,产品能够满足合理使

---

① 参见李昌麒主编:《经济法学(第二版)》,法律出版社 2008 年版,第 363 页;顾功耘主编:《经济法教程(第二版)》,上海人民出版社、北京大学出版社 2006 年版,第 467 页。

用所必须具备的特性的总和。我国《产品质量法》对产品质量的界定是通过三项要求进行的：一是产品的安全性，是指产品应当不存在对于人身、财产安全的危险性，具有在人体健康、人身、财产安全方面的国家标准或者行业标准的，应当符合该标准；二是产品的适用性，是指产品必须具备其应当具备的使用性能，若失去该性能就是不符合产品质量要求的；三是担保性，是指生产者的产品说明或实物都是其对产品质量的明示或者默示的担保，产品质量若不符合其担保就是不符合质量要求的。①

依法监督管理产品质量，维护市场经济竞争秩序，是现代市场经济国家通行的法治化职能。产品质量法是随着现代大工业生产和日益广泛复杂的社会分工逐步形成的，同时，高度发达的现代市场经济又推动了产品质量法的发展和深化。一般而言，产品质量法可细分为产品质量监管法、产品质量促进法和产品责任法三大类。② 纵观各国产品质量法的发展历程，尤其以美国产品责任法的发展最迅速、最完备、最具有代表性：一方面，美国习惯将产品制造人的责任分成过失责任、契约担保责任、侵权责任等三部分加以讨论；另一方面，美国先后制定了《统一商法典》《买卖法》《统一消费者买卖实物法案》等成文法。③ 美国法中的严格产品责任原则，对各国开展产品质量的立法与司法实践产生了深远的影响。1985年7月，欧共体理事会通过了《欧洲经济共同体产品责任指令》，并要求成员国将其纳入国内法予以实施；1987年英国率先颁布了《消费者保护法》；1989年11月，德国通过了《产品责任法》，与《民法典》成为并存于德国国内的两套产品责任法体系；此外，随着贸易全球化的加速以及世贸组织的发展，国际上陆续出现了一些区域性和全球性的国际产品责任公约，规范和约束着国际贸易中的产品质量的责任问题。

在我国，党和政府历来重视产品质量问题，中华人民共和国成立之初重点关注产品质量与人民生活水平的关系，改革开放之后立足市场经济建立和完善的高度，更加注重通过建立健全产品质量的法规体系，维护正常的市场竞争秩序。1951年，中央人民政府颁布《兵工总局组织条例》；1957年，全国企业建立产品的整套技术检验监督制度；1978年，推行全面质量管理制度，逐步重视产品质量的立法；此后十余年间陆续颁发了《工业产品质量责任条例》《计量法》及其实施细

---

① 参见李昌麒主编：《经济法学（第二版）》，法律出版社2008年版，第364页；顾功耘主编：《经济法教程（第二版）》，上海人民出版社、北京大学出版社2006年版，第467—468页。
② 参见肖江平：《立法宗旨视角的〈产品质量法〉修订》，载《中国市场监管研究》2019年第8期。
③ 参见李昌麒主编：《经济法学（第二版）》，法律出版社2008年版，第365页；顾功耘主编：《经济法教程（第二版）》，上海人民出版社、北京大学出版社2006年版，第468—469页。

则、《标准化法》及其实施细则等十多部与产品质量有关的法律法规。① 在此基础上,随着市场化改革的快速推进,为了建立和完善社会主义市场经济体制,加强对产品质量的监督管理,提高产品质量水平,明确产品质量责任,保护消费者的合法权益,维护社会经济秩序,《产品质量法》应运而生。

  我国的《产品质量法》吸收和借鉴了西方发达国家的先进立法经验,采用了严格的产品责任制,详细规定了产品质量监督的规范,明确了生产者、销售者的产品质量责任和义务,确定了损害赔偿的范围与相对应的具体罚则等。比较而言,该法比国外单纯的产品责任立法要广泛,在调整产品质量关系的同时,明确规定了产品质量的法律责任,它的颁布和实施进一步完善了我国产品质量的法律规范体系。为了进一步适应市场经济发展的需要,依法完善产品质量监督制度,2000年全国人大常委会对《产品质量法》作了较大的修改,由原来的六章51条,改为六章74条。保留了29条,增加了25条,修改了20条,对近2/3的内容都作了修改。修改的主要内容:一是建立了适应我国市场经济特点要求的产品质量监督制度框架,主要是行政监督制度、企业自我约束制度和社会监督制度;二是对立法目的作重要补充,在该法第1条立法目的中加上了一句话"提高产品质量水平",以法律的形式强调提高产品质量的重要意义;三是扩大了调整范围,加大了执法力度和对违法行为的惩罚力度;四是强化了对财产安全类产品以及对产品质量监督、检验、认证等机构的监督,进一步加强了对消费者合法权益的保护力度。此后该法又经过了2009年和2018年两次修正,主要涉及法律衔接与政府执法部门名称的一致性问题,但是不涉及产品质量法的实体与程序规则。2000年的这次重大修改成为我国产品质量法制建设的里程碑,是产品质量法律框架日益完善的标志,对于市场秩序监管的法治化产生了重要的推动作用。

四、消费者权益保护法

  正如现代民主国家政治运作的根本目的是为了增加民众的福祉,那么市场经济国家市场监管法治化的终极价值也是市场主体的经济福利,其中就包括消费者权益。可以说,保护消费者的合法权益是现代市场经济国家进行市场监管的根本性价值目标。国家通过法律手段对于消费者权益进行保障,其根本原因在于随着社会经济的发展,日益激烈的市场竞争中,消费者越来越处于弱势地位。尤其是当资本主义进入垄断阶段,一方面,迅速的科技进步和复杂多样的专业分工使消费者客观上很难判断自己消费行为的合理性和产品的真实性;另一

---

① 参见李昌麒主编:《经济法学(第二版)》,法律出版社2008年版,第365页;顾功耘主编:《经济法教程(第二版)》,上海人民出版社、北京大学出版社2006年版,第469页。

方面,垄断性的经营者利用优势地位采取多种手段控制市场,对消费者的利益构成了无处不在的威胁。因此,消费者权益保护的呼声随之而起,在市场经济最发达的美国最早掀起了消费者保护运动。1891年,美国纽约市就成立了消费者协会;1898年,美国各地的消费者协会联合成立了一个全国消费者联盟;1936年,美国建立了消费者联盟,在国家法律支持下建立庞大的消费者社团组织,开启了全面保护消费者的运动。到20世纪五六十年代美国的保护消费者运动蓬勃发展,并影响到其他国家:1953年,德国消费者同盟成立;1956年,日本组织成立了消费者团体与联络会;1957年,英国成立了消费者办会。1961年,美国国会通过了《全国交通和汽车安全法》,进而形成了声势浩大、空前高涨的消费者保护运动。①

正是国际范围轰轰烈烈的消费者保护运动,催生了一系列消费者保护的法律法规,促进了消费者保护法的国际化发展。一方面,各国相继在政府机关中设立专门机构负责消费者保护的事务,比如美国在联邦贸易委员会中设立消费者保护司,英国则由公平交易局来处理消费者保护问题,瑞典成立了国家消费者政策委员会,澳大利亚设立消费者事务局等;另一方面,各国纷纷通过立法,以保护消费者权益,比如美国制定了《消费品安全法》《联邦食品和药品法》《正确包装和标志法》等,英国出台了《消费者保护法》,日本颁布了《保护消费者基本法》等;与此同时,各国政府对消费者保护运动的积极回应促进了消费者保护法的国际化发展,1960年,美国、英国、澳大利亚、荷兰、比利时等五国消费者组织在荷兰海牙设立了作为联合国咨询机构的国际消费者组织联盟,在该联盟的努力下,1985年联合国通过了《保护消费者准则》,积极在全球范围内促进消费者保护的国际合作,推动各国消费者保护的法治化迈上一个新台阶。②

消费者权益保护的立法与实施,必须首先界定消费者及消费者权益,这也是消费者保护法治化的基础和起点。对于"消费者"的概念,一般而言,比较公认的权威界定是国际标准化组织消费者政策委员会于1978年5月10日在日内瓦召开的第一届年会上作出的,此次会议把消费者定义为"为个人目的购买或者使用商品和接受服务的个体社会成员"③。在吸收和借鉴这一概念的基础上,我国1993年颁布的《中华人民共和国消费者权益保护法》(以下简称《消费者权益保护法》)第2条明确规定,"消费者为生活消费需要购买、使用商品或者接受服务,其权益受本法保护"。由此,我国"消费者"法定概念本身也蕴含着消费者的基本

---

① 参见顾功耘主编:《经济法教程(第二版)》,上海人民出版社、北京大学出版社2006年版,第450页。
② 同上书,第451页。
③ 同上书,第448页。

法律特征：一是个人化，消费者的主体是指个人消费者，是对物质商品和服务进行消费的具有自然生命的社会个体成员，一般不包括团体和单位用户，供个人进行生活消费的单位购买者除外；二是生活化，消费者的消费性质属于生活消费，个体消费者的消费行为主要集中在生活消费领域，一般不包括生产性消费；三是商品化，消费者是通过购买商品和服务的方式进行消费，不限于本人购买的直接消费和提供给他人使用的间接消费，同时所消费之物品与服务又可以进行以货币衡量的商品化。

消费者为了个人生活消费的目的购买和使用商品和服务，为何需要政府公权力的保护？这又何以催生了上述消费者保护运动，甚至于引发了各国的立法保护以及国际合作？显然，除了社会发展阶段因素与资本逐利本性以外，消费者保护之所以得到公权力的高度重视还存在深刻的经济社会原因。从经济运行的逻辑上来讲，消费者是相对于经营者而言的，在现代市场经济中，二者的关系连接点是商品交换行为，原始经济的物物交换不存在消费者保护问题，交换的存在也是消费者与经营者在市场力量不均衡条件下权益博弈的基本前提。交换虽然是消费者保护的必要前提，但是交换本身不一定会导致产生消费者利益受到侵害。消费者和经营者作为两大市场主体产生于商品交换，但是其意图通过交换所要实现的利益和目的是不同的。包括生产者和销售者等在内的经营者是要通过货币交换实现生产剩余价值和利润，如此赚取他人的利益再转换成自己的生产资料和生活资料，而消费者的目的只是通过交换实现自己的个人消费效用。因此，消费者和经营者之间的趋利形态差距是消费者保护的根本原因。市场主体逐利形态的差异受到一定历史阶段社会生产力发展水平的制约，这构成了消费者保护问题的社会原因。在市场信息方面，由于消费信息不对称，消费者难以了解知悉日益复杂的现代消费品特性，经营者往往利用信息优势通过不正当手段或者欺诈行为侵害消费者权益；在市场力量方面，经营者一般是以规模性企业组织的面貌从事市场活动，对于个人消费者而言处于相对强势的地位，消费者在资金、经验、专业知识、交易技巧等市场能力方面都处于弱势；在竞争的影响上，市场竞争秩序的优劣密切影响着消费者权益的保护问题，垄断导致消费者失去自由选择的权利，不正当的竞争行为总以各种方式损害消费者的权益；在权益救济方面，个体弱势的消费者难以与市场力量强势的经营者相抗衡，一旦消费者权益受到侵害，获得救济的难度非常大，而经营者往往利用优势地位打压消费者维护权利的诉求，阻碍消费者的利益得到有效的保护。在现代市场经济中，有瑕疵的商品和服务、不公平的合同条款、经营者之间不正当的竞争和垄断都有可能成为消费者保护问题的直接原因。这些经济社会发展中存在的问题相互交织，共同发挥作用，使政府立法保护消费者的利益成为必然性的选择。

消费者保护运动催生了上述国际范围的立法高潮,各国相继出台了消费者权益保护的法律规范。消费者权益保护法,顾名思义,它是保护消费者权益的法律规范,"是指国家为保护消费者的合法权益而制定的调整人们在消费过程中所发生的社会关系的法律规范的总称"①。在我国,"通常所说的消费者权益保护法有广义和狭义之分,狭义上的消费者权益保护法仅仅指消费者权益保护基本法,即1993年10月全国人大常委会通过并于1994年1月1日起实施的《消费者权益保护法》;广义的消费者权益保护法是指由国家制定、颁布的具有保护消费者功能的各种法律规范的总称"②。依据对于消费者权益保护法的理解与界定,学术界普遍认为,消费者权益保护法作为一个专门法域,有其自己的调整对象,主要涵盖经营者与消费者之间的消费关系、国家与经营者之间的监督管理关系,以及国家与消费者之间的法律保护关系等,涉及消费者权益、经营者的义务、消费者权益的国家保护,以及相关法律责任及其法律救济等。

在借鉴国外立法经验并结合国内经济发展实际的基础上,我国《消费者权益保护法》规定了消费者的9项基本权利。③ 一是消费者的安全权,消费者购买和使用商品或者接受服务,最主要的一项权利就是保障人身和财产的安全。对此,该法第7条规定:"消费者在购买、使用商品和接受服务时享有人身、财产安全不受损害的权利。消费者有权要求经营者提供的商品和服务,符合保障人身、财产安全的要求。"二是消费者的知情权,消费者必须了解其要购买的商品和服务的真实情况,才能判断是否能够满足其生活需要。为此,该法第8条对知情权作出了规定:"消费者享有知悉其购买、使用的商品或者接受的服务的真实情况的权利。消费者有权根据商品或者服务的不同情况,要求经营者提供商品的价格、产地、生产者、用途、性能、规格、等级、主要成分、生产日期、有效期限、检验合格证明、使用方法说明书、售后服务,或者服务的内容、规格、费用等有关情况。"三是消费者的选择权,消费者对消费的自主选择权遵循民事行为当事人意思自治的原则,对于经营者与商品和服务的种类及其消费方式具有自主选择权。对此,该法第9条规定:"消费者享有自主选择商品或者服务的权利。消费者有权自主选择提供商品或者服务的经营者,自主选择商品品种或者服务方式,自主决定购买或者不购买任何一种商品、接受或者不接受任何一项服务。消费者在自主选择商品或者服务时,有权进行比较、鉴别和挑选。"四是消费者的公平交易权,消费者与经营者作为平等的民事主体具有平等的法律地位,意思协商一致,消费者有

---

① 顾功耘主编:《经济法教程(第二版)》,上海人民出版社、北京大学出版社2006年版,第450页。
② 李昌麒主编:《经济法学(第二版)》,法律出版社2008年版,第326页。
③ 参见李昌麒主编:《经济法学(第二版)》,法律出版社2008年版,第330—335页;顾功耘主编:《经济法教程(第二版)》,上海人民出版社、北京大学出版社2006年版,第454—458页。

权获得公平的交易条件,拒绝强制交易行为。为此,该法第 10 条规定:"消费者享有公平交易的权利。消费者在购买商品或者接受服务时,有权获得质量保障、价格合理、计量正确等公平交易条件,有权拒绝经营者的强制交易行为。"五是消费者的求偿权,即消费者的民事求偿权利,该法第 11 条规定:"消费者因购买、使用商品或者接受服务受到人身、财产损害的,享有依法获得赔偿的权利。"六是消费者结社权,这一法定权利的目的在于提高消费者保护自身利益的能力,促进经营者加强经营管理,提高商品和服务的质量,该法第 12 条规定:"消费者享有依法成立维护自身合法权益的社会组织的权利。"七是消费者的知识权,是指消费者在消费过程中获得有关消费和消费者权益保护等方面的知识的权利,该法第 13 条规定:"消费者享有获得有关消费和消费者权益保护方面的知识的权利。消费者应当努力掌握所需商品或者服务的知识和使用技能,正确使用商品,提高自我保护意识。"八是消费者的受尊重权,在消费领域消费者的名誉和人身自由等人格权以及个人信息等受法律严格保护,同时其民族风俗习惯等也应该得到尊重,该法第 14 条规定:"消费者在购买、使用商品和接受服务时,享有人格尊严、民族风俗习惯得到尊重的权利,享有个人信息依法得到保护的权利。"九是消费者的监督权,该法第 15 条规定:"消费者享有对商品和服务以及保护消费者权益工作进行监督的权利。消费者有权检举、控告侵害消费者权益的行为和国家机关及其工作人员在保护消费者权益工作中的违法失职行为,有权对保护消费者权益工作提出批评、建议。"这是消费者享有的对商品和服务进行监督以及对保护消费者权益工作进行监督的法定权利。

与消费者的各项权益相对应,我国《消费者权益保护法》专门设置了经营者的义务一章,严格规定了经营者的 10 项法定义务。① 一是履行法律的义务,经营者必须履行法定义务及其与消费者的约定义务,该法第 16 条规定:"经营者向消费者提供商品或者服务,应当依照本法和其他有关法律、法规的规定履行义务。经营者和消费者有约定的,应当按照约定履行义务,但双方的约定不得违背法律、法规的规定。经营者向消费者提供商品或者服务,应当恪守社会公德,诚信经营,保障消费者的合法权益;不得设定不公平、不合理的交易条件,不得强制交易。"二是接受消费者监督的义务,该法第 17 条规定:"经营者应当听取消费者对其提供的商品或者服务的意见,接受消费者的监督。"三是商品与服务的安全保证义务,经营者提供的商品和服务必须能够保障消费者的人身和财产安全,该法第 18 条规定:"经营者应当保证其提供的商品或者服务符合保障人身、财产安

---

① 参见李昌麒主编:《经济法学(第二版)》,法律出版社 2008 年版,第 337—343 页;顾功耘主编:《经济法教程(第二版)》,上海人民出版社、北京大学出版社 2006 年版,第 459—462 页。

全的要求。对可能危及人身、财产安全的商品和服务,应当向消费者作出真实的说明和明确的警示,并说明和标明正确使用商品或者接受服务的方法以及防止危害发生的方法。宾馆、商场、餐馆、银行、机场、车站、港口、影剧院等经营场所的经营者,应当对消费者尽到安全保障义务。"该法第19条规定:"经营者发现其提供的商品或者服务存在缺陷,有危及人身、财产安全危险的,应当立即向有关行政部门报告和告知消费者,并采取停止销售、警示、召回、无害化处理、销毁、停止生产或者服务等措施。采取召回措施的,经营者应当承担消费者因商品被召回支出的必要费用。"四是信息提供的义务,该法第20条规定:"经营者向消费者提供有关商品或者服务的质量、性能、用途、有效期限等信息,应当真实、全面,不得作虚假或者引人误解的宣传。经营者对消费者就其提供的商品或者服务的质量和使用方法等问题提出的询问,应当作出真实、明确的答复。经营者提供商品或者服务应当明码标价。"五是身份表明的义务,经营者在与消费者的交易中应当表明自己的真实身份,该法第21条规定:"经营者应当标明其真实名称和标记。租赁他人柜台或者场地的经营者,应当标明其真实名称和标记。"六是出具凭证单据的义务,该法第22条规定:"经营者提供商品或者服务,应当按照国家有关规定或者商业惯例向消费者出具发票等购货凭证或者服务单据;消费者索要发票等购货凭证或者服务单据的,经营者必须出具。"七是商品与服务的品质担保义务,该法第23条规定:"经营者应当保证在正常使用商品或者接受服务的情况下其提供的商品或者服务应当具有的质量、性能、用途和有效期限;但消费者在购买该商品或者接受该服务前已经知道其存在瑕疵,且存在该瑕疵不违反法律强制性规定的除外。"八是售后服务的义务,该法第24条规定:"经营者提供的商品或者服务不符合质量要求的,消费者可以依照国家规定、当事人约定退货,或者要求经营者履行更换、修理等义务。没有国家规定和当事人约定的,消费者可以自收到商品之日起七日内退货;七日后符合法定解除合同条件的,消费者可以及时退货,不符合法定解除合同条件的,可以要求经营者履行更换、修理等义务。依照前款规定进行退货、更换、修理的,经营者应当承担运输等必要费用。"九是不得不当免责的义务,该法第26条规定:"经营者不得以格式条款、通知、声明、店堂告示等方式,作出排除或者限制消费者权利、减轻或者免除经营者责任、加重消费者责任等对消费者不公平、不合理的规定,不得利用格式条款并借助技术手段强制交易。"十是尊重消费者人格的义务,该法第27条规定:"经营者不得对消费者进行侮辱、诽谤,不得搜查消费者的身体及其携带的物品,不得侵犯消费者的人身自由。"

随着市场经济的建立和完善,根据维护市场经济秩序和司法实践的实际情况,全国人大常委会分别在2009年和2013年对《消费者权益保护法》进行了修正。特别是 2013 年的修正作出了该法实施 20 年来的首次重大修改,以更加符合市场经济体制法治化的要求,进一步适应加强消费者权益保护的公共诉求。此次重大修改主要体现在以下方面:

一是强化退货、更换、修理的"三包"规定,严格保护消费者个人信息。此次修正将第 23 条、第 45 条合并,作为第 24 条,修改为:"经营者提供的商品或者服务不符合质量要求的,消费者可以依照国家规定、当事人约定退货,或者要求经营者履行更换、修理等义务。没有国家规定和当事人约定的,消费者可以自收到商品之日起七日内退货;七日后符合法定解除合同条件的,消费者可以及时退货,不符合法定解除合同条件的,可以要求经营者履行更换、修理等义务。"同时,增加一条,作为第 29 条:"经营者收集、使用消费者个人信息,应当遵循合法、正当、必要的原则,明示收集、使用信息的目的、方式和范围,并经消费者同意。经营者收集、使用消费者个人信息,应当公开其收集、使用规则,不得违反法律、法规的规定和双方的约定收集、使用信息。经营者及其工作人员对收集的消费者个人信息必须严格保密,不得泄露、出售或者非法向他人提供。经营者应当采取技术措施和其他必要措施,确保信息安全,防止消费者个人信息泄露、丢失。在发生或者可能发生信息泄露、丢失的情况时,应当立即采取补救措施。经营者未经消费者同意或者请求,或者消费者明确表示拒绝的,不得向其发送商业性信息。"

二是加强网购消费者的权益保护,规定网购退货经营者应七日内返还价款。此次修正增加一条,作为第 28 条:"采用网络、电视、电话、邮购等方式提供商品或者服务的经营者,以及提供证券、保险、银行等金融服务的经营者,应当向消费者提供经营地址、联系方式、商品或者服务的数量和质量、价款或者费用、履行期限和方式、安全注意事项和风险警示、售后服务、民事责任等信息。"同时,增加一条,作为第 25 条:"经营者采用网络、电视、电话、邮购等方式销售商品,消费者有权自收到商品之日起七日内退货,且无需说明理由,但下列商品除外:(一)消费者定作的;(二)鲜活易腐的;(三)在线下载或者消费者拆封的音像制品、计算机软件等数字化商品;(四)交付的报纸、期刊。除前款所列商品外,其他根据商品性质并经消费者在购买时确认不宜退货的商品,不适用无理由退货。消费者退货的商品应当完好。经营者应当自收到退回商品之日起七日内返还消费者支付的商品价款。退回商品的运费由消费者承担;经营者和消费者另有约定的,按照约定。"

三是强化经营者的责任和义务,耐用商品或装修发生纠纷,经营者承担举证责任。此次修正将第 22 条改为第 23 条,第 1 款中的"但消费者在购买该商品或者接受该服务前已经知道其存在瑕疵的除外"修改为"但消费者在购买该商品或者接受该服务前已经知道其存在瑕疵,且存在该瑕疵不违反法律强制性规定的除外"。增加一款,作为第3款:"经营者提供的机动车、计算机、电视机、电冰箱、空调器、洗衣机等耐用商品或者装饰装修等服务,消费者自接受商品或者服务之日起六个月内发现瑕疵,发生争议的,由经营者承担有关瑕疵的举证责任。"同时,还规定了损害消费者利益的连带责任,将第39条改为第45条第1款,其中的"利用虚假广告"修改为"利用虚假广告或者其他虚假宣传方式""广告的经营者"修改为"广告经营者、发布者""真实名称、地址"修改为"真实名称、地址和有效联系方式"。增加两款,作为第2款、第3款:"广告经营者、发布者设计、制作、发布关系消费者生命健康商品或者服务的虚假广告,造成消费者损害的,应当与提供该商品或者服务的经营者承担连带责任。社会团体或者其他组织、个人在关系消费者生命健康商品或者服务的虚假广告或者其他虚假宣传中向消费者推荐商品或者服务,造成消费者损害的,应当与提供该商品或者服务的经营者承担连带责任。"

四是新增消费者协会的职能,加大行政处罚的力度。修订新增的消费者协会的职能包括:向消费者提供消费信息和咨询服务,引导节约资源和保护环境的合理消费,提高消费者维护自身权益的能力;参与制定有关消费者权益的法律、法规和强制性标准。同时,增加一条,作为第46条:"消费者向有关行政部门投诉的,该部门应当自收到投诉之日起七个工作日内,予以处理并告知消费者。"增加一条,作为第47条:"对侵害众多消费者合法权益的行为,中国消费者协会以及在省、自治区、直辖市设立的消费者协会,可以向人民法院提起诉讼。"此次修正进一步明确了行政部门对商品和服务经营活动的监管职责,以切实保护消费者合法权益。此次修正将第27条改为第31条,第1款修改为:"各级人民政府应当加强领导,组织、协调、督促有关行政部门做好保护消费者合法权益的工作,落实保护消费者合法权益的职责。"增加一条,作为第33条:"有关行政部门在各自的职责范围内,应当定期或者不定期对经营者提供的商品和服务进行抽查检验,并及时向社会公布抽查检验结果。有关行政部门发现并认定经营者提供的商品或者服务存在缺陷,有危及人身、财产安全危险的,应当立即责令经营者采取停止销售、警示、召回、无害化处理、销毁、停止生产或者服务等措施。"

在市场经济的法治化进程中,消费者权益保护是完善市场机制的目的,也是规范市场秩序的手段。无论作为目的,还是作为手段,消费者权益保护的有效实施都促进了我国市场经济法治化的进程,在依法规范有效监管市场秩序的基础上,卓有成效地实现了消费者权益的依法保护,促进了作为法治经济的市场经济体制的健康发展和深入完善。可以预见,在未来加快完善社会主义市场经济体制的进程中,依法保护消费者权益,健全消费者保护的法规体系,仍将是大力推进市场监管法治化的重要领域。

第三节 市场监管法治化的问题分析

完善市场监管法律体系,推进市场监管的法治化,是当前加快完善市场经济体制的基础性手段。值得注意的是,尽管近年来我国市场经济秩序在不断完善,但是仍然存在一些深层次的体制机制问题,监管主体以及各类市场主体的行为失范现象仍然时有发生,不同程度地影响到经济福利的持续增长与社会公正的供给。对此,我们还需要坚持治理现代化的理念,进一步深入剖析涉及市场监管法治化领域的障碍性结构问题,比如市场监管权的配置、法制的完善、执行的效率以及市场监管体系的创新等,不断修正和优化市场监管的法律制度框架,以法治化的持续进步加快推进市场经济秩序的完善。

一、市场监管权的法律配置与调适

市场监管权是市场监管法治化的核心和逻辑起点。从结构功能主义的视角来看,功能必然衍生相应的权限,没有相应权限的功能将无从实现。市场监管作为新时代政府的基础性经济职能之一,其有效发挥当然离不开履职所必需的权力,也就是市场监管权。把法治化导入市场监管权的界定与运行之中也是法治政府、法治国家、法治社会的内在要求。前文在吸收借鉴李昌麒教授对于经济监管权论述的基础上,强调了其作为政府行政性经济管理权的法律属性,其实质就是国家通过制定法律法规授予公共组织对于各类市场主体及其行为进行限制、约束和管理的权力。长期以来,紧随改革开放的进程,依据我国经济社会发展的实际,各级政府的市场监管权以完善市场经济为导向不断调适和改进,从早期的以经济建设为中心逐步转向现阶段以公共服务为主导的运行模式。对此,政府主导经济发展取得了改革开放举世瞩目的巨大成就,在这一过程中政府经济职能的有效发挥居于核心地位,值得突出强调的是,其中市场监管权的适当实施和卓有成效可谓功不可没。

法治之于权力关键在于规范与约束。在法治化的视野中,市场监管权的核心问题就在于市场监管权的界定与配置,以及因应情势的调整。改革开放以来,在完善市场经济体制和优化政府经济职能的背景下,我国市场监管权在法律的界定和配置上多次调整,可以说是高度地适应了经济社会发展的需要,形成了当前的配置格局和运行模式。目前,我国市场监管权的法律配置主要体现在市场监管权的内容、现行法律的授权及其配置方式等诸多方面。①

从现行市场监管权的内容来看,一方面,市场监管权包含依法规范各类交易关系,制定交易规则和程序,各级政府部门依法遵循这些规则和制度实施日常的市场监管活动,比如企业登记、市场准入等公共服务事项;另一方面,市场监管权要求依法对市场交易行为、商品和服务进行检查和检验,依法对不正当的交易行为进行查处,保障交易物品的质量和市场交易行为的公平公正。这些授权的内容相当多样化,采用了集中与分散相结合、概括与具体相结合的方式,此外还规定了一些管理制度,比如《产品质量法》中的国家奖励制度、《中华人民共和国药品管理法》(以下简称《药品管理法》)中的国家药品储备制度等。我国现行法律对于市场监管权的授权主要体现在:一方面是经济法律规范对市场监管权的授予,比如反垄断法、反不正当竞争法、产品质量法、消费者权益保护法、旅游法以及金融类法规等,都对相应的政府机关授予了一定的市场监管权;另一方面是包括行政组织法和行政管理法在内的行政法规对于市场监管权的授予,比如土地管理、房地产管理、食品药品管理等法规中为实施市场监管权而制定的行政规范,以履行在特定行业和特定领域的政府市场监管职责。经济法和行政法尽管各有其价值目标,但是二者仍需要协调一致,在日常监督管理权和违法案件查处权等方面,合力为政府市场监管权的实施形成良好的法治保障。在市场监管权的配置方面,我国长期以来形成了综合监管(工商行政管理部门)、专业专项监管(食品药品监管部门、价格管理部门等)、行业监管(土地管理部门、旅游管理部门等)三部分共同构成的市场监管权力格局。② 2018年,国务院新组建市场监督管理总局旨在整合各项市场监管权,向"大监管、大服务"的统一监管格局转型。

市场监督管理总局的组建和运行开启了市场监管权改革和转型的序幕。显然,统一有效、符合完善市场经济体制要求的市场监管权运行模式不可能一蹴而就,还有一个逐步发展和调适的过程。良好目标的达成有必要立足当下,面对现实,深入分析和解决市场监管权在法律配置上长期存在的阻滞性问题。概括而言,我国市场监管权的配置,一方面,在行政权力安排上三分式(综合监管、专业专项监管和行业监管)权力配置出现了机构间权限划分不明确,容易导致交叉地带的监管真空现象;另一方面,在法制设置上由法律确定市场监管权的基本格局,授权行政规章进行细化规范具体权力的运行,导致行政组织法在纵向和横向上的权力配置作用都比较弱,而行政法规的权限又过于宽泛。这两方面的诸多

---

① 参见贺荣兰:《政府市场监管权的法律配置及其优化》,载《甘肃社会科学》2019年第6期。
② 参见张国山:《我国市场监管的价值取向与模式构建》,载《天津大学学报(社会科学版)》2010年第5期。

因素相互交织,共同发生作用,加剧了市场监管权在机构之间的交叠重合,权力体系复杂,权力运行的摩擦成本巨大。对此,我们有必要立足完善市场秩序法治化的角度,具体分析市场监管权法律配置的不足之处,加快推进市场监管的法治化水平。

首先,法律对市场监管部门的授权不够精准明确,存在滥设监管权的现象。一是在大多数经济法规中,集中与分散并存的授权方式常态化地授予县级以上政府部门大致相同的职权,但是对于县级以上政府部门(县、市、省乃至国务院)之间关于市场监管的具体职权应当如何分配、如何行使并不明确;二是法律法规将某些职权授予多个政府部门同时行使的情况,并没有规定部门之间的具体权力划分以及如何协调配合的问题;三是经济法规授权的重点在于监督检查权和行政处罚权的具体内容,缺乏权力如何行使和协调配合的规定,也体现了其面对行政管理体制和具体程序的乏力和局限;四是行政组织法在横向政府部门之间和纵向不同政府部门之间的授权也不明确,行政管理法对于具体行政权力的授权也相当模糊。换言之,这种授权不明的主要表现为:"一是对于纵向各级地方政府之间的权力和横向政府不同部门之间的权力授权不明确;二是对于具体行政权力手段授权不明确;三是对于创设的新型管理权授权不明确。其中,行政组织法对于各级地方政府之间的监管权授权不明确是根本性的问题。"①此外,法治化背景下大量法规的出台,大都授予政府部门一定的市场监管权,滥设的市场监管权妨碍了市场秩序的正常运行,背离了市场监管法治化的要求。

其次,法律对市场监管部门的授权比较分散,欠缺完整性和协调性。一方面,法律概括性规定了各级政府部门的行政管理职权以及日常管理制度,同时授予中央和省级政府确定和调整具体市场监管职责的灵活空间,这也是对于法律授权因应市场监管实际问题的必要补充。当前,中央政府主导推动的"放管服"改革、优化营商环境以及完善大部制导向的市场监管总局职责,都在力图解决政府监管部门之间职能交叉与职能空缺并存的现象,也说明对于市场监管权配置的内容需要进一步完善和调整,在实践中不断扩充法律对于市场监管权的授予范围。另一方面,在监督权的授予上,目前的法律侧重于事后的监督和处理,对于事中的监督权配置不充分。当前各级政府以简化和取消行政审批为中心的市场监管改革,实际上放松了事前的监管,降低了市场主体资格以及市场准入的门槛,如此也就间接地加大了事中和事后的监管压力。对此,需要强化事中监督,规范事中的监督检查权,明确检查权的具体内容和程序并依法予以保障。目前的法律授权状态还没能够体现事前、事中和事后全过程协调监管的基本要求,尚

---

① 贺荣兰:《政府市场监管权的法律配置及其优化》,载《甘肃社会科学》2019年第6期。

需中央政府与省级政府予以调整和完善。

最后,法律对市场监管权的配置方式不够精细,对监管行为缺乏监督。在现实中,法律授予国务院和省级政府确立和调整政府职能部门的市场监管权,实际上赋予了这两级政府进行权力配置的功能和职责,可以作为法律授权的补充,灵活具体地对地方政府的市场监管权进行配置。① 但是,对于中央和省级政府较大的授权,在方式上不够精细,在具体权力运行和程序的规定上比较粗放,缺乏应有的法律监督和社会监督,导致此类权力配置在法律权威上严重弱化。市场监管部门在拥有较大的自由裁量权的同时,法律对于监管行为缺乏事前控制和事后补救的羁束制度。同时,市场机制运行的复杂性导致很难具体划分市场的领域和门类,政府监管的内容和职能难免出现交叠重合的现象,这在无意中又加剧了市场监管的交错,凸显了市场监管权配置的粗疏和失当。对此,精准地进行市场监管权的配置,才能实现权力配置的具体可操作性和效益最大化。

此外,市场监管权配置的问题也深植于我国经济社会的时代大背景之中,与行政管理体制的运行和市场经济的法治状态紧密相关。比如,政企同盟侵蚀监管的公正性、行政主导的立法模式缺乏民主参与以及权力文化对社会自治的抑制等都成为阻碍市场秩序法治化的体制性结构要素。② 对于市场监管法律制度的总体运行绩效而言,学术界就存在两种貌似相互对立的观点③:一种观点认为,在市场监管的范围与行为方式上,计划经济的观念遗留甚至回潮还比较严重,市场失序的诸多问题恰是过度监管的恶果;另一种观点却怀疑甚至否定现行的市场监管,认为在经济社会快速转型的背景中这只是一个"去计划"的过程,符合现代市场经济要求的市场监管尚未成型。细察市场经济发展的历史,尤其是我国完善市场经济的进程,极化片面的观点都是不足取的,但是形似对立的观点实质上反映了我国市场监管转型期的过渡特征,旧有的计划色彩尚未褪尽,以市场失灵为导向的现代市场监管似乎又面临政府失灵的压力。因此,在加快完善市场经济的道路上,仅仅依靠"放松甚或放弃管制",或者"强化抑或扩大监管",都难以达致理想的市场秩序。市场监管应该以市场经济体制完善为导向"有所为,有所不为",以市场监管权法律配置的优化为突破口,加快推进市场监管的法治化进程。

推进市场监管法治化,依法规范市场秩序,必须对市场监管权法律配置的上述问题作出有效回应,关键在于优化市场监管权的法律配置,致力于提升市场监

---

① 参见徐继敏:《论省级政府配置地方行政权的权力》,载《四川大学学报(哲学社会科学版)》2013年第4期。
② 参见盛学军:《监管失灵与市场监管权的重构》,载《现代法学》2006年第1期。
③ 同上。

管权法律配置的规范化和协调性。首先,充分发挥各级政府市场监管权的配置功能,规范性与灵活性相结合。一方面,省级政府纵向合理配置不同层级政府间的市场监管权,明确各自职责,避免权力交错和监管空白;另一方面,省级政府科学引导下级政府内部横向的市场监管权配置,弥补成文法的不足,适应市场监管形势的新变化。同时,省级政府对于下级政府市场监管权力的配置要灵活创新,坚持"以服务发展为主,以规范为目的,以处罚为手段的原则"①,突破传统行政管理手段,进行多样化的创新性配置。国家市场监管总局的成立和有效运行,三分式的监管将逐步统合,更需要省级政府根据地方实际细化相关规范,明确各级政府间的具体权力配置,将各级政府间的权力配置全部纳入法治化的运行轨道。

其次,完善市场监管权的配置,增强权力主体之间的协调性。当前,以市场监管总局为中心的监管机构整合,更需要监管职能的完整与协调,着重解决纵向和横向上市场监管权配置的协调性问题。不同层级政府及其内部各部门的特点与差异,是权力配置协调性所关照的重点。对于各级政府在市场监管权的配置与协调而言,"国务院和省级政府的监管权力侧重于对市场监管规则的制定和组织实施,发挥高层级政府在管理过程中的决策优势;市级政府是重要的执行机关,负责将上级政府的规则在实践层面予以落实并建立科学合理的监管体制,为下级政府搭建统一的市场监管平台,建立本区域内统一的管理协调机制和对外的服务窗口,以提高执行效率作为管理的目标;区、县级政府的监管职权配置应当侧重于服务,在具体管理工作中落实服务理念,解决实践当中出现的新问题,创新工作机制,提供精细化的监管与服务;乡镇级政府作为最基层政府,资源和能力非常有限,应以执行上级政府的部分具体监管工作为主要内容"②。同级政府的不同监管部门之间的权力配置应当分工负责、有效衔接,建立常规化的协调机制,建立统一的综合性监管执法机制,降低市场监管的行政成本。

最后,强化行政组织法对权力配置的基础性功能,实现权力配置的精准化。行政组织法应明确各级政府市场监管的权力范围,改变粗放式的授权方式,从组织法的层面明确权力配置的保障和监督机制,依法稳定权力配置结构。同时,行政组织法还可以优化市场监管权的结构,突破旧有的权力格局,将新兴特殊领域的职权纳入其中,在内容上进行精细化制度设计,提高权力配置的精准程度。与精准化密切相关的是,行政组织法还应该在依法约束自由裁量权的基础上,依法限制各级政府的动态配置权,为其设定严格的程序和规则予以严格监督。此外,

---

① 刘洋洋、曲明明:《大市场监管体制改革的功能分析、挑战与对策》,载《江西行政学院学报》2015年第2期。
② 贺荣兰:《政府市场监管权的法律配置及其优化》,载《甘肃社会科学》2019年第6期。

行政组织法还应尽量压缩集中概括式的授权,探索完善多种法律监管手段的联合与协调机制。

总之,完善市场监管权的法律配置是推进市场监管法治化的核心与关键。但是,法治的实现离不开法律设计与制度环境乃至法治文化的适应和互动。因此,市场监管权法律配置的框架结构以及因应实践的调整还需要深入考量市场监管体系的改革以及法治化的进展状况。一方面,立法与政府部门在市场监管权法律配置完善的具体制度设计中要坚持系统思维,审慎权衡与现有行政管理体制与法治文化的适应性和相容性;另一方面还要坚持全面的大局观,深入考虑政府监管体制的改革以及市场监管执法方式和效率的提升,形成市场监管的法律配置与制度环境和法治文化的相互促进,良性互动,加快法治化的进程。

二、市场监管法律责任的界定与类分

市场监管权的配置必然意味着由权力所衍生出来的义务,对于义务的规范和要求是法律机制不可或缺的基本要素,也是法律效力的源泉。依据权利义务论的观点,任何法律主体拥有什么样的权利就必然具有相应的法律义务,任何违背法律义务的行为都必须依法承担相应的法律责任。法律责任是法治理论与实践中的基本范畴之一,也是法学理论和法律实践中的一个极其重要的问题。然而,理论界对于法律责任概念的理解并非高度一致,这里还有必要从责任出发进行学理探讨。法律责任这一范畴的基础性和前置性概念是责任,厘清责任的一般性内涵是探讨法律责任的前提。一般而言,学者们认为,"根据义务的性质、归责的要求和约束力的形式不同,人们通常所说的责任可以分为三类:其一,基于道德义务之违反而以社会心理意识约束力为表现形式的道德责任;其二,基于纪律义务之违反而以社会团体约束力为表现形式的纪律责任;其三,基于法律义务之违反而以国家强制性为表现形式的法律责任"[①]。由此可见,在责任体系之中法律责任是其关键形式之一,反映的是国家强制力对于违反法律义务的归约性质和实施机制。

从宏观意义上而言,现代民主政治是责任政治,同时也要遵循法律的规范和约束,如此在政治实践中必然会产生政治责任和法律责任的问题,理论上明晰二者的区别和联系对于深入探讨法律责任具有重要意义。从政治学上来说,"政治责任是政治官员制定符合民意的公共政策并推动其实施的职责以及没有履行好职责时所应受的制裁和谴责,它与法律责任存在许多区别:法律责任必须有法律的明文规定而政治责任不可能由法律明文精确地规定;政治责任的追究相对于

---

① 刘作翔、龚向和:《法律责任的概念分析》,载《法学》1997年第10期。

法律责任具有优先性;法律责任有专门的认定机关而政治责任不能仅以专门机关来认定;政治责任与法律责任的承担方式不一样;法律责任不具有连带性而政治责任具有"①。如此,我们可以认为政治责任指向的是政治领域决策问题的最高职责,而法律责任针对的是法律明文规定的更为具体的最低义务。当然,法律责任与政治责任也存在联系和交叉,比如政治责任的追究也必须符合法律规范的形式要件。

在法学领域,对于法律责任的界定众说纷纭,有学者对此进行了类型化的研究,认为可以分为责任说、义务说、处罚说、后果说等四类,②这几类定义从不同侧面反映了法律责任的形式和内容。综合四类定义的内核,可以认为,"法律责任是有责主体因法律义务违反之事实而应当承受的由专门国家机关依法确认并强制或承受的合理的负担"③。或者说,把法律责任界定为,"法律责任是由于侵犯法定权利或违反法定义务而引起的、由专门国家机关认定并归结于法律关系的有责主体的、带有直接强制性的义务"④。进一步说,从法律现象学的角度来看,一个完整的法律规范概念应当包含价值、规范、事实三个基本要素,与之相对应的是内容正当性、形式有效性、社会实效性三个层面,⑤具体由归责依据、救济渠道、强制方式三方面的法条构成。法律责任概念构成的这一逻辑结构,也为进一步分析市场监管法律责任提供了一个基础性的认知框架。

基于上述对于法律责任概念的分析,市场监管法律责任就是指在市场监管领域所涉及的法律责任问题,即在市场监管法律关系中,违背市场监管法的相关规定,危害市场秩序或者侵犯市场主体合法权益的责任人所应当承担的法律后果,这意味着违法责任人要承担特定违法行为所引起的对损害给予补偿、强制履行或者接受惩罚的消极性法律义务。同时,依据上述法律责任的理论分析框架,市场监管法律责任的逻辑结构也相应地包括责任主体、归责原则、责任形式三个核心部分。就责任主体而言,市场监管法律责任的主体就是市场监管法律关系的主体,主要包括市场监管主体和市场行为主体两大类:市场监管主体是依法具有市场监管职能的公共组织和机构,主要是以各级政府设置的专责市场监督管理的机关以及授权履行市场监管职责的机构;市场行为主体是依法设立的从事生产、流通、服务以及其他市场活动的组织和个人。市场行为主体从事各类市场

---

① 张贤明:《政治责任与法律责任的比较分析》,载《政治学研究》2000年第1期。
② 参见张文显:《法律责任论纲》,载《吉林大学社会科学学报》1991年第1期;刘作翔、龚向和:《法律责任的概念分析》,载《法学》1997年第10期。
③ 刘作翔、龚向和:《法律责任的概念分析》,载《法学》1997年第10期。
④ 张文显主编:《法的一般理论》,辽宁大学出版社1988年版,第164页。
⑤ See Robert Alexey, *The Concept and Validity of Law*, London: Clarendon Press, 2012, pp. 126-128.

活动必须遵守市场监管法,如果违反市场监管法的相关规定,损害市场经济秩序,破坏市场监管制度,都应当承当相应的法律责任。

在市场监管法律责任的逻辑结构中,责任主体居于价值主体的地位,主体的责任来源于主体的权力,权力的行使是以通过市场行为履行法律义务作为形式载体的。如此,市场主体的行为必须遵循市场监管法的具体规范。与之相反,市场主体的各类市场行为违反市场监管法规的约束,危害市场秩序以及其他市场主体的合法权益,就必然引起相关法律责任的辨识和承担问题。一般而言,对于市场主体违法行为所引起的法律责任的辨别认定过程,构成了法律责任的归责机制,即归责原则的实施。法律责任的归责问题,即市场监管法律责任的认定,就是指对于市场监管主体或者市场行为主体因违反市场监管法律法规的行为而引起的对法律责任进行辨别判断、认定归结、追究惩戒等的法律活动。

市场监管法律责任的归责认定,应该坚持以下几项重要法治原则:一是过错为主原则,要求市场行为主体在主观上存在过错,但是需要强调的是,随着市场经济体制的完善和法律责任社会化的强化,主观过错的要求逐步拓展,更加强调无过错责任和公平责任;二是因果联系原则,是指在认定市场监管法律责任时,既要确认行为人的违法行为侵害了正常的市场秩序或者其他市场主体的合法权益,又要证明该行为与危害后果之间存在直接的因果关系;三是责任法定原则,要求遵守"罪刑法定原则""法无明文规定不为罪""法无明文规定不处罚"等现代法治原则,防止无权或者越权追究等现象的出现,以保障市场主体的合法权益;四是责罚相当原则,是指在认定市场监管法律责任时,要求充分考虑责任人的违法行为对市场秩序以及其他市场主体的损害程度,并结合行为人的主观恶性进行综合认定,做到违法责任与处罚措施基本相当,坚持法律实施的公平公正。

市场监管法律规范中的强制方式,就是市场监管法律责任的类型和方式,在当前我国的市场法规体系中,主要分为行政法律责任、民事法律责任、经济法律责任和刑事法律责任四大类别及其相应的强制惩罚措施。一是行政法律责任,既包括市场监督管理部门及其工作人员在履行市场监管职责中失职渎职、滥用职权或者不当履职而产生的行政法律责任,也包括企业、个人等市场行为主体违反相关法律法规而产生的行政法律责任。违反市场监管法的行政法律责任,主要包括惩罚性法律责任和补救性法律责任,其中惩罚性法律责任主要包含行政处分和行政处罚两种方式。行政处分,是指由行政主管部门对所属的单位和个人的违法失职行为给予的处理,包括警告、记过、记大过、降级、降职、撤销职务、留职查看和开除;行政处罚,主要是指行政执法部门对违反市场监管法、但尚未构成犯罪的市场行为主体做出的强制制裁。补救性的行政法律责任主要包含赔礼道歉、撤销违法行为、行政赔偿等。二是民事法律责任,是指当事人不履行民事义务所应当承担的法律后果,主要分为侵权责任和违约责任两类。侵权责任是指行为人因其过错或者特定条件下无过错侵害他人财产与人身而依法应当承担的责任。违约责任是指合同当事人违反法律、合同规定的义务而应当承担的责任。违反市场监管法的行为往往具有侵害竞争对手等其他市场主体合法权益的性质,所应当承担的民事法律责任主要是侵权责任。违反市场监管法的民事法律责任主要有停止侵害、排除妨碍、赔偿损失、消除影响、恢复名誉等形式。三是经济法律责任,是指违反市场监管法的行为除了侵犯市场主体的利益之外,也会侵犯市场秩序,进而损害社会整体利益,引起责任人承担相应的经济法律责任,其主要形式包括国家经济失误赔偿、惩罚性赔偿、信誉降级、资格减免等。四是刑事法律责任,是指市场主体的行为违反了市场监管法的相关规定,损害了市场秩序或者侵犯了其他市场主体的合法权益,构成犯罪依法应当承担的法律后果。刑事法律责任是最严厉的强制性法律制裁手段,我国对于违反市场监管法的行为实行双罚原则,即在处罚直接责任人的同时,还可以处罚相关涉事企业和团体。

基于市场监管法律责任逻辑框架的分析,市场监管主体与市场行为主体的法律责任的界定与分类直接关系到执法的效率和社会效益的提升。在法律责任方面缺乏科学的立法和有效的执法,市场监管法治化的推进必将徘徊不前。当前,只有通过科学民主的立法手段完善市场监管法律体系,深入宣传和培育市场经济法治文化,为有效执法营造良好的制度文化环境,才能通过法治化路径加快完善市场经济体制。

三、现代市场监管的法治逻辑与进路

市场监管是政府对市场的监督管理,但是一个国家或者地区有市场的存在甚或有政府对市场的监督管理却并不意味着存在真正的市场监督。在我国计划经济时代,全能政府对于市场的高度集中计划和管控并非现代意义上的市场监管,它体现的主要是政府权力对市场的控制,而不是在市场经济体制中对于政府与市场良性关系的反映,不是对市场失灵的有效应对,而恰恰是市场失序的根源。正是在这个意义上,伴随着市场经济建立和完善的进程,我国政府的市场监管才得以起步和发展。改革初期,政府对于市场的关系主要是发展商品经济,权力下放以激发市场主体活力,由于建立市场经济的导向尚未明确,市场监管也就无从谈起。直到1992年10月,党的十四大明确把建立社会主义市场经济体制作为中国经济体制改革的目标,提出"要使市场在社会主义国家宏观调控下对资源配置起基础性作用",这里只是强调宏观调控对市场机制的引导作用,市场监管的职能和定位还没有单独明确提出来;1993年11月,党的十四届三中全会通

过了《中共中央关于建立社会主义市场经济体制若干问题的决定》,指出培育和发展市场体系,必须"加强和改善对市场的管理和监督""建立有权威的市场执法和监督机构",市场监管才开始逐步成为政府职能的关键词语。①

我国的市场监管体制从 1992 年开始也走过了近三十年的历程,有学者做出总结认为,从改革纵深的阶段而言,市场监管经历了初步创立、全面建设、改革创新三个阶段②;从核心监管理念上来看,市场监管走过了行业监管、独立监管、统筹监管三个时期③。改革开放以来,特别是在建立和完善市场经济体制的过程中,各级政府认真履行市场监管职能,推动经济持续发展和人民生活水平的不断提高,取得了历史性的成就。特别是党的十八大以来,在市场监管领域,各级政府部门积极改革创新,努力营造良好的市场环境,为促进经济高质量发展做出了积极贡献。近年来,我国市场监管体制不断完善,机制和方式方法不断创新,"市场监管重心由传统的事前审批向事中事后监管转变,以'双随机、一公开'为基本手段、以重点监管为补充、以信用监管为基础的新型监管机制基本建立"④。

在加快完善市场经济制度的背景下,我国市场监管体制要从国家治理体系和治理能力现代化的战略高度,优化政府机构职能,推进经济高质量发展以逐步实现人民群众的美好生活。据此来看,各级政府市场监管体制和机制还面临一系列的挑战和问题。就公共管理的角度而言,在我国市场监管领域有些关系到国计民生的问题依然比较突出,比如自然垄断行业"两高一低"(产品价格高、从业人员收入高、经营服务效率低)、竞争性领域滥用市场支配力、生态环境持续恶化、假冒伪劣食品药品屡禁不止等。⑤ 在这些现象的背后,无不涉及市场监管体制机制的运行、监管手段的适应性以及法治化进程等结构性原因。

在体制机制方面,市场监管体制不健全,监管机制有待完善。虽然国务院发布的"十三五"市场监管规划将市场监管工作纳入国家中长期战略部署,标志着我国市场监管进入新阶段。但是,随着市场监督管理总局的成立和运行,由于工商、质监、食药监"三合一"改革是"物理整合"而非"化学融合",⑥市场监管在各级政府间与同级部门间机构与职能需要进一步整合,有效履行监管职责以及监

---

① 参见刘鹏:《中国市场经济监管体系改革:发展脉络与现实挑战》,载《中国行政管理》2017 年第 11 期。
② 同上。
③ 参见刘亚平、苏娇妮:《中国市场监管改革 70 年的变迁经验与演进逻辑》,载《中国行政管理》2019 年第 5 期。
④ 肖亚庆等:《庆祝新中国成立 70 周年开创市场监管新局面》,载《消费指南》2019 年第 11 期。
⑤ 参见郭丽岩:《加强我国现代市场监管体系建设的基本思路与深化改革建议》,载《价格理论与实践》2015 年第 2 期。
⑥ 参见金国坤:《组织法视角下的市场监管体制改革研究》,载《行政法学研究》2017 年第 1 期。

管人员的素质却并非一蹴而就,改革效果的显现尚需时日。近几年,"市场监管体制改革不到位,更多地停留在'结构性整合'层面,没有根本上改善监管机制问题"①。对此,还需要更高层面的机构和部门予以协调,甚至出台法律法规予以保障改革的内容和进程。再者,去垂直化的监管使地方政府既要发展经济,维护社会稳定,又要强化市场监管,各地存在弱化监管,引发市场保护主义的风险。在基层市场监管能力较弱、既得利益固化的情况下,市场监管能力与地方经济发展不相兼容,导致地方政府对于市场监管能力建设投入较少,短期内很难改变基层市场监管能力羸弱的状况。更为关键的是,各地在整合组建市场监督管理部门的过程中,纵向政府间与同级政府不同部门之间的市场监管权力运行的体制机制,还需要进一步协调融合,统一的监管格局和制度框架还不成熟,还需要在实践中进一步探索和完善。

在监管手段方面,市场监管还需要适应市场新变化,创新监管手段和方式。近年来的市场监管改革为了解决长期以来重审批的事前监管,而忽视事中事后监管的问题,引入了综合执法、企业信息公示等制度,但是现有监管机构和人员的观念和能力还难以适应现代监管的需要,在责任意识、知识与能力上还存在差距,再者社会信用惩戒机制的效果也比较有限,因此改革效果的显现还有待进一步观察和探索。同时,各级政府在积极引进第三方评估的范围,包括政策制定以及政策绩效考核等方面,还需要继续扩大,不断提高评估质量,引入国际通行的评估机制,扩大民众参与。再者,行政综合执法改革有利于提高执法效率,降低执法成本,但是也会一定程度上淡化监管专业化建设,还需要综合执法改革与监管专业性的兼容,对于综合执法的范围界定以及执法方式的约束还需要出台相关法规政策予以明确。此外,新经济新业态层出不穷,比如共享经济、P2P金融、跨境电商、校园贷等,这不可避免地影响着市场秩序和市场行为。"面对瞬息万变的市场环境,市场监管具有一定的滞后性,强有力的制度保障能够避免企业野蛮生长的情况出现,也能有效实现市场监管从被动治理到主动应对的转变。"②对此,市场监管要适应市场的最新变化,实现监管改革与新经济新业态的共容并存,维护市场秩序和消费者权益,保障新经济新业态的良性发展。

在法治建设方面,市场监管法律依据不足,监管标准相对滞后,执法能力有待提升。在市场监管领域,法治资源不足,一方面是法制冲突;另一方面是法制

---

① 王泾波:《关于我国市场监管体制改革的研究》,载《安徽行政学院学报》2017年第1期。
② 郁建兴、朱心怡:《"互联网+"时代政府的市场监管职能及其履行》,载《中国行政管理》2017年第6期。

滞后。① 在自然垄断行业,现行监管法规比较陈旧,尚需适时修订更新。在法治不健全的情况下,监管机构与监管对象利益勾连,再加上监管规则和程序模糊、自由裁量权大而不当,俘获寻租现象时有发生。竞争性领域的监管法规也缺乏统一立法标准,甚至存在法条的竞合与冲突的问题。比如,"工商总局《工商行政管理机关行政处罚程序规定》,质监总局《质量技术监督行政处罚程序规定》,食药监总局《食品药品行政处罚程序规定》,分别对工商、质监、食药监部门办理行政处罚案件作出了程序性规定。这些法规的具体要求并不一致,表现在执法主体身份、执法主体资格、立案时间、核审案件、案件办理期限等方面"②。再者,多个政府部门分头发布各类行业标准,大量承袭老旧的工业产品标准,与市场监管相关的安全、卫生、环保等标准比例较少,有些监管领域存在"无标准可依"或者"有标准没法依"的状况。此外,基层市场监管的执法力量和能力都比较弱。例如,"东北某3个市局减编421名、某10个县区局减编266名。从调研情况看,市场监管机构职能整合后,综合执法任务大幅增加,但执法人员并未相应增加"③。随着市场业态的复杂和竞争的加剧,利益最大化驱动的市场主体倾向于铤而走险以违法手段获取利润,技术的进步使得这些违法行为不仅在数量上剧增而且更加隐蔽。同时,市场监管人员的数量的增加和能力的提升又远未适应市场变化的需要,众多复杂的市场主体和更难以发现的违法手段给市场监管带来巨大挑战。总之,由于上述问题日益突出,导致日益复杂多变的被监管者与能力危机中的监管者之间矛盾不断激化,要求市场监管向现代化和法治化转型。

基于市场监管领域存在的上述问题,各级政府和市场监管部门不断改革创新,寻求解决问题、提升监管绩效的措施和方法。在实践的基础上,国务院于2017年1月印发了《"十三五"市场监管规划》,明确市场监管改革的目标是:"到2020年,按照全面建成小康社会和完善社会主义市场经济体制的要求,围绕建设统一开放、竞争有序、诚信守法、监管有力的现代市场体系,完善商事制度框架,健全竞争政策体系,初步形成科学高效的市场监管体系,构建以法治为基础、企业自律和社会共治为支撑的市场监管新格局,形成有利于创业创新、诚信守法、公平竞争的市场环境,形成便利化、国际化、法治化的营商环境。"④具体目标

---

① 参见石亚军、王妍:《深化市场监管和执法体制改革破除综合化内卷化矛盾》,载《国家行政学院学报》2018年第5期。
② 王健、王鹏:《新一轮市场监管机构改革的特点、影响、挑战和建议》,载《行政管理改革》2018年第7期。
③ 中国市场监管学会调研组:《关于市场监管综合行政执法改革有关情况的调研报告》,载《中国市场监管研究》2020年第4期。
④ 《国务院关于印发"十三五"市场监管规划的通知》,http://www.gov.cn/zhengce/content/2017-01/23/content_5162572.htm,2020年10月4日访问。

是:宽松便捷的市场准入环境基本形成,公平有序的市场竞争环境基本形成,安全放心的市场消费环境基本形成,权威高效的市场监管体制机制基本建立。这些目标也是构建市场监管体制现代化和法治化的基本导向。

现代市场监管体制要依法强化市场主体的自我责任,市场主体要根据法律的要求履行相应的信息公示的义务和责任,使得其他市场交易主体能够更加公正审慎地知晓企业的经营状况和诚信状况;现代市场监管放松事前准入、强化事中事后监管的实践必然更加要求市场监管的有效性,形成有效的激励约束机制;政府监管的局限性要求构建一个强有力的社会普遍参与的社会控制和监督体系,形成"企业自治、行业自律、社会监督、政府监管"的社会共治和协同监管格局。为此,市场监管部门可以积极引入大数据思维,在市场监管领域"应运用大数据思维,构建网络化社会监督结构,重构开放多元的社会监督价值链,创设完备的数据开放制度,以提升社会监督的精准性和有效性"①。在此基础上,促进市场监管体系诸要素(包括组织体系、专业队伍、法治框架、程序透明、问责机制等)之间履行职责的协同性和积极性。

首先,完善市场监管体制,优化政府机构设置和职能配置。在市场监督管理总局的主导下,尽快理顺各级政府市场监管的部门设置和职能整合,清理废除妨碍统一市场和公平竞争的各种规定和做法,完善公共服务管理体制,强化事中事后监管,激发各类市场主体活力。通过统一市场监管、推行综合行政执法、构建社会共治机制,改变原来市场监管和综合行政执法职能分散在不同行政部门的旧体制,真正解决现行市场监管体制存在的职能交叉、资源浪费、信息沟通不畅、部门法律冲突、力量分配不均、监管部门间互相推诿等问题,填补现行市场监管存在的空白、缺位,纠正越位,降低行政成本、提高行政效率。②

其次,强化依法监管的理念,完善法律法规。市场监管作为政府公共权力的行使必须坚持法治政府的理念,要有充分的法理基础和法律授权,杜绝以监管之名侵犯市场主体的合法权益。同时,"完善市场监管法律体系需要一部统一的《市场监管法》,综合考虑线上、线下统一市场监管,明确市场监管机构的法律地位、权力和职责,明确规定进行市场监管目标、范围与手段,规定行业受监管的业务和竞争性业务,市场监管的法律程序和方法等"③。

再次,加强市场监管能力,建立专业化监管队伍。在市场监管实践中,各级监管部门要加强综合执法的统一性和规范性,统一执法标准、执法程序、执法文

---

① 蔡玉卿:《大数据驱动式社会监督:内涵、机制与路径》,载《河南社会科学》2019年第8期。
② 参见王健、王鹏:《新一轮市场监管机构改革的特点、影响、挑战和建议》,载《行政管理改革》2018年第7期。
③ 同上。

书等,处理好与被监管者以及人民群众的关系。加强监管执法人员以人民为中心的政治观念、执法为民的法治观念,调整执法队伍的年龄、学历、专业等组成结构,形成定期的能力培训制度,形成监管人员的责任意识,强化实施问责制度。

最后,加强社会共治,发挥行业协会和社会监督的作用。政府公权力的局限性和刚性为社会力量参与市场监管提供了巨大的空间。在社会力量参与共治的多元市场监管网络中,政府应充分发挥社会中介组织、媒体和民众的作用,逐渐从单一的直接监管者转变为多元监管主体的引领者。一方面,各级政府要设法促进行业协会的发展,强化行业自律。作为自律组织的行业协会,其核心职能就在于自我监管,以行业协会的建设和发展引导企业优化市场行为,维护市场秩序,提高自我监管的意识和能力。另一方面,监管部门要强化多元监管主体的议事协调机制,激发各方参与的积极性和有效性。行业协会具有及时切近了解行业内市场主体的经营活动和监管诉求的先天优势,同时其有效履职也需要及时与监管部门沟通和协调,因此各级监管部门应主动引导多元主体的协商议事机制,形成社会监管的聚合力,既可以大大降低监管成本,又可以提高监管对象的满意度。

第七章 中国政府经济职能法治化的完善策略

我国政府经济职能的完善不能脱离其所处的制度环境,也必须回应职能转变过程中遇到的体制机制问题,这也是政府经济职能法治化的基本前提。当前,我国完善政府经济职能的制度环境包括三大核心主题,即完善市场经济体制、构建和谐社会和建设公共服务型政府。为此,完善这一制度环境应该从构建公共服务型财政体制、优化公共服务市场机制以及促进社会和谐与公平正义入手逐步推进。只有制度环境的健全和完善,才能促进政府经济职能以更大程度地适应完善市场经济的需要。在此基础上,完善政府经济职能的法治化,要在回应立法、程序以及运行体系问题的过程中,逐步健全政府经济立法的体制机制,完善政府经济职能程序的法治化,提升整个法律体系运行绩效。唯有如此,我国才能通过政府经济职能科学合理的法治化来促进经济职能的转变,进而加速市场经济体制完善的进程,实现经济社会长期持续均衡的良性发展。

第一节 政府经济职能完善的制度环境

在完善社会主义市场经济体制的条件下,全面建设小康社会和建设公共服务型政府,构成了我国政府经济职能转变与完善的宏观政治框架与基本制度环境。也可以说,我国政府经济职能的完善就是公共服务型政府经济职能的完善。为此,我国应该加速推进公共服务型政府的建设,要以改革创新为动力,以社会和公众需求为导向,强化政府公共服务职能,建立适合中国国情的公共服务体制。为此,我国应该从构建公共服务型财政体制,完善公共服务市场机制,积极促进社会和谐与公平正义等方面着手,采取切实可行的完善策略,营造有助于政府经济职能的健全与完善的制度环境,为政府经济职能的法治化拓展坚实的基础。

一、构建公共服务型财政体制

构建公共服务型财政体制,以公共服务为导向,理顺政府财政收入与支出的结构,优化配置各级政府间财权事权关系,是完善政府经济职能的财政保障,也是建设公共服务型政府的切入点和突破口。为此,我国政府应当尽快建立科学合理的中央与地方的财权与事权的分工体制,加快财税制度的改革与完善,在此基础上加快建立公共服务导向的财政体制。下一步改革要以提供基本公共服务为重点,建立以公共服务为导向的财政体制,实现由经济建设型财政向公共服务型财政的转变。公共服务型财政体制的建立,主要应从以下几个方面着手[①]:首先,建立以公共服务为导向的公共财政收支体系。各级政府要尽快建立公共财政体制,加快推进城乡一元税制改革的进程,改革和完善地方税收体系,赋予地方一定的税收立法权,保证地方政府拥有提供公共物品的稳定收入来源。要加快财政支出体系的改革步伐,调整财政支出结构,财政资金坚决从生产性和营利性领域退出来,加大对公共事业的财政投入,尽快完成从经济建设型财政体制向公共服务型财政体制的转型。其次,要完善包括税收返还、一般性转移支付、专项拨款等在内的中央和省级政府财政转移支付制度。加大对财力薄弱地方政府的转移支付规模和力度,理顺省级以下财政管理体制,简化管理层级。再次,要有效整合财力资源,提高资金使用效率,把公共财力更多地向市场机制无法调节或不便调节的公共服务领域倾斜,更多地用于扶持社会发展领域中的薄弱环节,加大对劳动就业、职业培训、生活保障、社会弱势群体救助以及公共卫生、公共安全等与人民群众切身利益直接相关领域的投入力度,让人民群众共享改革发展的成果。最后,制定有关公共服务投入的政策条例,建立公共服务投入监测指标体系,由本级人大常委会和上级政府监督基层政府对公共服务领域投入的执行情况,实现公共服务投入的法治化、制度化和规范化。

改革与完善各级政府在基本公共服务供给中的事权和财权配置,首先应该确定总体性的改革思路。在市场经济条件下,我国政府的职能包括宏观调控、市场监管、社会管理和公共服务等主要方面。一般而言,保持宏观经济稳定和进行再分配的职能应该主要由中央政府承担,地方政府进行适当的配合。市场监管的职能应该由中央和地方共同负担,中央制定法律和规章,地方负责具体执行或共同执行。提供公共物品的职能,应该坚持上述市场优先、地方优先的原则,根据公共物品的外部性的大小来决定由中央还是地方负担或者中央和地方共同负担。在此基础上,对关系国计民生的基础性公共服务的事权财权进行配置。现

[①] 参见刘厚金:《我国政府转型中的公共服务》,中央编译出版社 2008 年版,第 156 页。

第七章　中国政府经济职能法治化的完善策略

阶段各级政府具体事权的有效配置,要针对我国转轨时期的具体国情和实际情况,在既定的事权配置基础上,兼顾集中与分散并且在处理好两者关系的基础上,对各级政府的职责及支出范围作相应的制度性安排和相应的规范。特别是,现阶段县乡两级政府承担的基础教育和公共卫生等外溢效应较强的公共服务以及省、市、县级政府承担的社会保障服务都应该进行适当的调整。目前,地方政府在公共安全、边防管理等方面承担的部分职能也应该进行重新界定。

事权配置是财权配置的基础,而财权配置又是事权履行的保证。合理有效的事权配置必须有相应的合理可行的财权配置来支持。根据政府财政收入的一般途径和中国现阶段的实际,有利于公共服务职责有效行使的财权配置,应该包括以下几个方面的内容[①]:

其一,建立符合现阶段中国国情的税收权限划分模式。为此,应该坚持责、权、利相结合的原则,维护中央财政的宏观调控能力,使税收划分与国家的政权结构相适应。在税收立法权的配置方面,应该实行以中央为主、地方为辅的原则,包括中央税和具有全国性影响的地方税的立法权可集中在中央,同时赋予地方根据本地需要和具体情况决定是否开征或停征的权力,以及相应的税目、税率调整权限。对于地方性意义极强的税种,应该赋予地方必要的税收立法权,可由省级地方进行立法,各级地方政府确定开征或停征与否。中央和地方共享税,立法权应同中央税一样,归属全国人大或人大常委会,或由其授权国务院办理。但开征和停征权、税目与税率调整权应该由中央和地方在各自的范围之内分别享有。共享税的减免可依照共享比例的大小,分别由中央和地方税务机关审批。从税种来看,关税和进出口税及其相关税收应由中央政府统一管理。个人所得税,既可归中央政府,也可由地方政府征收,或中央和地方共享。公司所得税,因其流动性,应由中央政府负责征收,必要时可根据销售额、工资和资产等与地方分享。资源税,由于资源在地区间分布的不均衡,不适合由地方政府征收,但开采税、使用税、资源保护税等可由地方政府征收。销售税,在出厂、零售、批发等环节征收的单一环节销售税适合于地方政府征收。增值税等多环节销售税应主要由中央政府来负责征收。对酒类和烟草的税收,一般由中央和地方政府共享。排污、拥挤和过高能耗等所征的抑制性税收,可根据中央和地方的职能划分来决定由哪一级政府征收,但对环境有影响或涉及跨地区的税种则应由中央政府来征收。以房地产税为主的财产税应由地方政府负责征收,作为地方财政的稳定来源。行政收费是对特定公共服务使用者收取的费用,从中央到地方各级政府都可根据自己的职能范围收取合理费用。

[①] 参见刘厚金:《我国政府转型中的公共服务》,中央编译出版社2008年版,第157页。

其二,改革转移支付制度,缩小地区间财力差距。在任何税收制度安排下,都有可能出现不同级别政府在事权财权安排中一定程度的不对称。在一些地区,这种不对称可能会特别突出,以致影响到当地政府提供公共服务的能力和质量。为了改变这种状况,建立上级政府对于下级政府的纵向转移支付是十分必要的。在特殊情况下,不同地区政府之间的横向转移支付也是必要且可行的。我国目前只有纵向转移支付,没有横向转移支付。一方面,我国政府要进一步完善现行的纵向转移支付。我国现阶段的转移支付基本上是按照基数法,而不是按照因素法来确定的,与事权、财权配置的关系不太密切,不但不能有效地支持各级地方政府履行好公共服务供给的职能,实际上还会对其有所阻碍。下一步要逐渐按照因素法来建立新的纵向转移支付制度,以利于各级政府公共服务的提供。另一方面,要探索建立横向转移支付,以解决大江大河上游地方政府尤其是相对贫困地区的地方政府在生态环境建设中事权分配与财权保障之间的严重不对称及其对公共服务供给的严重制约。同时,横向转移支付也是平衡地区间财力,缩小地区间公共服务差距最有效的直接手段。

其三,扩大地方政府与公共机构的债券融资渠道。随着经济体制和行政管理体制改革的深入,债务融资必将成为各级地方政府经常性、规范性的融资手段。尤其是地方债券中的收入债券品种,由于与特定公共服务项目相联系,有利于地方政府扩大公共服务供给总量。为此需要开放地方政府的债务融资渠道,使目前事实上存在的隐性负债显性化。目前,地方政府的债务融资包括向银行贷款,向特定投资者或一般公众出售债券等方式。地方政府应该采用标准化的债券融资渠道,提高地方政府债务的公开化、透明度和流动性,以便于公众监督并降低投资者风险。我国现阶段全面开放地方债务融资的条件尚不完全具备。但从长远来看,需要逐步开放地方政府的债券融资。但是,我国发展地方政府或市政证券,需要按照循序渐进的原则,首先探索比较规范的公用企业债券,待条件比较成熟后再推出地方公债。①

其四,化解基层政府的财政风险,建立协调发展基金。目前,各级政府的显性和隐性债务累积过多,如不切实采取有效措施加以解决,将会酿成不可挽回的危机。解决地方政府债务问题,要有针对性地分类治理,对债务存量和增量进行必要的分流处理。关键是及早解决增量问题,以便及时扭转地方政府债务规模不断增长的势头,将债务风险锁定在可控范围内。首先,适当上缴部分事权,基本解决乡级政府债务增量。其次,适当下放部分财权,为解决县级政府债务创造必要条件。解决县级财政政府债务需要在采取各种增收节支措施的同时,适当

---

① 参见宋立等:《各级政府公共服务事权财权配置》,中国计划出版社 2005 年版,第 40 页。

调整县级财权配置,加大转移支付的力度,从体制上改善县级财政状况,解决债务负担问题。中央对地方的税收返还、专项补贴等应该在下一步财税改革中直接划入地方财政本级收入范围,增加县级的可支配财政收入比例。最后,依托市政建设收益债券,逐步解决省市两级建设账户债务。解决省市两级政府债务,要按照经常性与建设性债务分类处理、债务存量与增量分流控制的思路。开辟新的规范性融资渠道,优先解决建设性债务增量。同时,要制定节支目标、加大节支力度、优化支出结构,逐步解决经常性债务和建设性债务的存量。发行地方市政债券应该也可以成为解决地方政府建设性债务尤其是债务增量的一个可供选择的重要途径。可以从收益债券起步、以企业债券为突破口,循序渐进地发展地方债券,为解决地方政府建设性债务、促进地方经济发展提供规范的债券融资渠道。① 此外,为促进区域经济和城乡经济的协调发展,建议在各级政府财政中建立专项的协调发展基金,对经济落后地区和农村进行经济发展的专项扶持,促进全国范围的公共服务均等化。

二、完善公共服务的市场化进程

完善公共服务市场化不仅是市场经济的必然要求,也是政府自身管理现代化、完善政府经济职能的客观趋势。为了满足人民日益增长的公共服务需求,积极有效地完善公共服务市场化,是我国政府经济职能转型的核心内容。近年来,伴随着我国市场经济体制的完善,公共服务市场化的步伐也在不断加快,市场机制的基础作用正在加强。但是,我国的公共服务市场化还处在起步阶段,急需进一步深化和完善。为此,我国政府应该把公共服务市场化纳入到行政改革的总体规划之中,以公共治理理论为指导,依托政府、市场、社会等多方主体的互动协调,探寻一条适合我国自身经济社会发展要求的市场化改革道路,为此需要进一步做好以下方面的工作②:

第一,合理定位政府的公共服务角色和职责。企业家政府理论的倡导者戴维·奥斯本认为,"政府的职责是掌舵而不是划桨。直接提供服务就是划桨,可政府并不擅长划桨"③。"掌舵"是政府的主要职责,即政府做出关于公共服务的决策和制度创新活动;"划桨"是指政府的一些执行活动,提供公共服务就是政府的"划桨"功能。然而,市场经济条件下政府的能力是有限的。它不可能面面俱到,不可能提供全面的公共服务,或者不可能保证公共服务的质量和效率。一个

---

① 参见宋立:《市政收益债券:解决地方政府债务问题的重要途径》,载《管理世界》2004年第2期。
② 参见刘厚金:《我国政府转型中的公共服务》,中央编译出版社2008年版,第162—168页。
③ 〔美〕戴维·奥斯本等:《改革政府:企业精神如何改革着公营部门》,上海市政协编译组、东方编译所编译,上海译文出版社1996年版,第1页。

"划桨"的政府必然是超负荷运转却又低效率的、疲惫的政府。政府能力的有限性决定了它只能量力而行,有所为而有所不为。经济学家科斯的研究也表明,公共灯塔制度造成了资源浪费和低效率。同样,政府代替私人生产公共产品、提供公共服务并不一定是最好的解决方案。政府要做的不是代替私人经营,而是提供制度以及对制度的实施予以监督,这也是制度经济学关于公共物品的新观点。因此,对于公共服务这块政府的"责任田",要保证质量和效率,政府没必要也没有能力全部包揽。政府可以从直接经营竞争性物品和生产供给服务中逐渐退出,转移让渡给市场和社会来完成;并且可以在公共物品和服务的生产和供给方面选择多样化的机制,可以与私人合作,也可以搞责任承包、公开竞标或者合同出租等。政府应该把精力主要集中于制度的创新、实施以及监督上,营造一个有利的整体环境,建设市场制度,并促进市场的健康有序运行。为此,政府主要的责任不是干预市场,而是发挥管理和协调作用,积极完善市场规则,制订优惠政策,从而体现社会公正。市场化并不能解决公共服务的所有问题,所以政府的作用应着重体现在处理效率与公正的关系上。

第二,培育多元化的公共服务供给主体。公共服务的市场化依托于较发达的社会和社会组织。当今时代,"事实上政府已经无法成为唯一的治理者,它必须依靠与民众、企业、非营利性组织共同治理和共同管理"①。在一个社会资源和权力高度集中于政府手中,并受政府直接控制和管理的社会,是难以推行公共服务市场化的。而且,公共服务市场化要求一种开放式的社会体系,强调打破政府提供公共服务的垄断地位。所以,这就要求政府积极培育社会力量,使公共服务的提供由政府单一主体发展为包括政府、非政府组织、企业以及个人在内的多元化、竞争性主体体系。只有多元化的公共服务提供者有序竞争,才能提供充足优质的公共物品与服务,满足社会公众日益增长的公共服务需求。公共服务供给主体的多元化使公共服务不再由政府独自承担,政府不再是提供公共服务的唯一机构,许多非政府组织逐渐成为有效的公共服务提供者。非政府组织一般具有组织性、民间性、非营利性、自治性、志愿性、非政治性、非宗教性等七个属性。② 结合国外的经验和我国的实际情况,我国的非政府组织主要包括事业单位、社区管理组织、社会团体和民办非企业单位。这些组织数量繁多、形式多样、功能发达,并且覆盖面广、渗透性强。它们在公共服务的各个领域发挥着不可忽视的作用,起到了政府功能的放大效应,有力地推动了我国公共服务市场化的进程。政府要充分发掘非政府组织的潜力,将大部分公共事务让渡给这些组织进

---

① 张成福等:《公共管理学》,中国人民大学出版社 2001 年版,第 22 页。
② 参见王名:《中国的非政府公共部门(上)》,载《中国行政管理》2001 年第 5 期。

行管理,让它们向社会提供众多的公共服务,承担大量政府"不该做"或"做不好"的事情,在政府与社会之间进行沟通和协调,发挥承上启下的桥梁作用。同时,加强对非政府组织的引导和监督,从体制和制度上预防和避免中介组织失灵的发生。

第三,引入竞争机制,降低公共服务的成本。治理理论主张把市场的激励机制、竞争机制和私人部门的管理方法与手段引入到政府的公共服务之中。"管理就是管理,不论它在何处实施;用于组织和激励雇员的机制,在公共部门和私营部门都同样适用"①。正由于管理是一种具有共通性的手段,公共部门可以借鉴私营部门成功的管理方法和技术,如打破政府部门的垄断,引入竞争机制。竞争最明显的好处是提高效率、奖励革新,进而产生公共责任感。相反,垄断则导致浪费、低效,诱发社会不公平。在政府公共服务中引入竞争,鼓励政府在公共服务领域的革新,提高公共机构人员的自尊心和士气,并且迫使政府对"顾客"的需要作出反应。这样"顾客"有更多的选择机会,使得政府公共服务在竞争的激励下,有可能降低成本、节省资源、提高公共服务的质量和效率。"对于可以利用竞争方式和容易明确划分业务范围的经济活动来说,采取市场机制和承包的方式常常可以大大改善服务的提供。"②因此,政府应根据服务内容和性质的不同,采取相应的供给方式,尽可能地引入竞争机制。我国政府公共服务应当大胆适用私人企业的运营方式,放开公共工程建设的市场,通过合同出租、竞争性招标等市场化方式将公共服务项目承包出去,实行全面质量管理和目标管理。除了义务教育、公共卫生、社会保障、公共安全等必须由政府提供的最基本的公共服务外,在公共服务的其他领域,都应当营造充分竞争的环境,利用竞争机制产生的压力促使服务提供主体不断改进服务质量。公共服务领域的有序竞争促使供给主体降低生产成本、提高服务质量、改进服务方式,从而形成公共服务主体与客体的良性互动,进而有利于逐步实现政府公共服务职能的转型。

第四,公共服务应以公众需求为导向,提高服务质量。传统政府公共服务往往以行政计划替代公众意愿,以精英设计替代公众参与,忽视公众的需求和偏好。以公众为导向,是公共服务提供从"政府本位""官本位"向"社会本位""公民本位"转变的一个根本思路选择,也是政府与社会之间正确关系的体现。主要途径包括:一是扩大政府决策的公众参与。政府提供什么公共服务,如何提供公共服务,应当事先听取公众的意见,以公众意愿作为唯一价值取向。开拓公众参与

---

① 国家行政学院国际合作交流部编译:《西方国家行政改革述评》,国家行政学院出版社1998年版,第12页。

② 世界银行编著:《1997年世界发展报告:变革世界中的政府》,蔡秋生等译,中国财政经济出版社1997年版,第80页。

公共服务决策的渠道,让公众参与公共服务决策方案的制定。加强政府与公众的信息沟通,实现上情下达,下情上传。只要不是国家机密,都应公开向社会征求方案,在不同的方案中权衡利弊得失,寻找最佳方案。如果决策方案具有坚实的公众基础,必将能够获得公众更广泛的支持。公共政策的有效实施,既能扩大政府服务的公益性影响,又能为提高政府服务的质量和效率提供制度保证。而且,国内外经验表明,公众参与决策有助于提高政府服务的有效性,特别是服务受益者或付费者的直接参与至关重要。参与度越高,就越有利于提高服务项目的成功率。二是政府公共服务应当以社会的评价、服务对象的评价为主,加大公众影响的比重;对直接提供公共服务的公务员,在考核上应当加上公众评价的内容,并根据评估结果进行奖惩。政府公共服务部门及其工作人员应当定期主动地向公众、企业等服务对象征询意见,解释政策和法律法规,以及与公众进行直接的面对面的交流与沟通,对公众提出的有利于改进公共服务的各种问题作出迅速的回应。政府应当采取一切可能的方式,为公众提供最低成本、最快速度、最高质量、种类齐全的公共物品和服务。

第五,增加公共服务的财政投入,积极鼓励民间投资。要完善公共服务的市场体制,增加公共服务的供给,就必须解决公共服务投入不足的问题,关键是建立公共服务型的公共财政体制。我国各级政府要进一步调整财政支出结构,逐步加大对公共服务领域的投入;增加公共物品和服务的有效供给;合理划分中央和地方政府之间的事权,理顺中央与地方政府及地方各级政府之间的财权,增加地方及下级政府的税收分成比例,扩大中央财政对地方公共服务的转移支付,提高地方政府的公共服务能力。依靠大量扩张政府财政支出来刺激经济、促进发展绝非长久之策。因为政府投资活动的效率往往会低于民间投资,而且大量财政支出会对民间投资产生挤出效应。面对近年来民间投资在公共服务领域徘徊不前的情况,必须采取相应的措施。进一步激活民间投资的关键是不断开放新的投资领域和提供投资融资服务。为此,应当改变长期以来对民间投资的歧视,放开部分服务领域,拓宽民间资本的投资空间。在国企改革中,可以采取多种国际上先进的融资渠道,有效地加快投资进程,提高资金利用效率。某些政府部门出于利益考虑将某一产业领域作为本单位的势力范围和领地,通过行政手段限制其他投资主体的进入,即使进入也对其业务范围严格限制,这对公共服务的市场化危害最大。对此,必须高度重视,采取强有力的措施反对行政性垄断。实行民间投资的刺激政策,包括税收刺激、扩大财政贴息、减免土地使用费用等,使民间资本按照政府公共服务的发展方向进行投资。

第六,推行绩效管理,注重公共服务的社会效应。国外的改革实践表明,绩效管理有助于提高政府服务能力,有利于完善公共服务的市场化。传统的政府公共服务注重的是投入而非结果。"官僚主义的政府由于不衡量效果,也就很少取得效果。"①效果是指公共服务符合政策目标的程度,通常以产出与结果之间的关系加以衡量,关心的是目标或结果,因而是衡量公共服务的一个重要指标。公共服务绩效管理的基本要求是:一要明确可衡量的绩效目标和任务;二要使权责配置和资源运用与目标任务相配套;三要由外部主体来进行评估。我国政府的公共服务尚未实行严格意义上的绩效管理。虽然政府服务成本产出的计算较为复杂,难以界定和量化,但难度大不等于政府服务不能实行某种形式的绩效评估与管理。首先,应当加强绩效管理研究,探讨建立适合我国政府公共服务特点的指标体系和测量方法,为政府实践提供理论依据和可操作的方案。其次,绩效指标的设定不宜过于复杂,应当以简便易行为原则。特别是在起步阶段,追求指标体系的完备往往让人望而生畏,宜于随着经验的积累再逐步增加合理的量化指标。最后,应当注重"绩效"导向,强化成本效益核算,使资源配置、权力赋予、奖励报酬与服务绩效挂钩,形成激励机制。此外,还应当借助政府以外的压力,推动政府服务更加注重绩效。国内外经验表明,没有外部主体的参与、配合和监督制约,绩效管理评估很有可能陷入形式主义的深渊。

值得强调的是,我国完善公共服务市场化有其理论必然性和强烈的现实性,但是在借鉴国外成功经验的同时,还应当充分考虑改革理论和具体措施的环境适应性问题。如前所述,在公共服务市场化进程中,将会加剧经济性损失、社会不公平、腐败滋生和公共责任的缺失等负面社会效应。有学者指出:"尽管不同途径的价值和主张是冲突的,但平衡各种矛盾和冲突是公共行政艺术的精髓所在。"②因此,市场化的顺利推行必须依赖政府承担公共责任,发挥主导作用,维护社会公平正义。即便是在西方,公共服务市场化的实践在不同国家也具有不同的表现,可以说是共同发展趋势下鲜明的国别特色。我国公共服务市场化实践要与自身的传统、国情相结合,采取科学理性的态度,处理好继承和发展、借鉴与创新的关系,积极稳健地推进中国特色的市场化改革。

三、促进社会和谐与公平正义

促进社会和谐与公平正义是完善政府经济职能的基本内容。中国市场化改革的深入改变了社会各阶层的现实利益格局,各种复杂的社会关系、社会矛盾和社会问题相互交织,使社会公平问题成为人们关注的焦点。社会公平涉及收入

---

① 〔美〕戴维·奥斯本等:《改革政府:企业精神如何改革着公营部门》,上海市政协编译组、东方编译所编译,上海译文出版社 1996 年版,第 121 页。
② 〔美〕戴维·H.罗森布鲁姆等:《公共行政学:管理、政治和法律的途径》,张成福等译校,中国人民大学出版社 2002 年版,第 3 页。

分配、就业指导、教育机会、医疗保险、社会保障等政府公共服务的诸多领域。实现社会和谐与公平正义是政府的合法性目标和基本职责,涉及政府经济职能法治化的基本目标。因此,社会公众能否平等享有最基本的公共服务就成为实现社会和谐与公平正义的关键因素。目前,我国在公共服务领域的社会公平问题十分突出,主要涉及人民群众平等的受教育权利、社会保障权利、医疗保健权利等的实现,严重影响了社会的和谐。从社会公平正义的视角考察,我国当前公共服务领域的社会不公平现象,主要表现为收入差距悬殊、教育和医疗不均等、社会保障不足等。我国社会公平问题日益凸显,充分暴露了各级政府公共服务能力的不足。社会公众如果享受不到这些关乎国计民生的基本公共服务,必然会引起社会心理的失衡甚至不满,由此引发一系列严重的社会问题,对和谐社会的建设构成了威胁。应该说,改革开放以来,我国经济的发展与社会的进步在一定程度上拉大了社会成员之间的不公平,具有一定的历史合理性。在社会经济迅速发展的过程中,市场化的改革实行按劳分配,由于个人能力的差别,使得社会成员的收入差距逐渐拉大,贫富差距日益悬殊。在此基础上,由于政府公共服务的相对滞后,社会成员在教育、医疗、社会保障等方面的不公平现象日益凸显。值得强调的是,虽然我国现阶段社会公平问题具有某种历史合理性,但是,我们更应当看到,在多种非正常因素的影响之下,社会不公现象日益严重,已开始超出了正常的限度。社会公平问题如果得不到有效及时的解决,势必会影响到社会的长治久安和经济的持续、健康发展。

  社会公平问题具有长期性、全局性和复杂性,将会伴随我国现代化的整个过程。巨大的就业需求、基础教育需求、医疗卫生需求、社会保障需求等,都对我国的社会公平问题构成长期而持久的压力。可以说,社会公平问题的凸显是中国全面转型期各种深层次社会矛盾聚变效应的必然结果。公共需求的快速增长与公共物品的严重短缺以及公共服务的缺位和失衡,是社会公平问题日益突出的直接原因。促进社会公平正义已经成为现阶段我国各级政府刻不容缓的事情,这对于和谐社会的构建具有重要的意义。实现社会公平必须以政府公共服务为突破口,扩大公共服务供给,确保人人享有基本的公共服务,逐步实现公共服务的均等化。为此,政府有必要逐步建立起健全的社会利益协调机制、系统的社会保障体系、快速的社会援助体系、高效的社会风险应对机制、畅通的民意表达机制并使之制度化、常规化,尽快完成经济建设型政府向公共服务型政府转型。因而,各级政府必须不断提高政府公共服务水平,促进公共服务的均等化,这是解决我国社会公正问题的根本途径。[①]

[①] 参见刘厚金:《我国政府转型中的公共服务》,中央编译出版社 2008 年版,第 147—149 页。

第七章　中国政府经济职能法治化的完善策略

首先,转变发展观念,落实新发展理念,实现经济、社会和人的全面协调发展,是解决我国社会公正问题的观念基础。我国的经济建设要实现发展观念的转变,必须贯彻新发展理念。党的十八届五中全会明确指出,"破解发展难题,厚植发展优势,必须牢固树立并切实贯彻创新、协调、绿色、开放、共享的发展理念";强调"它是改革开放近40年,对于发展问题的经验总结与理论提升,集中反映了我们党对中国经济社会发展规律的认识和把握,是关于发展观念的又一次理论创新"。认真落实五大新发展理念,必须转变政府管理理念,要由对经济指标的关注转变到对社会指标的关注、对政府公共服务供给指标的关注;由"以物为中心"的发展向"以人为中心"的发展转变;由物质资本的单一发展向以物质资本、人力资本、自然资本协调发展转变。

其次,协调经济发展与社会发展的关系,解决劳资之间的矛盾,促进就业持续增长,逐步提高劳动分配率,为社会公正的实现提供物质基础。我国政府适度扩张的经济政策,要有利于扩大相对贫困人口的收益;投资政策要有利于保护和减少相对贫困人口;收入分配政策要有利于减少不平等的现象。随着我国市场经济不断完善和政企分开的改革不断深入,资本与劳动的利益统一性逐渐分离,企业逐渐向着追求资本利益的目标发展,而劳动者利益的维护和保障之责任则应及时地由政府承揽起来。我国各级政府要把促进就业增长、降低高失业率作为最重要的经济增长目标和社会稳定目标。政府要注重扩展就业空间,进一步发展劳动力市场,完善就业服务体系和政策扶持体系,开展多种形式的职业培训,提高劳动者技能,为社会就业提供公共服务。在国民收入的初次分配中,政府应该平衡资本利益与劳动利益之间的关系,逐步提高劳动分配率(即劳动报酬总额占国内生产总值的比重),加快最低工资保障立法。

再次,强化政府公共服务职能,为社会公正的实现提供制度基础。萨缪尔森认为,混合经济制度应该对收入不平等作某些修正。解决不平等的直接方案包括私人慈善活动、医药保险、食品券、福利补助以及"负所得税"方案。[①] 我国各级政府要逐步实现向公共服务型政府的转变,加强对劳动就业、基础教育、医疗卫生、社会保障和转移支付的公共支出力度,不断扩大其社会覆盖面。政府通过以公共服务为主体的社会再分配能够促进民主和市场的开放,有效化解全球化进程中的经济风险。洛吉分析法能够证明,人均收入和包括社会保障、卫生保健、住房、福利、教育和转移支付在内的公共支出所占GDP的比重,对一国同时

---

① 参见〔美〕保罗·A.萨缪尔森等:《经济学(第12版)》,高鸿业等译,中国发展出版社1992年版,第1261—1268页。

实现金融开放和民主的可能性有显著正相关影响。① 因此,政府要进一步完善公共服务供给的制度化模式,加强收入再分配的调节力度,健全社会保险法律体系,加快完善医疗保险、养老保险、失业保险等社会保障制度,进一步完善城镇居民的最低生活保障制度。此外,政府应尽快建立基本公共服务标准,为贫困人口创造基础教育和就业培训的机会,提供公共卫生保健防疫的基本条件。

最后,建立公共财政体制,为社会公正的实现提供强大的财政基础。各级政府要建立公共收入制度,提高财政收入占国内生产总值的比重。2005 年,我国财政收入占 GDP 的比重为 17.1%,直到 2018 年也仅为 19.9%,2019 年又下降为 19.2%②,不仅与发达国家 45% 的水平相去甚远,与发展中国家 25% 的水平也无法相比。中央财政收入也低于多数国家 60% 的水平。随着社会经济的发展,我国财政收入占 GDP 的比重要不断提高到 25%—35% 的水平。同时,将中央财政收入占财政收入的比重提高到 60% 以上。增加政府税收收入,重点是提高个人所得税和社会保障税占税收总收入的比重。在成熟的市场经济国家,个人所得税和社会保障占税收总收入的比重至少在 40% 以上,有些国家更达 60% 以上。同时,对部分高收入者开征遗产税、赠与税、财产税和利息税。我国个人所得税占税收总额的比重大大低于发达国家的水平,而且也低于发展中国家 10%—20% 的水平。据国家统计局的数据显示,2005 年全国个人所得税收入 2094.91 亿元,占全年税收总额的 7.28%,直到 2012 年下降为 5.79%,2019 年又上升为 6.57%。③ 据世界银行的统计,在工业化国家个人所得税额占税收总额的 28%,在发展中国家占 11%,其中亚洲发展中国家约占 15%。我国应建立全国统一的基本社会保障制度,开征统一的、强制性的社会保障税。据世界银行统计,发达国家社会保障税约占中央税收总额的 28%,而发展中国家这一比重为 6%。因此,各级政府要进一步调整公共支出的范围,将公共支出优先分配于政府更具有比较优势和更有利于社会公正的基础教育、医疗卫生和社会保障等公共领域。

第二节 政府经济职能法治化的完善路径

在加快完善市场经济体制的背景下,正确处理好政府与市场的关系,坚持市

---

① 参见〔美〕托马斯等:《增长的质量》,《增长的质量》翻译组译,中国财政经济出版社 2001 年版,第 121—122 页。
② 参见《中国统计年鉴(2004—2020)》,http://www.stats.gov.on/tjsj/ndsj/,2019 年 11 月 1 日访问。
③ 参见习近平:《关于〈中共中央关于制定国民经济和社会发展第十四个五年规划和二〇三五年远景目标的建议〉的说明》,载《人民日报》2020 年 11 月 4 日第 2 版。

第七章 中国政府经济职能法治化的完善策略

场对于资源配置发挥决定性作用的同时充分履行政府经济职能,这无疑是政府经济职能法治化的前提和基础。近年来,随着改革的深入,完善市场经济体制的步伐逐步加速,我国政府经济职能的转变也取得了丰硕的成果,公共服务型政府的经济职能已初步形成其基本框架。在构建和谐社会,建设公共服务型政府的宏观背景下,政府经济职能转变的成果迫切需要科学合理的法治化,以适应加快完善市场经济体制的需要。为此,我国各级政府应该以建设法治政府为契机,政府经济职能法治化作为法治政府的核心内容,通过完善政府经济职能领域的立法,依法定程序行使政府经济管理职能,优化法律体系的运行,提高执法效率,以法治手段保障经济高质量发展。

一、完善政府经济职能的法治建设

政府经济职能领域的法治建设,关键在于政府弥补市场失灵的权限配置、法律制度的适当性以及法律体系运行的有效性。正如前所述,回首过往我国法治建设成就显著,展望未来现有法律规范上存在许多不足,既有宏观结构的短缺,也存在微观设计的偏颇。对于这些问题,应在政府经济职能法治化的过程中,认真分析研究,进而提出相应的对策,以适应加快完善社会主义市场经济的需要。

第一,科学界定和精准配置政府经济职能,优化经济职能的法律框架。政府经济职能的具体内容、层级划分、具体权限以及行使程序,对于政府经济职能的有效发挥至关重要,也是法治政府建设的核心内容。政府经济行为的边界涉及政府经济职能的具体内容、履行职能的方法以及与其他市场主体之间的关系,对于政府经济职能的法治化具有根本性的影响。政府经济职能要具有合法的依据、既定的程序、稳定的市场预期,又要严格限定在弥补市场失灵的范围之内,这就是政府经济职能法治化的要义。因此,要在政府经济职能法治化的过程中,通过立法对政府经济职能的范围作出界定,依法明确政府经济职能的主体、职权、职责等。当前,在政府经济职能的立法领域,立法权力的配置比较原则化,在立法过程中粗放有余精细不足,具体表现为:最高权力机关的立法主导作用没能够具体发挥,授权比较宽泛,法律规定不具体详细,而低层级的行政法规、部门规章甚至地方立法却一再膨胀,出现了下位法左右牵制上位法,执法过程中层级顺序颠倒,上位法中又难以找到执法依据的局面。对此,一方面应当完善现行的《立法法》,将政府经济职能的立法权实质性地回归全国人大及其常委会,强化最高立法权,明确各级政府以及职能部门的执行权,上收其过多过细的制定规章的权力,在执行中真正做到上位法主导下位法;另一方面,建议最高立法机关制定《政府经济职能法》,规范政府经济职能的内容、权限、责任以及实施程序等,完善《行政许可法》,规范部门的和地方的立法权限,依法约束政府经济行为对于市场正常运行的不当干预。同时,依法规范政府经济职能的执行权也是法治化必不可少的组成部分。目前,我国政府经济职能的执行权在法律上存在的问题,一方面是执行权的界定不明确,对于执行主体没有系统性规定,对于执行内容和程序过于简化和原则化,可操作性不足;另一方面对于政府层级之间和部门之间的权力缺乏明确的法律规定,相互之间分工不明合作不畅,有利相争无利推诿并存。为此,应该通过法律的细化和完善,明确规定政府经济职能执行权的主体、内容、程序、责任等,依法促进政府部门在履行经济职能过程中分工合作,以法治手段强化政府履职的效能。[①]

值得强调的是,在深化建设法治政府的过程中,制定《政府经济职能法》作为我国政府经济职能的基本法,对于法治化进程具有重要意义。改革开放以来,法制建设取得了巨大进步,为经济持续发展提供了基本的法律保障,但是也毋庸讳言,在政府经济职能法的领域,立法体系杂乱,法条冲突,系统性和科学性都远远未达到依法治手段促进市场经济体制进一步完善的需要。为此,尽快制定《政府经济职能法》,作为政府经济职能履行的基本法律框架,对各级政府的经济职能做出具体可操作性的法律规定,逐步完善系统性协调性的部门法律法规体系,已经成为深化法治政府建设,加快完善市场经济体制的重要课题。

第二,修订完善法律设计,合理规划政府经济职能的制度安排。我国的改革发展道路采取的是"摸着石头过河"式的渐进式改革,在不断试错的过程中依法把合适有效的方法措施稳定下来。在此过程中,有些问题一时难以发现,相应的制度安排也就难免存在疏漏和时滞。当然,在处理政府与市场的关系上表现就更为突出,这直接影响了我国政府经济职能法律体系的具体设计。深入建设法治政府,推进政府经济职能法治化,正是要纠正政府经济职能法律规范的不当之处。近年来,国务院推动的"放管服"改革,就是在坚持市场对于资源配置起决定作用的基础上,深度调整政府与市场的关系,推行政府经济职能的法治化建设。其中,关于市场准入制度的法律规定,就呈现出逐步放松的趋势,以适应市场发展的需要。比如,《公司法》在1993年实行准则主义和行政许可主义相结合的制度,2005年修订后更是取消了股份有限公司的设立须经国务院授权部门或者省级人民政府审批的规定,近年来公司设立更是方便快捷。但是,从其他西方发达国家的情况来看,我国的市场准入制度仍显严格,有些法律法规关于市场准入的严格规定并未改观,这不利于多种所有制多种市场主体的发展,同时还存在市场准入标准不统一的现象。有鉴于此,为了加快完善市场经济体制,在市场准入制

---

① 参见刘厚金:《政府经济职能法治化:基本内涵、问题分析与实践路径》,载《党政论坛》2018年第12期。

度的变革上,可以考虑完全取消企业设立的行政许可,实行准则主义。再者,关于企业超范围经营的规定尚需改变,超范围经营的立法态度还比较僵化。超范围经营的法律后果还需统一和明确,无论违法还是无效,都影响了交易自由的方便,不是限制了市场主体经营自主性就是成为市场主体规避责任的借口,对于交易的双方都造成了巨大的制度成本。因此,放松经营范围的管制也是政府经济职能法治化的紧迫任务。此外,长期以来,我国反垄断执法机构分散,权威性难以协调统一。2018年,国家市场监督管理总局的成立标志着反垄断执法的统一和集中,但是改变传统的多头执法,尤其是执法人员的专业化提升尚需时日,还需要经历一个渐进的过程,其间精准立法和强化执法能力是提升法治化的关键举措。

第三,完善政府经济职能的部门法体系,保障各级政府经济职能的有效履行。法治本质上强调法律之治,杜绝人治和权力滥用,更加注重法律的有效实施。因而,法治政府的建设内在地要求政府经济职能的法律规范具有科学性、可操作性以及有效性等特点,也是实现政府经济职能法治化的必备条件。进而言之,政府经济职能立法要在尊重市场规律、发挥市场机制决定性作用的基础上,充分履行政府经济职能,真正做到以不让市场失灵为限度,避免政府经济行为的膨胀和权力的滥用。近年来,我国在政府经济职能领域的立法取得长足进展,基本的法律框架已经初具规模,业已能够满足市场经济良性运行的法治需求,但是对于加快完善市场经济体制的需求而言还存在相当的差距,尤其是在社会公平、市场秩序、第三部门等方面的法治化程度仍然存在比较大的提升空间。

首先,社会分配方面的立法滞后于社会发展与治理的需要。调节社会分配,促进和维护社会公平是政府经济职能中不可替代的重要组成部分。法治政府要求政府依法调解社会分配,通过法治化手段维护社会公平,以法治保障政府的合法性。现代政府都面临着如何正确处理效率与公平的关系问题,社会发展的历史表明二者不是鱼和熊掌的关系,而是要适度平衡,不可偏废。既不能片面强调公平,而忽视了效率,最终公平也受到损害,成为低发展水平上的公平;又不能只强调效率,而损耗了公平,影响了公众的生活水平和满意度。对此,通过法治化的手段,制定和实施社会分配法,兼顾效率与公平,同时更加注重公平,依法调节社会分配关系,就是一条切实可行的路径。

改革开放以来,我国社会分配领域的立法,对于调解社会分配关系,保障社会公平起到了重要作用。但是还应该看到,公众对于社会公平的预期在不断增长,社会分配调节的制度供给比较滞后,立法不足,难以适应社会发展的需要。[1]

---

[1] 参见种明钊主编:《国家干预法治化研究》,法律出版社2009年版,第269页。

比如,在税收方面,法律规范的层级比较低,税收法定的原则形式大于实质。大量的税收规范和细则体现为行政法规、部门规章甚至是政府部门的通知和行政指令,迄今只制定了《个人所得税法》《企业所得税法》以及《税收征收管理法》等几部法律,在实践中易出现下位法重于上位法的现象,与税收法治化的要义不符。尤其值得强调的是,在社会保障领域,现有的法律规范主要体现为行政法规和部门规章,效力层级低且杂乱无章,各地执行情况差异很大。早在1998年的全国两会上,人大代表就提出了多个议案,呼吁制定《社会保障法》[①],直到2010年《社会保险法》终于出台,随后人力资源和社会保障部出台了实施细则,依法从原则上规定了基本养老保险、基本医疗保险、失业保险、工伤保险、生育保险五大类社会保险。

近年来,我国社会治理与法治建设的实践越来越表明,以行政规章的形式调整社会分配关系已经难以适应民众的社会需求,其稳定性、预期性以及在执行上的区域鸿沟,都不同程度地阻碍了社会整体福利的提升。对此,对于社会分配关系的调整,未来着重强化高层次法律规范,特别是基本法,并建立和完善社会保障的部门法体系。在税收方面,应致力于把税收法定原则落到实处,针对各种税种制定和出台基本法律;在社会保障方面,应尽快制定《社会保障法》作为基本法,在此基础上针对各类社会保障项目制定专门法律。在建立和完善部门法律体系的过程中,立法机关可以将试用成熟的下位法上升为上位法和基本法,并辅之以适应新形势的规定细则,强化法律规范的实施效果。

其次,关于商业贿赂的法律规范比较分散,处罚力度较轻,难以适应维护市场秩序的需要。商业贿赂是加快完善市场经济体制的毒瘤痼疾,严重侵害了正常的市场秩序,危害了社会公平甚至社会稳定,但是目前我国的相关立法还不完善,还不足以有效遏制非法活动猖獗的势头。现行关于商业贿赂的禁止性规定比较简单,时间较早,比如《反不正当竞争法》和《关于禁止商业贿赂行为的暂行规定》分别颁布于1993年和1996年,已经无法适应市场的最新变化,难以有效实施严厉打击违法犯罪的任务。[②] 一方面,现行法律规定对商业贿赂的处罚较轻,行政制裁手段单一。尽管2019年修正的《反不正当竞争法》对于商业贿赂规定的行政罚款区间提高到10万元以上300万元以下,但是考虑到经济社会发展的现实以及较低案发率,这也难以起到对违法行为的强力惩戒作用。在制裁手段上,对于违法行为的资质惩罚规定较少,只有《药品管理法》等个别法规有此类

---

① 参见温红彦、王欣:《多份议案一个议题——尽快制定社会保障法》,载《人民日报》1998年3月12日第3版。

② 参见种明钊主编:《国家干预法治化研究》,法律出版社2009年版,第267页。

规定,使得违法企业受罚以后继续违法经营有了可乘之机,难以根本上遏制违法行为的蔓延。由于执法手段的简单,市场监管部门在查扣、留置等方面的权限不足,难以对变相实物贿赂进行及时取证,一些违法行为易于逃避法律的制裁。此外,长期以来我国治理商业贿赂存在政出多门、多头执法、执法标准不一的状况。市场监督管理总局组建以后,市场监管权相对集中统一,机制运行和能力提升还有待时日。借鉴西方发达国家的经验,我国应制定专门的《反商业贿赂法》,授权专门机构集中惩治商业贿赂,整合分散的法律规定,规范执法程序,加大执法惩戒力度,扩大公众参与,有效遏制和预防商业贿赂。

最后,积极发挥行业协会的作用,尽快完善行业协会的立法。行业协会作为各行业成员的自组织形式,是介于政府与企业之间的第三部门,既能够及时感知市场主体的需要,又能够进行自我管理,起到政府经济职能有益补充的作用,对于完善市场经济体制和实现国家治理现代化具有重要意义。因此,第三部门的法治建设也是政府经济职能法治化的必要内容,对法治政府的建设具有支撑作用。西方发达国家的行业协会在行业自律、公共管理、行业服务、经济立法、对外交流等方面发挥着重要的作用,有效承担了政府难以顾及和企业不愿关注的社会事务。当然,这些都离不开对于行业协会地位、权限和职责的健全立法和实施。当前,我国行业协会领域的法律体系主要包括1998年国务院颁布的行政法规《社会团体登记管理条例》(2016年修订),以及一些部门规章、地方性法规和地方政府规章等规范性文件。虽然把行业协会作为一类社会团体,对其登记管理、行为监督管理、业务主管单位以及管理机关等事项作了规定,但是,总体上我国目前在社会领域的立法比较薄弱,尤其是行业协会的立法尚处在起步阶段,行政法规的层级远远不能适应蓬勃发展的中介组织的监管需要。具体而言,一方面,现行法律规范认可了行业主管部门对行业协会的业务管理权,社会团体登记管理机关对行业协会合法身份资格的管理,导致行业主管部门对行业协会业务行为的严格限制,稀释了行业协会的自治性质,形成了行业协会被各个政府部门多头管理的局面;另一方面,行业协会是以营利性企业为会员的自律性组织,与其他各类非营利性会员组成的社会团体具有本质上的不同,目前的法规实行混同管理,忽视了行业协会的经济特性,有些针对社会团体的普遍性规定也束缚了行业协会的发展壮大。比如,《社会团体登记管理条例》第17条规定,"社会团体不得设立地域性的分支机构",就严重阻碍了行业协会跨地域的业务发展。此外,目前对于行业协会独立地位的责任和义务缺乏法律保障,对其权利救济机制也没有专门的法律规定。鉴于行业协会在市场经济中的重要作用,以及上述行业协会立法方面的不足,在经济职能法治化的过程中,应尽快出台《行业协会法》，加强行业协会法律体系的构建。①

二、提升政府经济职能程序的法治化

现代法治的基本架构既包括实体上的法治，也涵盖程序法治，若没有程序，实体就难以得到保障，甚至程序更为重要。在我国传统治理中，限制不足的权力运转肆意践踏程序规则，既没有法治文化的浸润，也没有刚性的程序规范，自由裁量性的程序也沦为权力的工具而不是对权力的约束。但是，现代市场经济既是法治产生的土壤，也需要法治的有力保障。当前，我国正在加快完善市场经济体制，客观上也要求加速推进政府经济职能的法治化。在经济社会管理的实践中，以法律手段约束政府经济行为，为政府经济职能设立法定程序，既要面临政府与各类市场主体极其复杂的利益纠葛，又会遭遇到法律本身的局限性问题。任何法律都不是万能的，正如美国法学家罗斯科·庞德所言："如果假定政治组织社会和它用来对个人施加压力的法律，对完成目前复杂社会里的社会控制的任务来说已经绰绰有余，那是错误的。"②因此，在现代社会治理的多个场域，法律都未必能够成为调整社会关系和人们行为的有效手段，在政府经济职能领域也不例外，法律的规范作用同样存在差异性和有限性。由于现代市场运行的复杂性和经济活动的多样性，政府经济职能以及具体的经济行为本质上要求更大的灵感性和自由度，政府部门及其工作人员应该具有更大的经济领域的自由裁量权，这就给法律整齐划一的格式化规范政府经济职能的程序造成了困难，当然用法律僵化地框定政府经济行为的程序也是不必要的。同时，不同的政府经济行为由于所涉及的利益群体规模不同，其规范化的要求也有差别，从而法治化要求的强弱也就有所不同。有些政府经济行为影响到特定群体的利益，其程序的法治化要求就比较强；有些政府经济行为只影响到不特定多数人的利益，其程序的法治化要求就弱一些；有些政府经济行为与前两者不同，仅仅涉及政府经济管理部门内部的权力关系，其程序的法治化要求最弱。鉴于政府经济职能法治化不足及其强弱的差序要求，我国各级政府应从以下方面着力提升政府经济职能程序的法治化③：

首先，大力完善直接影响特定主体经济利益的法律程序，严格依法履行政府经济职能。在建立和完善市场经济体制的进程中，我国各级政府履职的法治水平不断进步，行政法治非常明显，尤其是行政处罚、行政许可、招投标等程序法治

---

① 参见种明钊主编：《国家干预法治化研究》，法律出版社2009年版，第261—267页。
② 〔美〕罗斯科·庞德：《通过法律的社会控制》，沈宗灵译，商务印书馆1984年版，第13页。
③ 参见种明钊主编：《国家干预法治化研究》，法律出版社2009年版，第216—223页。

第七章　中国政府经济职能法治化的完善策略

化程度提升较快,近年来各级政府行政诉讼的败诉率持续下降。但是,在涉及行政征收、强制执行、调查勘验等方面的程序,有些法律规定比较模糊,缺乏操作性,法治化相对不足,在所涉案件中政府机关败诉率居高不下,有必要对此类程序继续细化和完善,政府部门要率先守法才能严格执法。

其次,建立和完善政府宏观调控的法定程序,以法治化提升宏观调控的社会效果。如上所述,从理论上说,对政府经济行为的法治化要求是可以有差异的,法治化要求的强弱与涉及利益群体的规模成反比,即涉及利益的社会群体规模越大,法治化要求越弱。但是,这种情况的法治化要求弱并不意味着不需要法治化,或者说法治化不重要,更不意味着其法治化的意义对于社会治理而言可有可无。恰恰相反,对于理论上法治化要求弱的宏观调控而言,其法治化涉及更大的社会整体利益,对公共利益将会产生重大影响,由于私人无法也没有能力对此有所顾及,正是需要政府采取有效措施。因此各级政府要规范宏观调控行为,逐步实现宏观调控权的法定化、调控手段的法定化、调控程序的法定化、调控后果的可诉化等。同时,必须强调的是,宏观调控必须遵循市场规律,随着市场的瞬息万变因应调整,因此宏观调控机关又必须具有与市场变化相适应的灵活自由度,拥有更大的自由裁量权。换句话说,宏观调控程序的法治化不能过于严格和机械,其重点是程序性的法律框架,而不是对具体内容的微观细节与时点的约束。对此,我们进一步分析发现,当前我国宏观调控程序法治化的水平比较低,在一些领域基本上无法可依,甚至尚缺乏应有程序意识。一方面,有些重要宏观调控领域,相应的实体法和程序法都比较缺乏,可以找到的一些政府部门内部操作规范也具有太大的随意性。比如,各级政府的产业政策、区域经济合作、税制的分与合等领域既缺乏实体法,也没有相应的程序法。另一方面,有些宏观调控措施有实体法的限制,却没有相应程序法的约束。例如,《中国人民银行法》规定了中央银行可以运用货币政策进行宏观调控,却没有规定其运用的法定程序;又如税收征管法规定了税收的开征、停征等需要依照法律规定的政策切口,但是至今没有进一步立法作出程序性的规定,显然在程序上的法治意识还比较淡薄。对此,我们可以联想到,法治政府建设本质上要求把政府机构内部的工作程序和习惯做法转化为公开透明的法定程序,那么,在政府宏观调控领域也应如此,这也是政府经济职能法治化在程序上的基础性要求。

最后,健全政府经济职能程序违法的追责与救济制度。长期计划经济的传统给了政府管控经济近乎绝对的权力,对于政府经济行为侵犯市场主体权益的情况认识不足,更谈不上对于侵害主体的责任追究以及被侵害者的权利救济问题。但是,市场经济条件下的政府宏观调控行为目的在于弥补市场失灵,维护社会整体利益,那么本质上就要求宏观调控不应该侵害其他市场主体的合法权益,即便是为了社会整体的利益牺牲个别市场主体的利益也必然涉及责任追究与权利救济问题,这也是政府经济职能法治化的题中应有之义。法律的社会作用关键在于违法者被惩处的必然性,因此政府经济职能的法治化必然要求授予司法机关对于违法的行政机关及其工作人员的司法审查权,建立合理适当的对于违法者的责任追究和对于被侵害者的权利救济制度。当前,我国大多政府经济职能的程序性规范都没有追责和救济制度的法律保障,要进一步改变单纯依靠政府机关内部追究程序违法责任的惯性,引入司法机关的司法审查权,建立公正公开的法治化追责和救济机制。

三、改进政府经济职能法律体系的运行

政府经济职能面对市场变化要更加具有灵活性、适应性和创新性,是加快完善市场经济体制的本质要求。如此,法治化要成为政府经济职能适应市场经济体制的制度保障和推动力,避免法律内在的机械性和滞后性成为政府推动市场经济体制完善的阻碍力量,更要严厉打击政府经济职能蜕变为部门利益或个人中饱私囊的工具。为此,各级政府要致力于完善政府经济职能法律体系的运行绩效,实现政府经济职能的合理性与合法性,加快提升政府经济职能法治化的水平。综上所述,对于政府经济职能法律体系存在的问题,应从以下方面采取措施着力加以完善[①]:

首先,进一步完善和发挥行政司法的作用。在市场经济的发展过程中,司法对于政府经济行为乃至政府经济职能的约束和规范起到了至关重要的作用,但是市场的复杂性、政府经济职能的灵活性以及法律的特性和司法的自身规律,决定了司法不可能完全包办和掌控政府经济职能的法律审查和监督问题。在我国改革开放的过程中,政府与市场的关系不断调适,市场经济体制日益完善,其中除了司法机关作为外部法律规范的重要作用以外,行政机关内部的法治体系也起到了极其重要的作用,比如以各级政府内设的法制办、司法局等部门为主体运作的行政许可、行政复议、行政监察等制度。2018年,国务院机构改革方案实施以后,各级政府把法制办与司法局的机构与职能进行合并重组,不再保留法制办,由司法局承担行政立法、行政执法、刑事执行、公共法律服务等职能,实现了行政体制内部立法、执法、司法、守法、普法各环节职责一体、全面贯通,开创了法治政府建设的新局面。尽管如此,对于加快完善市场经济体制和政府经济职能法治化的要求而言,各级政府的司法部门在行政执法、司法方面还需要综合权衡与国家司法机关的不同功能,既要分工合作,又要职能互补,发挥好行政法治的

---

① 参见种明钊主编:《国家干预法治化研究》,法律出版社2009年版,第149—166页。

独特优势,保障政府经济职能的灵活性和有效性。对此,合并重组后的行政司法在机构职责与独立性、人员素质与管理、办案程序与效力等方面,都还需要进一步出台相关法规予以补充和完善。在国外的行政司法体系中,美国的行政法官完全独立于所在的听证机构,其任职情况由议会制定的相关法律所保障,主要负责听证工作,对案件享有初步决定权或建议权[1];与之相对,英国行政裁判所的独立性更强,与英国政府传统行政体制相分离,"它是指在一般法院以外,由法律规定设立用以解决行政上的争端,以及公民相互间某些和社会政策有密切联系的争端的特别裁判机构"[2]。英国和美国都强调了行政司法的独立性以及法律效力,当然其裁判最终还要受到国家司法机关的审查和监督。对此,在现有行政司法制度的基础上,借鉴国外的有益经验,逐步建立和发展行政裁判所或行政法官制度,无疑是一个值得重视的思路和办法,既能符合司法改革的价值取向,又可以保障政府经济职能法的有效运行,加强和改善对政府经济职能的监督和制约。[3]

其次,强化政府经济管理机构的独立性与权威性。法律机构的专门化程度本身就是法治化水平的标志之一,没有专门化的法律机构就没有法治,政府经济职能法治化的提升必须建立和完善政府经济职能的专门机构。正如美国法学家诺内特等所言,"法治诞生于法律机构取得足够独立的权威以对政府权力的行使进行规范约束的时候"[4]。对此而言,政府经济职能的法治化水平取决于政府经济管理机构依法独立运作的绩效。我国著名经济法学家种明钊教授曾经深入分析了我国国家干预机构的独立性问题,认为"事实上,国家干预机构的法律地位不高、独立性不强,不仅反映在我国地方各级干预机构的运作中,即使是对中央级国家干预机构而言,这也是个值得注意的问题"[5]。对于如此精辟的观点,我们完全可以用来对照政府经济职能部门的状况,同样是适用的。长期以来,我国各级政府的经济职能由发展和改革委员会(其前身为计划委员会)、财政部、中国人民银行、国家市场监督管理总局(2018年由工商、食药监、质监检疫、知识产权、反垄断等职能合并而成)等内设的政府经济管理部门履行,其法律地位与独立性的问题主要体现在机构设置、规章制定以及处罚设定等领域。一方面,政府经济管理部门的设立与撤并基本上是由本级政府自主决定,法律权威性不足。

---

[1] 参见王名扬:《美国行政法(上册)》,中国法制出版社1995年版,第449—457页。
[2] 王名扬:《英国行政法》,中国政法大学出版社1987年版,第135页。
[3] 参见种明钊主编:《国家干预法治化研究》,法律出版社2009年版,第162页。
[4] 〔美〕P.诺内特、P.塞尔兹尼克:《转变中的法律与社会》,张志铭译,中国政法大学出版社1994年版,第59页。
[5] 种明钊主编:《国家干预法治化研究》,法律出版社2009年版,第156页。

对于中央政府经济管理部门而言,部委级别的机构虽由全国人大常委会决定,但是具体方案和主动权仍由国务院掌握,其他大多直属机构的设立与撤并则完全由国务院决定。地方各级政府也往往根据中央政府的机构改革方案"照葫芦画瓢",名称与职能都存在很大的差异性,再加上时间的滞后,严重影响了政令统一和"全国一盘棋"式的职能协作。另一方面,立法机关与政府经济管理部门的疏离,容易造成各级政府自身部门职能定位的模糊与多变,在执法中面临主体资格与能力的双重困境。比如,一些履行重要经济职能的国务院直属机构,若严格依据《立法法》和《行政处罚法》的规定,就将面临没有规章制定权和处罚设定权的问题。同时,政府经济职能在部门间的边界不清和内容不确定,也造成了其执法依据的缺乏和市场预期的不稳定。对此,推进政府经济职能法治化要以提高政府经济管理部门的法律地位和强化其独立性为重点,可以吸收成熟市场经济国家的先进经验,探索设立独立于政府的经济管理机构,直接向人民代表大会负责,完善行政监督,引进多主体的社会监督,以便于有效避免政府经济权力的膨胀和腐败现象。①

再次,完善适应市场经济体制需要的政府经济职能控权机制。政府的经济权力作为公共权力,既要求依法规范约束,又要求具有适应市场最新变化的灵活性、时效性和创新性。然而,传统的法律控权机制以既定的规则和程序为逻辑起点,强调对本质上具有滞后性和固定性法条的机械服从,不可否认这起到了有效约束权力的作用,但是同时也束缚了政府行为的灵活性,容易导致政府经济职能的僵化和时滞,难以对市场的瞬息变化作出及时有效的对策。美国著名经济学家斯蒂格利茨认为,以约束政府经济权力的前置性规则妨碍政府的高效运转,容易导致政府决策的延误,他指出这些措施"虽然带来了安定,但却剥夺了政府迅捷地应对环境变化的能力,甚至会使政府完全不能适应环境的变化"②。对于传统政府权力控制的弊端,西方国家从20世纪70年代开始,历经新公共管理运动到新公共服务浪潮,这场跨世纪近50年围绕"政府职能的市场化、政府行为的法治化、政府决策的民主化、政府权力的多中心化"③的治道变革,对世界各国政府的施政观念和管理方式产生了极其深远的影响。在此过程中,西方国家取得了许多有益的经验,比如以绩效考核和社会评估为准则,通过行政组织的首长向政治代理人全权负责来实现政治控制;通过建立"公民宪章"和"顾客评估"准则,实现政府从"以管理为中心"向"以服务为中心"的转变;积极拓宽监督渠道,根据经

---

① 参见种明钊主编:《国家干预法治化研究》,法律出版社2009年版,第157页。
② 〔日〕青木昌彦等编著:《市场的作用、国家的作用》,林家彬等译,中国发展出版社2002年版,第26—27页。
③ 毛寿龙、李梅:《有限政府的经济分析》,上海三联书店2000年版,第1页。

常性的"公民意向"的民意测验结果来及时调整政策等①,这些改革举措从权力运行机制上来讲,正是反映了新权力控制方式的产生和有效实施,值得我国政府经济职能在转型中认真学习和借鉴。改革开放以来,我国政府经济职能的改革是以市场经济体制的建立和完善为导向的,从政府与市场的关系、政府经济行为、政府经济职能、政府与社会的关系,再到当前方兴未艾的优化营商环境,可以说是在市场的引领下步步深入地调整对政府经济权力的控制方式,改革的目标和方式决定了完全可以借鉴西方国家的上述先进经验,尤其是对于以法治手段促进政府经济职能与市场机制完善的良性互动具有重要的现实意义。②

最后,依法建立健全社会经济领域的民主参与机制。完善政府经济职能的法治化,改进法律体系的运行还应当注重保障公众的广泛参与,提高政府经济职能决策的民主化水平。尽管各国的政治经济体制存在很大差异,在政府经济职能的决策中,同样存在多种价值观与各阶层利益格局的碰撞、交流、融合的过程,因此政府经济管理的决策应当在专业独立性与广泛民主性之间寻求平衡,以增强经济管理措施的社会可接受性,降低成本并提高政策效果。③ 从我国目前民主参与的情况来看,各级政府经济职能部门在决策和实施过程中采取了一系列措施,逐步扩大民主参与,立法上也建立了价格听证、行政处罚听证等法律保障措施,但是在总体上实施覆盖面和运行效果还有待提升,难以满足人民群众的参与需求。对此,我们可以借鉴英国的《裁判所和调查法》,建立和发展法定调查制度,依法保障公众参与政府决策,提出批评和建议,增强政府决策的合理性。④ 此外,健全民主参与机制,培育社会力量,加快第三部门的发展,不仅要注重经济类行业协会的作用,还要加强民众的组织化参与,发挥民间经济自治组织的作用。各级政府要处理好政府与社会的关系,以职能调整为中心,把政府部门不便于以公权力身份履行的职能大胆赋予第三部门,依法监管第三部门的经济管理职能,如此既有利于政府部门减轻负担集中处理涉及全局性的经济问题,又有利于增强民众的参与能力,避免政府的过度管制,促进社会组织的成长和自主化进程。当前,面对我国经济自治组织发展明显滞后于经济发展的局面,要充分发挥第三部门的作用,一方面要从法律上明确第三部门与政府经济管理机构之间的合作关系,依法界定第三部门的法律地位和经济管理职责;另一方面将经济自治组织与政府经济管理部门的工作联系常态化、制度化,依法建立有效的沟通协商

---

① 杨冠琼:《政府治理体系创新》,经济管理出版社2000年版,第353—358页。
② 参见种明钊主编:《国家干预法治化研究》,法律出版社2009年版,第152页。
③ 参见〔日〕青木昌彦等编著:《市场的作用、国家的作用》,林家彬等译,中国发展出版社2002年版,第37—41页。
④ 参见种明钊主编:《国家干预法治化研究》,法律出版社2009年版,第158页。

机制。① 此外,还要注重经济自治组织作为第三部门的能力建设,在具体职能上政府经济管理部门要做到"放得下",经济自治组织更要做到"接得住",形成政府与第三部门良性的合作与监督机制。

  此外,对于政府经济职能的法治化而言,有远见卓识的学者们还强调过分注重法律的强制性,并不能有效保障政府经济职能领域法律的运行,不仅不利于反而会加重法律蜕变为政府经济权力的工具。② 对此,一方面是由于法律的社会特性决定的,法律的效力不在于其强制性,而在于其无所不在的约束力。换句话说,法律的威慑力不在于法律的强制性与严苛程度,而在于违法就会受到惩戒的必然性;另一方面的原因是政府的经济职能毕竟不同于政治统治类职能,主要不是以国家暴力作为支持力量的,而在大多数情况下是政府与市场之间互利互惠的关系,一般情况下是建立在政府与市场主体之间交涉与合意的基础上的。因此,弱化政府经济职能领域法律的强制性,强化其协商性和互惠性,扩大利用和创新各种非强制性的经济管理方式,不仅是法治化的重点,也是未来政府经济职能法治化的大势所趋。

---

① 参见种明钊主编:《国家干预法治化研究》,法律出版社 2009 年版,第 159 页。
② 同上书,第 162—166 页。

结　语

在法治国家与全面建成小康社会的政治诉求中,政府经济职能转变的法律手段作用凸显,把政府经济职能的履行纳入法治化的轨道,对于加快完善市场经济体制意义重大。政府经济职能法治化,是指通过建立健全规范政府经济职能的法律法规,完善以政府经济职能为核心的经济法律体系,以监督行政的有效性和责任制为保障,从而实现政府经济职能法治化的发展目标。在现阶段,政府经济职能法治化应该具有适应市场经济体制完善所需要的权威性、规范性、稳定性等特征,坚持法制与法治相互促进,注重法治的社会效能。为此,深入探讨政府经济职能法治化的历史必然性、基本原则及其范围界定,具有重要的理论意义和现实意义。关于政府职能,特别是经济职能的研究,政治学、行政学、经济学和法学等学科在理论框架和政策实践上都产生了丰硕的成果。值得强调的是,在经济思想史上,关于政府职能的理论演进为我国在完善市场经济体制的过程中政府经济职能的定位提供了富有价值的理论指导。

西方政府经济职能及其法治化对于我国在市场经济条件下完善政府经济职能并推进其法治化具有重要的借鉴和启示意义。经过长期的理论探索与实践检验,当今西方各国的政府经济职能及其法治化道路特色与共性互现,在发展中不断完善。中国政府经济职能的演进是以市场经济为导向的,以服务经济建设,适应市场经济发展与完善的需要为根本目的。伴随着市场化改革,我国政府经济职能的演进经历了计划经济、商品经济、确立市场经济、完善市场经济四个关键的阶段,目前正处在加快完善市场经济体制的关键机遇期。与此相适应,我国的行政管理体制改革以政府职能转变为核心,也逐步由政治统治型、经济建设型过渡到公共服务型政府阶段。

当前,在加快完善市场经济体制的过程中,我国各级政府在构建和谐社会与公共服务型政府的指引下,正在深入推进政府经济职能的转变。在当前经济社会快速全面转型的时期,政府经济职能转变不可避免地受到现行体制机制的拘束,发展失衡、职能缺陷以及地方利益固化都不同程度地阻碍了改革的深化。市场经济条件下普适性的政府经济职能不仅是我国社会主义市场经济体制中政府经济职能的借鉴与参照,也是公共服务型政府经济职能完善的框架性依据。为了适应市场经济改革与完善的需要,政府经济职能的法治化在宏观调控、市场监管、社会分配、持续发展等方面都取得了令人瞩目的成就。但是,相对于加快完善市场经济体制的需要来说,还存在立法、程序以及运行体制等方面的问题,需要在进一步的改革与发展中予以消解,为其在体制机制上创造更大的运行空间。

完善我国政府经济职能及其法治化不能脱离其所处的制度环境,也必须回应职能转变与法治化进程中的体制机制问题。当前,我国完善政府经济职能的制度环境包括三大核心主题,即完善市场经济体制、构建和谐社会和建设公共服务型政府。为此,完善这一制度环境应该从构建公共服务型财政体制、优化公共服务市场机制以及促进社会和谐与公平正义入手逐步推进。只有制度环境的健全和完善,才能促进政府经济职能以更大程度地适应完善市场经济的需要。在此基础上,完善政府经济职能的法治化,要在回应立法、程序以及运行体系问题的过程中,逐步健全政府经济职能立法的体制机制,完善政府经济职能程序的法治化,提升整个法律体系的运行绩效。唯有如此,我国才能通过科学合理的法治化来促进政府经济职能的转变,进而加速市场经济体制完善的进程,实现经济社会长期持续均衡的良性发展。

参考文献

一、中文著作

1. 〔美〕阿瑟·奥肯:《平等与效率》,王忠民等译,四川人民出版社 1988 年版。
2. 〔美〕埃德加·博登海默:《法理学——法哲学及其方法》,邓正来等译,华夏出版社 1987 年版。
3. 〔美〕埃莉诺·奥斯特罗姆等:《公共服务的制度建构:都市警察服务的制度结构》,宋全喜等译,上海三联书店 2000 年版。
4. 〔英〕埃里克·罗尔:《经济思想史》,陆元诚译,商务印书馆 1981 年版。
5. 〔美〕A.爱伦·斯密德:《财产、权力和公共选择:对法和经济学的进一步思考》,黄祖辉等译,上海三联书店 1999 年版。
6. 〔美〕安德烈·施莱弗等编著:《掠夺之手:政府病及其治疗》,赵红军译,中信出版社 2004 年版。
7. 〔美〕保罗·A.萨缪尔森等:《经济学(第 12 版)》,高鸿业等译,中国发展出版社 1992 年版。
8. 〔美〕查尔斯·沃尔夫:《市场,还是政府:市场、政府失灵真相》,陆俊等译,重庆出版社 2009 年版。
9. 陈承堂:《宏观调控行为的可诉性研究》,北京大学出版社 2014 年版。
10. 陈共、昌忠泽:《全球经济调整中的宏观调控体系研究:新时期国家经济调节的基本取向与财政金融政策的有效组合》,中国人民大学出版社 2007 年版。
11. 陈奇星主编:《创新地方政府市场监管机制与监管方式研究》,上海人民出版社 2020 年版。
12. 陈振明主编:《公共管理学:一种不同于传统行政学的研究途径》,中国人民大学出版社 1999 年版。
13. 陈振明主编:《政府再造:西方"新公共管理运动"述评》,中国人民大学出版社 2003 年版。
14. 陈振明主编:《政治的经济学分析:新政治经济学导论》,中国人民大学出版社 2003

年版。

15. 程样国等：《国际新公共管理浪潮与行政改革》，人民出版社 2005 年版。
16. 迟福林编：《警钟——中国:SARS 危机与制度变革》，民主与建设出版社 2003 年版。
17. 崔运武编著：《公共事业管理概论》，高等教育出版社 2002 年版。
18. 〔美〕戴维·奥斯本等：《摒弃官僚制：政府再造的五项战略》，谭功荣等译，中国人民大学出版社 2002 年版。
19. 〔美〕戴维·奥斯本等：《改革政府：企业精神如何改革着公营部门》，上海市政协编译组、东方编译所编译，上海译文出版社 1996 年版。
20. 〔美〕戴维·H. 罗森布鲁姆等：《公共行政学：管理、政治和法律的途径》，张成福等译校，中国人民大学出版社 2002 年版。
21. 〔美〕丹尼斯·C. 缪勒：《公共选择理论》，杨春学等译，中国社会科学出版社 1999 年版。
22. 〔美〕道格拉斯·C. 诺斯：《制度、制度变迁与经济绩效》，刘守英译，上海三联书店 1994 年版。
23. 《邓小平文选》第 1—3 卷，人民出版社 1993、1994 年版。
24. 丁煌：《西方行政学说史》，武汉大学出版社 1999 年版。
25. 丁元竹主编：《非政府公共部门与公共服务：中国非政府公共部门服务状况研究》，中国经济出版社 2005 年版。
26. 樊纲：《渐进改革的政治经济学分析》，上海远东出版社 1996 年版。
27. 冯舜华等：《经济转轨的国际比较》，经济科学出版社 2001 年版。
28. 〔英〕哈耶克：《通往奴役之路》，王明毅译，中国社会科学出版社 1997 年版。
29. 〔美〕B. 盖伊·彼得斯：《政府未来的治理模式》，吴爱明等译，中国人民大学出版社 2001 年版。
30. 高隆昌等：《市场经济竞争原理》，中国铁道出版社 2002 年版。
31. 高培勇等：《中国财政经济理论前沿》，社会科学文献出版社 2005 年版。
32. 高萍：《经济发展新阶段政府经济职能的创新》，中国财政经济出版社 2004 年版。
33. 〔美〕格罗弗·斯塔林：《公共部门管理》，陈宪等译，上海译文出版社 2003 年版。
34. 顾功耘：《市场监管法律制度的改革与完善》，北京大学出版社 2014 年版。
35. 关雪凌：《俄罗斯社会转型期的经济危机》，中国经济出版社 2002 年版。
36. 郭小聪：《政府经济职能与宏观管理》，中山大学出版社 1999 年版。
37. 国家行政学院国际合作交流部编译：《西方国家行政改革述评》，国家行政学院出版社 1998 年版。
38. 〔德〕哈贝马斯：《公共领域的结构转型》，曹卫东等译，学林出版社 1999 年版。
39. 何力平：《市场经济与政府职能》，黑龙江人民出版社 2000 年版。
40. 〔美〕赫伯特·斯坦：《美国总统经济史——从罗斯福到克林顿》，金清等译，吉林人民出版社 1997 年版。
41. 胡鞍钢等编：《政府与市场》，中国计划出版社 2000 年版。

42. 胡鞍钢等:《社会与发展:中国社会发展地区差距研究》,浙江人民出版社 2000 年版。
43. 胡代光等:《凯恩斯主义的发展和演变》,清华大学出版社 2004 年版。
44. 胡代光:《西方经济学说的演变及其影响》,北京大学出版社 1998 年版。
45. 《胡锦涛文选》第 1—3 卷,人民出版社 2016 年版。
46. 黄恒学:《公共经济学》,北京大学出版社 2002 年版。
47. 黄健荣等:《公共管理新论》,社会科学文献出版社 2005 年版。
48. 〔美〕吉尔伯特·C. 菲特等:《美国经济史》,司徒淳等译,辽宁人民出版社 1981 年版。
49. 菅和平主编:《公共服务职能与公共财政体制:上海加快政府职能转变》,上海财经大学出版社 2003 年版。
50. 〔英〕简·莱恩:《公共部门:概念、模型与途径》,谭功荣等译,经济科学出版社 2004 年版。
51. 〔英〕简·莱恩:《新公共管理》,赵成根译,中国青年出版社 2004 年版。
52. 江波:《体制分析与体制选择:中国第三产业中的公共服务与准公共服务研究》,中国物资出版社 2002 年版。
53. 《江泽民文选》第 1—3 卷,人民出版社 2006 年版。
54. 〔美〕杰里米·阿塔克等:《新美国经济史——从殖民地时期到 1940 年》,罗涛等译,中国社会科学出版社 2000 年版。
55. 金太军等:《公共政策执行梗阻与消解》,广东人民出版社 2005 年版。
56. 〔英〕凯恩斯:《就业利息和货币通论》,徐毓枬译,商务印书馆 1983 年版。
57. 康晓光:《权力的转移——转型时期中国权力格局的变迁》,浙江人民出版社 1999 年版。
58. 〔英〕克里斯托弗·波利特等:《公共管理改革:比较分析》,夏镇平译,上海译文出版社 2003 年版。
59. 〔美〕莱斯特·M. 萨拉蒙等:《全球公民社会:非营利部门视角》,贾西津等译,社会科学文献出版社 2002 年版。
60. 蓝志勇:《行政官僚与现代社会》,中山大学出版社 2003 年版。
61. 黎鹏:《区域经济协同发展研究》,经济管理出版社 2003 年版。
62. 李昌麒主编:《经济法学》,中国政法大学出版社 2007 年版。
63. 李娟:《行政法控权理论研究》,北京大学出版社 2000 年版。
64. 李军鹏:《公共服务型政府》,北京大学出版社 2004 年版。
65. 李力:《宏观调控法律制度研究》,南京师范大学出版社 1998 年版。
66. 李文良等编著:《中国政府职能转变问题报告》,中国发展出版社 2003 年版。
67. 李学经主编:《市场监管领域综合行政执法体制改革研究》,中国社会科学出版社 2019 年版。
68. 〔美〕理查德·A. 马斯格雷夫等:《财政理论与实践》,邓子基等译校,中国财政经济出版社 2003 年版。

69. 联合国开发计划署编:《中国人类发展报告:经济转轨与政府的作用》,中国财政经济出版社 1999 年版。

70. 刘炳香:《西方国家政府管理新变革》,中共中央党校出版社 2003 年版。

71. 刘定华、肖海军等:《宏观调控法律制度研究》,人民法院出版社 2002 年版。

72. 刘厚金:《我国政府转型中的公共服务》,中央编译出版社 2008 年版。

73. 刘溶沧等:《转轨中的中国财经问题》,中国社会科学出版社 2002 年版。

74. 刘熙瑞主编:《中国公共管理》,中共中央党校出版社 2004 年版。

75. 刘旭涛:《政府绩效管理:制度、战略与方法》,机械工业出版社 2003 年版。

76. 刘智峰:《第七次革命:1998—2003 中国政府机构改革问题报告》,中国社会科学出版社 2003 年版。

77. 刘智勇:《市场监管的新格局与新视野》,首都经济贸易大学出版社 2019 年版。

78. 吕忠梅等:《规范政府之法——政府经济行为的法律规制》,法律出版社 2001 年版。

79. 〔美〕罗伯特·B. 登哈特:《公共组织理论》,扶松茂译,中国人民大学出版社 2003 年版。

80. 罗豪才主编:《行政法学》,中国政法大学出版社 1997 年版。

81. 〔美〕马丁·费尔德斯坦主编:《20 世纪 80 年代美国经济政策》,王健等译,经济科学出版社 2000 年版。

82. 〔美〕马克·G. 波波维奇主编:《创建高绩效政府组织:公共管理实用指南》,孔宪遂等译,中国人民大学出版社 2002 年版。

83. 《马克思恩格斯选集》第 1—4 卷,人民出版社 2012 年版。

84. 〔美〕迈克尔·麦金尼斯主编:《多中心体制与地方公共经济》,毛寿龙译,上海三联书店 2000 年版。

85. 〔美〕迈克尔·L. 瓦休等:《组织行为与公共管理》,刘铮等译,经济科学出版社 2004 年版。

86. 毛寿龙等:《西方政府的治道变革》,中国人民大学出版社 1998 年版。

87. 毛寿龙等:《有限政府的经济分析》,上海三联书店 2000 年版。

88. 《毛泽东选集》第 1—3 卷,人民出版社 1991 年版。

89. 〔英〕米切尔·黑尧:《现代国家的政策过程》,赵成根译,中国青年出版社 2004 年版。

90. 〔新西兰〕穆雷·霍恩:《公共管理的政治经济学:公共部门的制度选择》,汤大华等译,中国青年出版社 2004 年版。

91. 〔美〕尼古拉斯·亨利:《公共行政与公共事务》,张昕等译,中国人民大学出版社 2002 年版。

92. 〔英〕诺曼·弗林:《公共部门管理》,曾锡环等译,中国青年出版社 2004 年版。

93. 〔澳〕欧文·E. 休斯:《公共管理导论》,彭和平等译,中国人民大学出版社 2001 年版。

94. 欧阳日辉:《宏观调控中的中央与地方关系》,中国财政经济出版社 2008 年版。

95. 〔英〕帕特里克·敦利威:《民主、官僚制与公共选择:政治科学中的经济学阐释》,张庆东译,中国青年出版社 2004 年版。

96. 庞元正主编:《当代中国科学发展观》,中共中央党校出版社 2004 年版。

97. 漆多俊:《经济法基础理论》,法律出版社 2008 年版。

98. 漆多俊主编:《宏观调控法研究》,中国方正出版社 2002 年版。

99. 齐守印:《中国公共经济体制改革与公共经济学论纲》,人民出版社 2002 年版。

100. 秦嗣毅:《美国与日本宏观调控政策比较研究(1945—2000)》,中国财政经济出版社 2010 年版。

101. 邱本:《宏观调控法论》,中国工商出版社 2002 年版。

102. 任晓:《中国行政改革》,浙江人民出版社 1998 年版。

103. 〔日〕青木昌彦等编著:《经济体制的比较制度分析》,魏加宁等译,中国发展出版社 2001 年版。

104. 〔日〕盐田长英:《现代美国经济论:1960—2000》,齐彤译,中国经济出版社 2001 年版。

105. 〔日〕植草益:《微观规制经济学》,朱绍文等译,中国发展出版社 1992 年版。

106. 〔美〕萨尔瓦托雷·斯基亚沃-坎波等:《公共支出管理》,张通译,中国财政经济出版社 2001 年版。

107. 〔美〕E. S. 萨瓦斯:《民营化与公私部门的伙伴关系》,周志忍译,中国人民大学出版社 2002 年版。

108. 〔美〕塞缪尔·P. 亨廷顿:《变革社会中的政治秩序》,王冠华等译,生活·读书·新知三联书店 1989 年版。

109. 沙安文等:《财政联邦制与财政管理:中外专家论政府间财政体制》,中信出版社 2005 年版。

110. 佘国信等:《地区间财力差异与调节》,中国财政经济出版社 1999 年版。

111. 沈亚平等主编:《社会转型与行政发展》,南开大学出版社 2005 年版。

112. 沈越:《德国社会市场经济评析》,中国劳动社会保障出版社 2002 年版。

113. 〔美〕史蒂文·科恩等:《新有效公共管理者:在变革的政府中追求成功》,王巧玲等译,中国人民大学出版社 2001 年版。

114. 史际春、邓峰:《经济法总论》,法律出版社 2008 年版。

115. 《世界发展报告》编写组:《2003 年世界发展报告:变革世界中的可持续发展》,本报告翻译组译,中国财政经济出版社 2003 年版。

116. 世界银行编著:《1997 年世界银行发展报告:变革世界中的政府》,蔡秋生等译,中国财政经济出版社 1997 年版。

117. 世界银行:《2004 年世界发展报告:让服务惠及穷人》,本报告翻译组译,中国财政经济出版社 2004 年版。

118. 〔冰岛〕思拉恩·埃格特森:《新制度经济学》,吴经邦译,商务印书馆 1996 年版。

119. 〔美〕斯坦利·L. 布鲁等:《经济思想史(第 7 版)》,邸晓燕等译,北京大学出版社 2008 年版。

120. 宋立等主编:《各级政府公共服务事权财权配置》,中国计划出版社2005年版。
121. 宋世明等:《西方国家行政改革述评》,国家行政学院出版社1998年版。
122. 宋世明:《美国行政改革研究》,国家行政学院出版社1999年版。
123. 苏剑:《内外失衡下的中国宏观调控》,北京大学出版社2012年版。
124. 孙笑侠:《法律对行政的控制——现代行政法的法理解释》,山东人民出版社1999年版。
125. 谭玲主编:《市场监管法律问题研究》,中山大学出版社2006年版。
126. 汤在新、吴超林:《宏观调控:理论基础与政策分析》,广东经济出版社2001年版。
127. 〔美〕托马斯·R. 戴伊:《自上而下的政策制定》,鞠方安等译,中国人民大学出版社2002年版。
128. 〔美〕托马斯等:《增长的质量》,《增长的质量》翻译组译,中国财政经济出版社2001年版。
129. 汪洪涛:《制度经济学——制度及制度变迁性质解释》,复旦大学出版社2003年版。
130. 汪玉凯:《中国行政体制改革20年》,中州古籍出版社1998年版。
131. 汪玉凯主编:《公共管理》,中共中央党校出版社2006年版。
132. 王道树:《转轨经济中的税收政策》,人民出版社1999年版。
133. 王红玲编著:《当代西方政府经济理论的演变与借鉴》,中央编译出版社2003年版。
134. 王健等:《WTO规则与政府职能转变》,经济科学出版社2002年版。
135. 王健等:《景气政策与中国经济繁荣:宏观调控新内涵与宏观经济政策协调》,国家行政学院出版社2007年版。
136. 王静:《转型经济中的宏观调控:基于实践的探索和反思》,上海三联书店2008年版。
137. 王伟:《市场监管的法治逻辑与制度机理——以商事制度改革为背景的分析》,法律出版社2000年版。
138. 王晓峰:《美国政府经济职能及变化研究》,吉林人民出版社2007年版。
139. 王学辉等:《行政权研究》,中国检察出版社2002年版。
140. 王雍君等:《政府间财政关系经济学》,中国经济出版社1998年版。
141. 王雍君:《中国公共支出实证分析》,经济科学出版社2000年版。
142. 王元等:《宏观调控目标和政策手段机制化》,经济科学出版社2016年版。
143. 〔美〕威廉·N. 邓恩:《公共政策分析导论》,谢明等译,中国人民大学出版社2002年版。
144. 〔美〕威廉姆·A. 尼斯坎南:《官僚制与公共经济学》,王浦劬等译,中国青年出版社2004年版。
145. 魏杰:《市场经济前沿问题——现代经济运行方式》,中国发展出版社2001年版。
146. 吴弘、胡伟:《市场监管法论:市场监管法的基础理论与基本制度》,北京大学出版社2006年版。
147. 吴锦良:《政府改革与第三部门发展》,中国社会科学出版社2001年版。

148. 吴鸣:《公共政策的经济学分析》,湖南人民出版社2004年版。
149. 吴佩纶:《当代西方行政改革的理论与实践》,改革出版社1993年版。
150. 吴易风等:《市场经济和政府干预——新古典宏观经济学和新凯恩斯主义经济》,商务印书馆1998年版。
151. 吴元元:《宏观调控中的信赖利益保护研究:法律经济学的视角》,中国社会科学出版社2016年版。
152. 《习近平谈治国理政(第二卷)》,外文出版社2017年版。
153. 《习近平谈治国理政(第三卷)》,外文出版社2020年版。
154. 《习近平谈治国理政(第一卷)》,外文出版社2014年版。
155. 夏书章:《现代公共管理概论》,长春出版社2000年版。
156. 肖明辉:《和谐经济宏观调控论》,中国社会科学出版社2012年版。
157. 谢罗奇:《市场失灵与政府治理:政府经济职能与行为研究》,湖南人民出版社2005年版。
158. 谢庆奎主编:《入世与政府先行》,中信出版社2003年版。
159. 谢自强:《政府干预理论与政府经济职能》,湖南大学出版社2004年版。
160. 邢会强:《宏观调控权运行的法律问题》,北京大学出版社2004年版。
161. 徐滇庆、李瑞:《政府与经济发展》,中国经济出版社1996年版。
162. 徐平:《对日本政府经济职能的历史考察与研究》,中国社会科学出版社2003年版。
163. 徐坡岭:《俄罗斯经济转型轨迹研究——论俄罗斯经济转型的经济政治过程》,经济科学出版社2002年版。
164. 徐衣显:《转型期中国政府经济职能研究》,中国财政经济出版社2007年版。
165. 颜廷锐等编著:《中国行政体制改革问题报告》,中国发展出版社2004年版。
166. 杨培雷主编:《当代西方经济学流派》,上海财经大学出版社2003年版。
167. 杨勤法:《房地产宏观调控政策与法律》,北京大学出版社2011年版。
168. 杨三正:《宏观调控权论》,厦门大学出版社2007年版。
169. 杨宜勇等:《加速转型期:加速转型中的发展与改革》,中国水利水电出版社2004年版。
170. 杨紫烜主编:《经济法》,北京大学出版社1999年版。
171. 应松年主编:《行政法学新论》,中国方正出版社1998年版。
172. 俞可平:《治理与善治》,社会科学文献出版社2000年版。
173. 〔美〕约翰·罗尔斯:《正义论》,何怀宏等译,中国社会科学出版社1988年版。
174. 〔美〕约·肯·加尔布雷思:《经济学和公共目标》,蔡受百译,商务印书馆1980年版。
175. 〔美〕约瑟夫·斯蒂格利茨:《经济学》,姚开建等译,中国人民大学出版社1997年版。
176. 〔美〕约瑟夫·斯蒂格利茨:《政府经济学》,曾强等译,春秋出版社1988年版。
177. 〔美〕詹姆斯·布坎南:《财产与自由》,韩旭译,中国社会科学出版社2002年版。

178. 〔美〕詹姆斯·M. 布坎南等:《原则政治,而非利益政治:通向非歧视性民主》,张定淮等译,社会科学文献出版社 2004 年版。

179. 〔美〕詹姆斯·M. 布坎南:《自由、市场和国家:20 世纪 80 年代的政治经济学》,吴良健等译,北京经济学院出版社 1988 年版。

180. 〔美〕詹姆斯·N. 罗西瑙:《没有政府的治理》,张胜军等译,江西人民出版社 2001 年版。

181. 〔美〕詹姆斯·E. 米德:《效率、公平与产权》,施仁译,北京经济学院出版社 1992 年版。

182. 〔美〕詹姆斯·Q. 威尔逊:《美国官僚政治:政府机构的行为及其动因》,张海涛等译,中国社会科学出版社 1995 年版。

183. 张成福等主编:《公共管理学》,中国人民大学出版社 2001 年版。

184. 张国庆主编:《公共行政学(第四版)》,北京大学出版社 2017 年版。

185. 张梦中等主编:《探索中的中国公共管理》,中山大学出版社 2002 年版。

186. 张守文:《经济法理论的重构》,人民出版社 2004 年版。

187. 张曙光主编:《市场化与宏观稳定》,社会科学文献出版社 2002 年版。

188. 张小冲等:《经济体制改革前沿问题:国际比较与借鉴》,人民出版社 2003 年版。

189. 张馨:《公共财政论纲》,经济科学出版社 1999 年版。

190. 张兴祥:《中国行政许可法的理论和实务》,北京大学出版社 2003 年版。

191. 张岩鸿:《市场经济条件下政府经济职能规范研究》,人民出版社 2004 年版。

192. 赵立波:《政府行政改革——走向 21 世纪的中国视点》,山东人民出版社 1998 年版。

193. 赵锡军等:《公共财政》,中国财政经济出版社 1991 年版。

194. 〔美〕珍妮特·V. 登哈特等:《新公共服务——服务,而不是掌舵》,方兴译,中国人民大学出版社 2004 年版。

195. 中国(海南)改革发展研究院编:《聚焦中国公共服务体制》,中国经济出版社 2006 年版。

196. 中国(海南)改革发展研究院编:《政府转型与社会再分配:经济社会协调发展与和谐社会构建》,中国经济出版社 2006 年版。

197. 种明钊主编:《国家干预法治化研究》,法律出版社 2009 年版。

198. 周青:《市场经济下的政府经济职能》,厦门大学出版社 2001 年版。

199. 周绍朋等主编:《中国转轨时期的政府经济职能》,国家行政学院出版社 2005 年版。

200. 周天勇等:《中国政治体制改革:全面建设小康社会研究报告集》,中国水利水电出版社 2004 年版。

201. 周伟林:《中国地方政府经济行为分析》,复旦大学出版社 1997 年版。

202. 周志忍:《当代国外行政改革比较研究》,国家行政学院出版社 1999 年版。

203. 朱光磊:《中国的贫富差距与政府控制》,上海三联书店 2002 年版。

二、中文论文

1. 丁茂清:《西方国家政府经济职能法定化的历史特点及借鉴意义》,载《求索》2003 年第 6 期。

2. 董淳锷:《市场事前监管向事中事后监管转变的经济法阐释》,载《当代法学》2021 年第 2 期。

3. 董昀:《中国特色社会主义宏观调控的实践探索与理论创新》,载《马克思主义研究》2020 年第 8 期。

4. 韩学广、高亮:《宏观调控管理思路嬗变:从目标管理到区间管理》,载《中国行政管理》2013 年第 11 期。

5. 胡颖廉:《行政吸纳市场:"中国式"监管的制度困境——以保健食品为例》,载《中山大学学报(社会科学版)》2020 年第 6 期。

6. 冀玮:《市场监管中的"安全"监管与"秩序"监管——以食品安全为例》,载《中国行政管理》2020 年第 10 期。

7. 林葆才:《我国政府经济管理职能转变问题研究》,载《行政与法》2013 年第 6 期。

8. 林建浩、陈良源:《商事制度改革背景下的市场监管多元共治》,载《经济社会体制比较》2021 年第 1 期。

9. 刘厚金:《政府经济职能法治化:基本内涵、问题分析与实践路径》,载《党政论坛》2018 年第 12 期。

10. 孙晋:《经济法视角下政府经济权力边界的审读——以政府职能转变为考察中心》,载《武汉大学学报(哲学社会科学版)》2014 年第 2 期。

11. 杨紫烜:《论完善社会主义市场经济体制与加强宏观调控法制建设》,载《江汉论坛》2014 年第 4 期。

12. 朱一飞:《论我国宏观调控中法与政策的关系——以近 20 年房地产宏观调控为例》,载《社会科学》2014 年第 4 期。

三、英文著作及论文

1. A. E. Kahn, *The Economics of Regulation: Principles and Institution*, Cambridge: MIT Press, 1988.

2. Albert Breton, *Competitive Governments: An Economic Theory of Politic Finance*, Cambridge: Cambridge University Press, 1996.

3. Allan Drazen, *Political Economy in Macroeconomics*, Princeton: Princeton University Press, 2000.

4. Andrew Gamble, The New Political Economy, *Political Studies*, Vol. 3, 1995.

5. David Schuman, Dick W. Olufs, *Public Administration in the United State*, Lexington, Mass: D. C. Heath, 1993.

6. Deepak Lal, Hal Myint, *The Political Economy of Poverty, Equity and Growth: A

Comparative Study, Oxford: Clarendon Press, 1996.

7. Douglass C. North, Institution, *Journal of Economic Perspectives*, Vol. 1, 1991.

8. Dwight Waldo, *The Administrative State*, New York: Ronald, 1984.

9. Gabriella Montinola, Federalism, Chinese Style: The Political Basis for Economic Success in China, *World Politics*, Vol. 45, No. 1, 1995.

10. Geoffrey Brennan, James M. Buchanan, Towards a Tax Constitution for Leviathan, *Journal of Public Economics*, Vol. 8, Iss. 3, 1977.

11. Gilles Saint Paul, The "New Political Economy": Recent Books by Allen Drazen and By Torsten Persson and Guido Tabellini, *Journal of Economic Literature*, Vol. 38, No. 4, 2000.

12. James M. Buchanan and Robert D. Tollison (eds.), *The Theory of Publics Choice-Ⅱ*, The University of Michigan Press, 1972.

13. J. E. Stiglitz, Incentives, Risk, and Information: Notes Toward a Theory of Hirearchy, *The Bell Journal of Economics*, Vol. 6, No. 2, 1975.

14. John D. Donahue, Joseph S. Nye Jr., *For the People-Can We Fix Public Service?* Brookings Institution Press, 2003.

15. Justin Yifu Lin, Fang Cai, Competition, Policy Burdens, and State-Owned Enterprise Reform, *American Economic Review*, Vol. 88, No. 2, 2002.

16. Lewis-Beck, *Economics and Election*, Ann Arbor: University of Michigan Press, 1988.

17. Mancur Olson, The Principle of "Fiscal Equivalence": The Division of Responsibilities Among Different Levels of Government, *The American Economic Review*, Vol. 59, Iss. 2, 1969.

18. Oliver E. Williamson, Transaction-Cost Economics: The Governance of Contractual Relations, *Journal of Law and Economics*, Vol. 22, No. 2, 1979.

19. Patricia Ingraham, *New Paradigm for Government: Issues for The Public Service*, Jossey Bass, 1994.

20. Qian yingyi, Barry R. Weingast, Federalism as a Commitment to Reserving Market Incentives, *Journal of Economic Perspectives*, Vol. 11, No. 4, 1997.

21. Raúl Prebisch, The Economic Development of Latin America and Its Principal Problems, *Economic Bulletin for Latin America*, Vol. 12, 1962.

22. Richard W. Tresch, *Public Finance*, Business Publications, 1981.

23. R. Nelson, S. Winter, *An Evolutionary Theory of Economic Change*, New York: Harvard University Press, 1982.

24. Ronald Coase, The Institution Structure of Production, *American Economic Review*, September, 1992.

25. R. R. Nelson, G. W. Sidney, *An Evolutionary Theory of Economic Change*, Cam-

bridge: Harvard University Press, 1982.

26. Sandel Michael, *Democracy's Discontent*, Cambridge: Belknap Press, 1996.

27. S. A. Ross, The Economic Theory of Agency: The Principal Problems, *American Economic Review*, Vol. 63, No. 2, 1973.

28. Tao Zhang, Heng-fu Zou, Fiscal Decentralization, Public Spending, and Economic Growth in China, *Journal of Public Economics*, Vol. 67, Iss. 2, 1998.

29. Terry L. Cooper, *Handbook of Administrative Ethics*, New York: Marcel Dekker, 2001.

30. The National Performance Review, From Red Tape To Results: Creating a Government That Works Better & Costs Less, Report of the National Performance Review, 1993.

31. Torsten Persson, Guido Tabellini, *Political Economics: Explaining Economic Policy*, Cambridge MA: MIT Press, 2000.

32. Vinzant Janet, Where Values Collide: Motivation and Role Confliction Child and Adult Protective Services, *American Review of Public Administration*, Vol. 28, No. 4, 1998.

33. World Bank, China National Development and Sub-national Finance: A Review of Provincial Expenditures, Report No. 22951-CHA, 2002.

34. W. W. Rostow, *The Stages of Economic Growth: A Non-Communist Manifesto*, Cambridge University Press, 1960.

35. Wyn Grant, *Government and Industry: A Comparative Analysis of The US, Canada and The UK*, Edward Elgar, 1989.

后 记

  政府职能转变是我国行政管理体制改革的核心问题。可以说,自从1992年党的十四大明确提出我国经济体制改革的目标是建立社会主义市场经济体制以来,各级政府的机构改革与行政管理体制创新,都是紧紧围绕政府职能即政府经济职能的转变进行的,如今随着市场化改革的深入已经历时近三十年了。在当前加快完善市场经济体制,发挥市场配置资源的决定性作用的同时,更好地发挥好政府的作用,需要加快政府经济职能转变,结合法治国家、法治政府、法治社会的建设进程,在政府经济职能转变中运用法治手段,提升政府经济职能的法治化水平。这也是本书展开研究的初衷。

  回望求学与研究的过程,让我深切感受到经济的蓬勃发展与政府职能转变的时代脉搏,恰恰也是开始于20世纪90年代初。至今犹记入读大学之初,青春年少,如饥似渴地求知,排队购买《邓小平文选》第3卷;深夜苦读,争相传阅,激扬卧论平凡的世界。大学时代,年轻学子逐渐感悟世事人生:大道至简,以人为本,引领新时代发展的理论光辉;升华现实,直指人性,砥砺奋斗中的喜悦与纯情,交相辉映激荡着我们那一代学子敞开的心胸。毕业不久,报考军校研究生未能如愿,但有幸得到华东师范大学诸位师长的"收留",开始了政治学与行政学兼及法学的学习和研究。我在政法机关的工作虽然时间不长,但是也真实感知了实践中司法实施与行政管理体制的运行逻辑,对我在高校工作中的职业研究提供了丰富的滋养。在华师大攻读博士期间,我选择了研究政府公共服务职能,得到了恩师吴志华教授的赞许和高屋建瓴的无私指导,让我得以窥见政府职能专业研究的门径。此后,在华东政法大学领导和同事的指导帮助之下,博士论文经修改后于2008年在中央编译出版社出版,给了我继续拓展政府职能研究的信心和动力。

  结合工作的需要和个人研究兴趣,我博士毕业后即申请华东政法大学经济法专业的博士后研究,在尊敬的导师顾功耘教授的建议和指导下选择了政府经济职能的法律定位研究作为主题。在研究过程中,我的写作进度、研究质量、工作与生活事务时时得到顾老师和师母李老师的关怀和照顾,还有同门聚会的启发与温馨,对此感激之情无以言表,没有他们的倾情呵护和帮助,研究报告的进展不会如此顺利。结合社会经济现实的发展进程,在深入研究的基础上,我在2009年以政府经济职能的法治化研究为主题申请了上海市哲学社会科学项目获得了立项,在此非常感谢上海市社科基金的资助。2010年年底,我于博士后研究报告以优秀的等次获得通过后顺利出站。在研究报告的基础上,我继续修改完善,并于2011年5月去美国访学前提请上海社科项目结项。在此,非常感谢评审专家的评审和修改意见,使我有机会进一步深入研究政府经济职能的法治化问题。国外访学无暇顾及研究报告的修改,回国后又事务繁忙,心绪繁杂常常难以静心深入,终至一拖再拖,但是对此研究主题始终念念不忘,也总有点点回响犹如片片羽毛飘落。在零打碎敲又时断时续的修改中,并借鉴最新的研究成果继续完善,在2016年将此课题结项,正是历经波折所以才收获最大,需要感谢的人和事实在是太多太多。在博士后流动站的鼓励和华东政法大学经济法学科的资助之下,政府经济职能法治化的研究报告被列入出版计划,非常感谢北京大学出版社的编辑们为此付出的努力。

随着我国对市场地位认识的不断突破,政府与市场的关系不断调整,政府经济职能也在不断深化,政府经济职能法治化的研究也在不断深入和拓展。对此,党的十八大、十九大之后,大量有价值的研究成果不断涌现,给了本书的研究极其重要的借鉴和启发。在此背景下,我对于书稿边学边改,时快时慢,不料竟然一拖四年,恰好赶上在今年中央提出加快完善社会主义市场经济体制的时刻得以完稿。拙作付梓总是令人欣喜,我深深知道需要感谢的人太多,不仅包括研究生时期诸位师长、博士后流动站的各位老师、上海社科办的老师和评审专家们,还包括华东政法大学的各位同事们,没有他们的支持和帮助,我真的很难坚持下来,把这本书奉献在各位面前。特别感谢的是,在各个学科对于政府职能及其法治化不懈耕耘的诸位师长和同仁,正是他们的卓越成果作为巨人的肩膀托起了本书的研究,让我受益良多。必须要说的是,非常感谢妻子、儿女和父母对我工作上的支持和生活上的照顾,家人的爱和宽容永远是我工作的动力和心灵的慰藉。郑重感谢北京大学出版社的各位编辑,你们的耐心工作和不断鼓励,使本书得以顺利出版。诚然,由于本人能力有限,虽然经过长时间的修改、补充和校对,但是书中定然还存在不少疏漏和不足,恳请各位专家和读者批评指正。

刘厚金
2020年10月